면접관
마스터

면접관 마스터

초판 1쇄 발행 2024년 7월 8일

지은이 권혁근, 김경일, 김기호, 신길자
펴낸이 박상진
편 집 김민준
마케팅 박근령
관 리 황지원
디자인 투에스북디자인, 정지현

펴낸곳 진성북스
등 록 2011년 9월 23일
주 소 서울특별시 강남구 테헤란로514, 8층
전 화 02)3452-7762
팩 스 02)3452-7751
홈페이지 www.jinsungbooks.com
이메일 jinsungbooks@naver.com

ISBN 978-89-97743-64-3   03320

면접관 마스터

권혁근, 김경일, 김기호, 신길자 지음

진성북스
JINSUNGBOOKS

목차

PART 2   **면접관이라는 직업**
            인재(人災)를 막는 인재(人才) 채용

PART 3 면접관이라는 사람
사람을 뽑는 사람의 실수들

I. 면접관의 기억

II. 면접의 환경

III. 면접관의 판단

PART 4. 면접관을 시작하다
새내기 면접관을 위한 가이드

부록 111인의 면접관에게 물었습니다

PART 1

면접관을 정의하다

- 당신은 철학이 있는 면접관인가?-

김기호

｜채용, 면접 그리고 면접관
'진짜' 전문면접관

'진짜'를 위한 채용제도의 변화

그리 멀지 않은 과거에는 대기업이든 공공기관이든 채용 원서에 호구조사 수준의 가족 사항을 써놓도록 강요했는데, 종종 지원서에 출신 대학은 물론, 심지어 출신 중학교를 요구하기도 했다.

그토록 개인적인 정보가 정녕 지원자의 역량을 평가하기 위해 도움이 됐을까? 정작 과거의 지원 서류들은 역량평가를 위한 정보가 매우 부족했던 것이 현실이다. 아주 심하게 말하면 **당시의 지원서는 결국 "어디 학교 출신이냐?"와 "부모님은 뭐 하시는 분이냐?"를 물어봤을 뿐**이었다고도 고백할 수 있다.

하지만 이처럼 학벌과 가족관계에 따라 이루어지던 채용시장에도 점차 **능력 중심 채용**이라는 변화의 바람이 불기 시작했다.

2014년 말, 필자는 청와대를 비롯해 기획재정부, 노동부, 교육부, 산업인력공단의 새로운 공공기관 채용제도 설계를 위해 채용전문가로 대책 본부(Task Force, TF)에 참가하게 되었다. 이후 여러 과정을 거치면서 2015년에 공공기관 채용제도가 새롭게 도입되었다. 비록 다양한 정부를 거치며 강조점에는 미미한 변화가 몇 번 있었지만 2015년 당시 수립된 채용제도의 큰 틀은 지금까지 9할 이상 유지되고 있다.

새롭게 도입된 채용제도의 핵심은 **학벌이나 가족관계를 포함한 편견이나 선입견을 제거하는 것**이었다. 특히 지원자 개인의 업무능력과 직업인으로서 기본적 소양을 더욱 체계적으로 평가하여 선발하기 위한 다양한 기법과 제도를 마련하고자 했다. 이러한 제도의 운용 효율을 높이기 위해 활용하기 시작한 것이 바로 **NCS(National Competency Standards, 국가직무능력표준)**다.

정부에서 NCS를 개발한 원래 목적은 **'재직자 훈련'을 위한 직무분석 데이터베이스 구축**이라고 할 수 있다. 직무분석의 틀 속에는 특정 직무에 대한 정의, 그 직무를 수행하는 데 필요한 능력 단위, 그리고 능력 단위를 구성하는 하부요소가 체계적으로 정리되어 있다. 바로 이러한 NCS를 이용해 각 조직이 채용을 설계할 때 해당 직무에 필요한 능력들을 결정하고, 잘 평가하기 위한 채용의 단계별 전형(서류전형, 필기전형, 면접전형)을 수행하도록 한 것이다.

따라서 현재 공공기관의 채용 과정은 과거의 선발 과정에 비해 **'진짜' 일 잘하는 능력을 지닌 사람**을 선발하는 데 중점을 두었다고 평가할 수 있겠다.

면접관, 조직의 경쟁력을 결정하는 사람

2023년 기준, 현재 운영되고 있는 채용 방식과 활용되고 있는 면접 관련 도구는 적어도 그해에 필요한 인력을 일시에 모집하는 일괄 채용 방식이 유지되는 한, 가장 효과적인 채용 방식이라 볼 수 있다.

공공기관 면접에서 면접관의 구성은 크게 기관 내부 위원과 외부 위원으로 구성된다. 특히 채용기관에서 파견한 전문평가자인 '외부 평가자'는 전체 면접관의 반 이상을 포함하도록 중앙정부에 의해 채용제도가 관리되고 있다.

공공기관 채용과 관련된 규정에 따라 외부 면접관의 비중은 그 조직 내부 면접관보다 많아야 한다. 그로 인해 채용 결과에 내부자보다 외부전문면접관이 지원자의 합격 여부에 대한 의사결정에 더 큰 힘을 쓰게 되면서 면접을 전문적으로 담당하는 '전문면접관'의 위상과 역할에 큰 변화가 있었다.

> 면접관은 일정한 자격을 갖추고 평가를 할 수 있는 전문가가 아니라,
> 그 조직의 경쟁력을 결정하는 사람이다.

전문면접관의 위상이 변화함에 따라 그에 따른 새로운 정의가 필요해졌다. 오늘날 면접관은 단순히 일정한 자격을 갖추고, 어느 정도의 대가를 받고 평가에 참석하는 사람을 넘어 **그 조직의 경쟁력을 결정하는 사람**이

라고 재정의할 수 있다. 이러한 정의에 의하면 전문면접관은 우리나라의 경쟁력을 결정하는 막강한 의사결정의 '키'를 쥔 사람인 셈이다.

그러므로 공공기관 채용에 참여하는 전문평가자 스스로 큰 사명감과 책임감을 인식해야 한다. 혹여라도 면접을 '부수입을 얻을 수 있는 좋은 아르바이트'라는, 지극히 개인 차원의 인식으로 활동해서는 안 된다는 말이다.

'진짜' 전문면접관이 필요하다

현재 면접관으로 활동하고 있거나 앞으로 면접관으로 활동을 계획하고 있는 사람이라면 자신의 전문성을 강화해서, 보다 효과적이고 공정한 채용에 기여할 수 있도록 노력해야 한다.

이를 위해서는 우선 역량 및 인적자원과 관련한 기본적인 이론과 용어에 대한 이해가 필요하다. 관련해 시중에 역량과 면접에 대한 서적들이 있으나, 상당수가 지원자의 관점에서 집필되어 있거나 전문성 부족으로 일부 오류가 있어 주의가 필요하다.

채용 면접에 대한 이론은 시중에 나와 있는 취업 준비서보다는 **HR 관련 전공 서적**을 참고할 것을 권장한다. 또한 현재 공공기관 채용제도에 대한 관련 자료는 **산업인력공단, 인사혁신처 등 정부 채용 관련 기관의 홈페이지**에서 직접 찾아 파악하자. 공공기관의 채용은 고용부와 기획재정부 등 정부와 정부 정책 실행 주무를 담당하는 산업인력공단에서 제작한 지침에 의해 관리되고 있기 때문이다.

공공기관 면접은 기본적으로 NCS 직업기초능력에 있는 10개 요소와 기관이 평가하고자 하는 평가 요소가 조합되어 이루어진다. 따라서 NCS에 대한 구조와 직업기초능력에 대한 충분한 이해가 필수적이다. 여기에다 조직에서 주로 쓰이는 인적자원과 관련한 역량의 개념도 파악할 필요가 있는데, 이를 위해서 앞서 언급한 다양한 전문 서적들에 대한 이해와 학습이 요구된다고 할 수 있다.

면접관은 이러한 이론과 제도에 대한 이해를 바탕으로 직무와 조직에 대한 자료를 종합적으로 결합하여 평가에 활용해야 한다. 특히 면접이 진행될 때, 기관에서 제공하는 평가와 관련된 각종 자료를 이해할 수 있는 기본적인 이론과 개념들을 반드시 파악하고 있어야 한다.

당신은 준비된 면접관인가?

최근 면접관으로 활동하는 퇴직자나 프리랜서가 급격하게 증가하고 있다. 이런 전문평가자가 늘어나 국내 채용시장에서 활약하게 되었다는 점은 반갑지만, 그만큼 평가자 시장과 채용에 대한 충분한 이해 없이 면접관이 되거나, 그런 이들을 면접관으로 선정하는 사람이 많을까 내심 걱정이기도 하다.

여기서 잠깐 생각해 보자. 당신은 어느 회사의 사장이다. 그리고 이번에 회사 직원을 뽑는 채용의 공정성을 높이고자 채용 분야의 직무에 필요한 역량이 무엇인지 잘 아는 전문평가자를 소개받아 면접에 투입했다.

결과는 대만족이었다. 그런데 어떤 간부가 이렇게 말했다.

"대표님, 우리 회사 인재 채용의 공정성을 높이기 위해서는 이번 면접에 참여했던 분이 연속해서 평가할 수 없도록 제도화하셔야 합니다."

당신은 이 의견에 대해 어떻게 생각하는가? 이 간부의 제안은 채용의 효과성을 높이는 데 의미가 있을까? 또 이 방안이 채용의 공정성을 높이는 데 얼마나 기여할 것으로 생각하는가?

우리 회사의 공정성을 높이기 위해서는 대표인 나를 포함한 회사 내 임원 누구도 **전문평가자에게 어떠한 사적 요구를 하지 않는 것**이 가장 좋은 방안이 아닐까? 자칫 성과보다 형식적 공정함을 우선시한 방식을 선택할 수도 있다는 점을 고려할 필요가 있다.

또 다른 예를 들어보자. 당신은 인력파견업체 대표인데 조직 내부 감사 분야에 뛰어난 역량이 있는 인력을 보유하고 있다. 그런데 이 인력을 하루씩 다른 회사에 파견하면서 30개 회사에 출근시키는 방법과 1개 회사에 30일 파견하는 방법이 있다고 하자. 어떤 방식이 이 사람의 감사에 대한 성과를 높이는 데 적절한 방안이라고 생각하는가? 아무래도 두 번째 방법이 적절하다고 생각하는 이가 많을 것이다.

물론 이런 상황에도 차츰 변화가 나타날 전망이다. 시간이 흐르면서 관련 기관에서 외부 평가자에 대한 다양한 관리 방안이 마련될 것이다. 그리고 그 변화 속에서 평가에 대한 전문적 지식이나 실력 없이, 말재주나 인간관계만으로 면접관 활동을 해온 사람들도 자연스레 사라질 것이다.

평범한 교육프로그램은 한 개인의 만족이나 개인의 성과에 영향을 주지만,
면접관 양성 교육은 국가기관이나 사회 전체에 영향을 미친다.

그러므로 우선은 오늘날 전문평가자 육성 교육프로그램을 만드는 이와
전문 강사 역시 자부심과 함께 책임을 지녀야 한다. 업무나 개인 관심사
에 관련된 지식이나 스킬을 수강자들에게 전달하는 일반적인 강사에 비
해, 전문평가자를 양성하는 면접관 교육 강사는 향후 불특정 다수 지원자
의 인생을 결정하거나, 국가기관이나 기업의 경쟁력을 결정하는 전문가
를 양성한다는 점에서 막중한 책임이 있는 사람이다.

**일반 교육프로그램의 강사는 그의 전문성의 수준과 강의 내용이 한
개인의 만족이나 개인의 성과에 영향을 준다. 하지만 면접관 양성 교육프
로그램의 강사는 단위조직이나 사회 전체에 영향을 미치게 된다.** 이 점을
채용 관련된 분야에 종사하는 모든 이들이 꼭 인식해야 한다.

평가와 철학

면접관님, 왜 그렇게 평가하신 거죠?

공공기관 채용에 참여하는 평가자는 지원자 개인의 진로를 결정짓는 매우 중요한 역할을 한다. 그런데 면접에 참여한 모든 면접관이 정확하게 같은 평가 수준, 같은 측정 방법에 따라 같은 점수를 부여할 수 있을까? 이는 생각보다 훨씬 어려운 일이다. 물론 지원자로서는 면접이 필기시험과 달리 분명한 정답이 없는 방식이라고 비판할 수도 있다. 다른 말로 정답이 여러 개가 나올 수 있다는 말과 같으니 말이다. 면접관 역시 "그래 그러니까 '면접관 맘대로' 하라는 거지?"라고 자칫 오해할 수도 있다.

당신이 아무리 뛰어난 면접관이라고 해도, 면접에서 87점과 85점을 획득한 지원자의 차이를 자신 있게 말할 수 있을까? 87점과 89점은? 아니 85점과 83점은? 이 같은 대비가 무수히 반복되다 보면 과연 어느 시점에 판단을 바꿀지 정말 막막해진다. 아마 이 글을 읽고 있는 누구도 분명하게 답하기 어려울 것이다.

면접관에게는 지원자를 평가할 수 있는 가장 기본적인 토대가 있어야한다. 이런 토대가 바로 **'철학'**이다. 그리고 이런 철학을 기를 수 있는 가장 기본적인 재료가 바로 **'평가에 대한 이론'**이다.

평가자는 본인이 알고 있는 평가에 대한 이론과 역량에 대한 이해를 바탕으로 정성적定性的 판단을 정량적定量的으로 환원시킬 수 있어야 한다. 그리고 이러한 과정을 합리적으로 수행하기 위해서는 평가자의 이론적 풍부함과 체계적으로 평가할 수 있는 '가치판단 체계'가 필수적이다.

철학의 이론과 평가를 연관하여 정의를 내린다면, 철학이란 **'무엇인가를 평가하는 가장 근본적인 가치체계'**라고 할 수 있다. 사람들이 같은 현상을 보고도 정반대의 가치판단을 하는 경우를 우리는 종종 만나곤 한다. 가장 대표적인 것이 사회를 바라보는 진보와 보수의 가치체계이다. 이 두 가지 가치체계는 한국 사회의 문제점과 해결 방안에 대해 극단적으로 다른 관점과 대안을 제시한다.

하나의 사회에서도 각자 시각과 대안이 극단적으로 다른 이유는 가치체계를 제외하고 설명할 수 없다. 어떤 철학을 가지고 있느냐에 따라서, 같은 현상이라도 완전히 상반되게 바라보며 전혀 다른 대안을 제시할 수 있다. 이를 채용 장면에 적용하면, 평가자의 가치체계에 따라 합격할 사람과 탈락할 사람에 대한 판단기준이 극단적으로 차이가 날 수 있다는 것이다.

면접관의 전문성과 철학

실제 채용 면접 장면에서 내부 평가자와 파견된 전문평가자의 관점이나 평가점수가 다른 경우를 종종 볼 수 있다. 전문평가자의 행동에 따라 발생할 수 있는 두 가지 상황이 있다. 먼저 첫 번째 상황, '전문성이 부족한 외부 평가자가 잘못된 평가점수를 고집하여 평가 결과에 오류가 발생하는 경우'다. 그리고 두 번째 상황은 '외부 평가자가 전문성이 충분함에도 기관 내부 평가자의 눈치를 보고, 자신의 평가를 잘못된 내부 평가자의 점수에 맞추어 슬며시 조정해 버리는 경우'다.

첫 번째 상황에서 발생하는 오류는 기관이나 기업에서 그런 평가자를 다시는 부르지 않을 것이기 때문에 똑같은 문제가 반복될 확률은 매우 낮다. 반면에 두 번째 상황의 오류는 외부 전문평가자가 내부 평가자의 생각에 매번 맞추어 주는 것에서 비롯된다. 이 경우, 기관의 내부 평가자는 자신의 의견에 동조해 준 외부 평가자에 만족해서 인사 부서에 그를 긍정적으로 피드백하게 될 것이다. 따라서 이런 상황과 같은 오류가 계속해서 반복될 수 있다.

평가자가 자신의 확실한 소신이나 철학이 없이 지원자에 대한 평가점수의 기준이 흔들리거나, 다른 평가자의 확실한 근거가 아닌 주장이나 요구에 따라 점수를 수정하는 경우는 냉정하게 말해, **평가자의 기본적인 자격을 상실한 것**이다. 평가자는 자신의 기준에 따라 평가한 결과를 충분히 설명할 수 있어야 하고, 또 그 결과에 대해 분명한 주장을 하여야만 한다.

반대로 경우도 발생할 수 있다. 다수의 평가자와 함께 평가하는 자리에서, 그를 제외한 모든 평가자가 제시하는 근거와 수준이 비슷한데, 명확한 근거를 제시하지도 않은 상태에서 자신의 평가 결과를 고수하는 경우다. 이 또한 평가자로서 적절한 행동이라고는 볼 수 없다.

외부 평가자가 내부 평가자보다 더 전문성이 높다고 전제할 경우, 전문평가자가 올바른 평가를 했을 가능성이 높다는 가정이 성립된다. 그 경우에 외부 평가자는 조직 내부 평가자에게 자신이 지원자를 판단한 근거와 기준에 대해서 잘 설명함으로써 올바른 평가가 이루어질 수 있도록 해야 한다.

마찬가지로 외부 평가자는 내부 평가자 또는 제삼자의 의견에 따라 의도적으로 누군가를 유리하게 하거나 불리하게 평가해선 안 된다. 외부 평가자는 그 어떤 경우에도 이러한 압력이나 요구에 굴복해서는 안 된다. 만약 이런 부정한 행위에 전문평가자가 동참한다면 전문평가자로서 존재 이유를 상실한 것은 물론이고, 심각한 채용 부정행위를 저지른 것이다. 상황에 따라서는 그에 상응하는 법적 처벌을 받을 수도 있다.

전문성이 부족한 평가자는 면접의 효과성에 부정적인 영향을 줄 것이고,
철학이 없는 평가자는 우리 사회에 해악을 끼칠 수 있다.

결론적으로 **전문성이 부족한 평가자는 면접의 효과성에 부정적인 영향**

을 줄 것이고, 철학이 없는 평가자는 우리 사회에 해악을 끼칠 수 있다. 상대적으로 아쉬움은 있지만, 전문성이 부족한 평가자를 퇴출하는 자율시스템은 분명히 작동하고 있다.

심각한 것은 철학이 없는 평가자에 대해서다. 여전히 우리 사회에서는 철학이 없는 평가자에 관한 퇴출 시스템이 잘 작동되지 않고 있다. 근본적으로 우리 사회가 평가에 대한 전문지식을 공급받을 통로가 많지 않기 때문이다.

측정과 평가

채용에서 **면접은 질문과 대답을 통해 평가자가 알아내고자 하는 것을 파악하는 과정**이다. 우리는 이러한 과정을 '평가'한다고 말한다. 평가와 비슷한 용어로는 '측정'이 있다. 측정과 평가의 개념을 세밀히 분석·비교해보면 평가대상과 평가 과정에서 차이를 발견하게 된다.

측정이란 일정한 양을 기준으로 하여 같은 종류의 다른 양의 크기를 재는 것을 말한다. 예를 들어서 우리는 어떤 사물의 길이를 잴 때 주로 자를 이용하는데, 그러한 자에는 주로 밀리미터, 센티미터, 미터 등의 측정 단위가 적용되어 있다. 따라서 이 측정이라는 행위는 주로 **양적 기준을 이용해 측정 대상을 양적인 수치로 표현하는 과정**이라고 할 수 있다.

반면에 평가자가 면접에서 하는 것은 주로 평가라고 부른다. 평가의 정의를 살펴보면 '평가'란 **양적 및 질적 특성을 파악한 후 그것에 대한 가**

치판단으로 수준을 정한 것을 의미한다. 여기서 가장 중요한 것은 대상의 양적·질적 특성을 파악하고 거기에 평가자의 '가치판단'이 들어간다는 점이다.

평가자에게는 정확한 가치판단의 기준이 설정되어 있어야 한다. 만약 평가자에게 명확한 가치판단 기준이 정립되어 있지 않다면 그 평가 결과는 정당성과 정확성을 인정받기 어려울 것이다. 앞서 언급한 역량을 갖추지 못한 평가는 면접 결과의 타당성을 보장하기 어렵다. 이처럼 훈련된 평가자와 훈련되지 않는 평가자의 가장 큰 차이는 **평가자로서 판단기준과 사고체계를 얼마나 탄탄하게 가지고 있느냐**에 따라 결정된다.

이 질적 평가의 가장 근원이 되는 이론은 고대 철학자인 프로타고라스에서 찾을 수 있다. 프로타고라스는 '인간은 만물의 척도'라는 말을 남겼다. 즉, 무엇인가를 평가하는 데 기본적이고 원천적인 존재가 바로 '인간'이라는 것이다.

실제로 우리가 살아가면서 내리는 수많은 결정은 인간이 가진 판단기준에 따라 이루어진다. 거기에는 어떤 장치도 이용되지 않으며, 오직 인간의 직관과 가치체계에 따라 결정된다. 배우자를 결정하거나, 친구를 사귀고, 동맹을 결정할 때 등 사소한 것에서부터 매우 큰 결정에 이르기까지, **태초부터 선택에 사용된 것은 언제나 인간이 가진 가치체계였다.**

질문, 면접의 시작과 끝

어느 조사에서 요즘 사람들이 가장 선호하는 데이트 상대는 '외모'가 출중한 사람이라는 기사를 본 적이 있다. 물론 이는 면접에서도 마찬가지다. 다만 면접에서는 이 외모가 '첫인상'으로 바뀐다는 점에서 차이가 있다.

더욱 나은 첫인상을 각인시키기 위해, 지원자들은 각종 기관이나 기업에서 나온 질문을 DB화하고, 학원이나 취업 컨설턴트들은 평가자들이 보려고 하는 평가 질문에 대한 가장 완벽한 정답을 만들어서 공급한다. 그래서인지 평가자로서 면접을 진행하다 보면, 지원자들이 현장에서 직접 질문에 관해 생각해서 답하는 것이 아니라 사전에 답변을 모조리 외워서 왔다는 느낌을 자주 경험하고는 한다.

> 면접의 가장 근본적인 구조는 '면접관이 지원자에게 질문하고,
> 지원자가 면접관의 질문에 대해 대답하는 것'이다.

면접 및 평가의 목적은 어디까지나 지원자에 요구되는 역량평가이기에, 이런 상황은 어찌 보면 당연할지도 모른다. **면접의 가장 근본적인 구조는 '면접관이 지원자에게 질문하고, 지원자가 면접관의 질문에 대해 대답하는 것'**이다. 따라서 면접에서는 질문한 것만 알아낼 수 있다. 다른 말로, 우리는 질문하지 않은 것에 대해서는 알아낼 수 없다. 결국 면접은 질문에서 시작해서 질문으로 끝나는 셈이다.

만약에 당신이 면접관이라면, 면접에 참여했던 경험을 떠올리며 지원자에게 어떤 질문을 어떻게 했는지 한번 생각해 보자. 면접을 성공적으로 수행하기 위해 가장 중요한 것은 '**지원자에게 무엇을 물어보느냐**'이다. 면접이란 평가자가 지원자에게 질문하고, 그에 관해 지원자가 답변함으로써 비로소 완성된다. 따라서 질문이란 면접 성공을 위한 출발점이자 가장 중요한 요소이다.

　　때로는 지원자가 사실에 가까운 응답을 할 수도, 합격을 위해서 과장되거나 거짓된 응답을 할 수도 있다. 심지어는 면접관이 같은 것을 질문하더라도, 지원자에게 **어떻게 질문했느냐**에 따라서 평가자가 알아내고자 하는 것을 알아낼 수도, 또는 그렇지 않을 수도 있다. 효과적인 면접을 수행하기 위해 면접관은 '무엇을 질문할 것인가' 그리고 '어떻게 질문할 것인가'를 계속해서 고민해야 한다.

　　최선의 질문을 위한 영양분이 되는 평가에 대한 전문지식과 노하우 축적만이 성공적인 면접을 가능케 할 것이다.

보다 공정하고 좋은 평가를 위하여

엿장수 맘대로? '이것' 맘대로!

사람들은 같은 물건이나 같은 상황, 심지어 같은 이에 대한 평가에 이르기까지 모든 기준이 같지 않다. 만약 무언가에 대한 모든 사람의 생각이나 판단이 같다면 어떨까? 사람들이 선택할 수 있는 경우의 수가 매우 빈약해질 것이다. 같은 사물이나 상황에 관한 판단이 저마다 다른 이유는 **그것을 바라보는 사람들의 의사결정을 위한 사고체계가 다르기 때문**이다. 이와 같은 사람들이 가진 사고체계를 '철학'이라고 한다. 즉, **모든 선택과 결과에는 철학이 관여한다.** 이처럼 인간에게 철학은 모든 의사결정의 '기본'이라고 할 수 있다.

어릴 적 동네를 돌아다니며 일반 가정에서 나오는 잡동사니를 가져가는 대신 달콤한 엿을 주는 엿장수가 있었다. 동네에 엿장수가 들어오면 필자는 그동안 여러 가지 모아둔 것들을 가져다주었고, 엿장수 아저씨는 가위로 엿판을 두드리면서 엿을 잘라주었던 기억이 난다. 다만 엿장수가

엿을 얼마큼 줄지는 아무도 예상할 수 없다. 누구 맘대로? 그야 '엿장수 맘대로!'

다만 기억을 더듬어 보면 엿장수 아저씨가 다른 아이들에 비해서 필자에게 엿을 더 후하게 주었던 것 같다. 지금에 와서 그 이유를 생각해 보면, 그 당시의 필자는 다른 아이에 비해 엿장수에게 줄 물건을 종류별로 가지런히 잘 구분해 두었고, 인사성도 참 밝았던 것 같다. 엿장수 아저씨는 이런 필자의 행동을 좋게 봐줬던 게 아닐까?

엿장수 아저씨에게도 어떤 물건에 얼마만큼의 엿을 줄 것인지 판단하는 사고체계가 정해져 있었을 것이다. 그 판단기준에 따라 자신이 좋아하는 태도를 보이는 아이들에게는 호의를 베풀어 엿을 덤으로 더 주었을 것이다.

앞에서 필자는 평가에 대한 정의에 '가치판단'이라는 개념을 사용했다. 그리고 가치판단은 평가의 최종 의사결정 단계에 적용된다고 언급한 바 있다. 엿장수 아저씨가 각종 잡동사니를 받고서 엿을 얼마나 잘라줄 것인지 고민했던 것처럼 말이다.

그렇다면 가치판단이 이루어진 과정에서 가장 중요한 요인은 무엇일까? 무엇이 그런 판단을 하도록 결정하게 할까? 바로 평가자가 가지고 있는 가치판단의 기저를 이루고 있는 '철학'이다. 즉, **가치판단은 평가자가 가지고 있는 철학에 따라 결정**된다.

얼마 전 동창생 모임에 어떤 친구가 새로운 모델의 차를 몰고 나왔다.

그 차를 본 어떤 친구는 정말 좋은 디자인이라며 극찬했고, 어떤 친구는 차가 품격이 없다면서 돈값을 못 한다고 했다. 이처럼 사람들은 같은 사물(사람, 자동차, 색깔, 성격 등)에 대해 전혀 다른 판단을 할 수 있다.

무엇인가에 대한 평가는 평가자가 가지고 있는 그것에 대한 의사결정의 사고체계가 어떻게 되어 있느냐에 따라서 그 결과가 완전히 달라질 수 있다. 이처럼 철학이란 '누군가 무엇인가에 대한 의사결정의 사고체계'다.

철학: 누군가 무엇인가에 대한 의사결정의 사고체계

누군가 --- 평가자

무엇인가 --- 지원자의 능력

의사결정 --- 점수에 대한 결정

사고체계 --- 판단체계

이 철학에 대한 정의를 면접 장면에 적용하면 다음과 같이 정의할 수 있다. '누군가'는 '평가자'이고, '무엇인가'는 '지원자의 능력'이다. 그리고 '의사결정'은 '지원자에게 점수를 주는 행위', '사고체계'는 '판단체계'라고 할 수 있다. 이처럼 평가 프로세스는 철학의 의미와 그 기능이 매우 유사함을 알 수 있다.

이 판단체계는 평가자 개인이 지닌 것이기에 독립적으로 적용하며, 타인의 요구에 영향을 받지 않아야 한다. 쉽게 말해 평가자의 판단은 주변 평가자에 의한 영향, 특히 공공기관 조직 내부에 있는 사람의 판단과 요구에 영향을 받아서는 안 된다. 전문평가자가 자신의 전문성으로 평가한 결과를 조직 내부 요구나 판단에 따라 영향을 받는다면 '전문평가자'로서의 의미와 역할을 상실한 것이다. 전문평가자는 비 전문평가자가 관찰하지 못한 것이나, 잘못 판단된 부분에 대해서 올바른 평가자에 도움이 될 수 있도록 그 근거와 이유를 제시할 수 있어야 한다.

좋은 평가자가 되기 위해서는 충분한 평가능력과 평가 기술이 잘 훈련되어 있어야 한다. 이러한 평가자의 평가 역량에 있어서 가장 기본적인 토대는 평가자로서 명확한 철학이다. 앞에 설명한 철학의 정의인 '누군가 무엇인가에 대한 의사결정의 사고체계'는 평가자에 요구되는 철학적 기반이 된다. 좋은 평가자가 되기 위해서는 지원자의 행동을 평가하기 위한 철학적 개념과 함께 평가자로서의 평가에 대한 철학적인 관점을 지녀야 한다.

초일류 헤어디자이너의 가위는 소형차 값

요즘 강남이나 명동 미용실에 이름난 헤어디자이너가 가위를 잡으면 커트 한 번에 기본 50만 원 정도는 한다고 한다. 그저 가위로 커트만 했는데도 말이다. 그렇다면 그들이 사용하는 가위의 가격은 과연 얼마나 할까? 고가의 가위는 대략 5백만 원이 넘는다고 한다. 일단 보조에서 벗어나 헤어디자이너의 세계에 발을 들이게 되면 가장 먼저 전문가용 가위부터 사는데, 그 가위도 용도에 따라 종류가 다양하다고 한다. 모든 종류의 가위를 구매하면 수백만 원은 기본으로 나간다.

헤어디자이너가 단순히 '폼'으로 고가의 미용가위를 사용하진 않을 것이다. 소비자가 고급 가위의 명성이나 가격에 대하여 알 리가 없기 때문이다. 따라서 그들이 몇백만 원에 달하는 고급 가위를 사용하는 것은 순전히 업무의 효율과 편의성에 의한 것이라고 볼 수 있다.

물론 값비싼 미용기구가 반드시 뛰어난 결과를 보장하는 것만은 아니다. 헤어디자이너 본인이 쌓은 미용 전문지식과 역량, 그리고 각종 도구를 잘 사용할 수 있는 기술이 반드시 전제되어야 한다. 지나치게 예리한 가위에 오히려 헤어디자이너 본인이 다치는 불상사가 발생하지 않기 위해서라도 말이다.

> 면접은 '평가자의 역량과 도구를 이용해서 지원자의 관찰된 역량을 평가 기준에 따라 양적으로 환원을 거쳐 선발에 대한 의사결정을 하는 과정'이다.

면접 또한 마찬가지다. 평가자가 평가에 대한 전문성을 가지고 다양한 면접 도구를 이용해 지원자를 효과적으로 평가하는 과정이 면접이다. 즉, **면접은 '평가자의 역량과 도구를 이용해서 지원자의 관찰된 역량을 평가 기준에 따라 양적으로 환원을 거쳐 선발에 대한 의사결정을 하는 과정'이라고 할 수 있다.**

앞에서 언급한 내용을 구성하는 개념을 살펴보면 다음과 같다. 여기서 '도구'란 면접에서 이루어지는 평가의 효과성과 효율성을 높이기 위한 '면접 도구'이다. 이 면접 도구는 넓은 의미로 보면 면접에 사용된 모두에 해당한다. 면접장, 면접실에 배치된 가구, 면접에 쓰이는 타이머, 면접질문지와 자료 등 전부가 포함된다.

반면에 좁은 의미의 면접 도구는 평가자와 지원자가 사용하는 질문자와 면접자료로, 예를 들어 경험면접에서 질문지, 토론면접, 발표면접, 상황면접에서 지원자에게 제공되는 자료를 말한다. 거기에 평가자에게 제공되는 평가 기준, 평가 요소, 평가 지표 등이 포함될 수 있다.

효과적인 면접이 이루어지기 위해서는 좋은 면접 도구가 제공되어야 한다. 그리고 평가자는 평가에 필요한 평가 역량을 지녀야 하고, 면접에서 활용되는 도구를 잘 이해하고 활용할 수 있어야 한다. 무엇보다 평가자에게 제공된 평가 기준에 따라서, 평가자의 가치체계를 잘 결합하여 면접 중 지원자의 행동을 관찰한 **질적인 정보를 양적으로 환원**한 뒤, 최종적으로 점수나 급수를 결정할 수 있어야 한다.

Tip. 능력 있는 면접관이 갖추어야 할 5가지 핵심 기술

1. 좋은 질문을 할 수 있는 기술을 갖추어야 한다. 면접관은 평가 요소와 관련된 것을 알아내기 위해 지원자에게 가장 적절한 질문을 할 수 있어야 한다. 면접의 구조는 평가자의 질문에서 시작된다.

2. 경청과 수준 높은 후속 질문이 필요하다. 면접관에게 있어 경청의 자세는 기본이며, 지원자의 답변을 듣고 추가로 확인할 사항을 도출하기 위한 질문을 하거나, 지원자 답변의 행간에 있는 의도까지 파악해야 한다.

3. 편안한 면접 분위기를 조성할 수 있는 감성을 갖추어야 한다. 감성 지능은 자신의 감정과 타인의 감정을 이해하고 관리하는 능력이다. 효과적인 면접관은 지원자와 친밀감을 형성하고 자연스럽고, 편안한 면접 환경을 조성할 수 있어야 한다. 면접관은 권위를 보여주는 자리가 절대 아니다. 면접관의 가장 중요한 역할은 지원자를 잘 평가할 수 있도록 그들의 심리상태를 컨트롤하는 것이다.

4. 지원자의 비언어적 단서를 읽고 적절하게 대응할 수 있어야 한다. 지원자가 긴장할 때 보여주는 몇 가지 특징들이 있다. 얼굴이 붉어지거나 손을 만지작거리거나 하는 행동 등이 대표적이다. 이러한 행동은 단순히 긴장한 것에서 비롯되는 경우가 대부분이지만, 때로는 거짓 답변이나 사실보다 과장하여 말하는 과정에서 나타나기도 한다.

5. 지원자의 답변에 대한 비판적 사고능력이 필요하다. 비판적 사고는 정보를 객관적으로 분석하고 합리적인 판단을 내리는 능력이다. 면접관이라면 지원자의 답변을 객관적으로 평가하여 공정하고 편견 없는 의사결정을 내려야 한다.

면접을 바라보는 두 관점

같은 것을 바라보더라도 서로의 입장에 따라 이해되는 것이 전혀 다른 경우를 종종 볼 수 있다. 예를 들어 어떤 여성이 들고 가는 가방을 보고 어떤 사람은 분홍색 배경에 흰 무늬로 보이고, 어떤 사람에게는 흰색 배경에 분홍색 무늬로 보이는 것처럼 말이다.

면접을 바라보는 두 관점

지원자 - 얼마나 공정한가?

평가자 - 평가 요소를 얼마나 잘 평가하는가?

면접을 바라보는 관점도 마찬가지다. **지원자가 중요하게 바라보는 측면과 평가자인 면접관이 중요하게 바라보는 측면은 매우 다르다.**

지원자는 면접에 있어서 무엇을 가장 중요하게 생각할까? 아마도 지원자는 '면접이 공정하게 진행되었느냐'를 가장 중요하게 여길 것이다. 그런데 공정한 면접이었는가에 대한 지원자의 관심도는 그 자신의 합격 여부에 따라 그 정도가 매우 달라진다. 지원자 자신이 합격했다면, 면접은 물론 채용 전반에 관한 관심도는 극히 약해진다. 지원자 한 사람, 개인의 측면에서 가장 공정한 면접이란 결국은 '자신이 합격하는 것'일 수 있다. 단순하게 생각해서 합격한 지원자는 면접 과정에서 발생한 어떠한 문제에 대해서도 별다른 민원을 제기하지 않을 것이다.

반대로 지원자가 탈락한 경우, 특히 자신이 채용 과정에 많은 준비를 했거나 채용의 최종과정인 면접에서 스스로 괜찮았다고 여겼던 경우에는 공정성에 대한 관심도가 급격히 높아지게 된다. 탈락한 지원자는 면접관이 했던 질문과 자신의 답변에 대한 면접관의 이어지는 질문은 물론, 면접관의 모든 행동을 다시 생각해 보게 된다.

따라서 면접관은 특히 의례적으로 던지는 말 "오늘 면접 잘하셨습니다.", "좋은 결과 기대합니다." 등, 지원자가 자신이 어떻게 평가되었는지 예측할 수 있는 말을 하는 데 있어 많은 주의를 기울여야 한다.

탈락한 지원자는 면접 진행 과정에서 발생한 사소한 문제에 대해서도 이의를 제기할 수 있다. 지원자는 면접에서 어떠한 평가 요소가 반영되었는지, 어떠한 과정을 통해서 의사결정이 진행되었는지에 대하여 구체적인 정보를 획득할 수 없다. 따라서 임의의 기준으로 공정을 판단할 수밖에 없다.

반면에 면접관으로서 면접에서 가장 중요하게 생각해야 할 것은 무엇일까? 바로 '평가하고자 하는 것을 얼마나 잘 평가하느냐'이다. 면접관은 평가 요소를 잘 평가하기 위해 최선의 노력을 다해야 한다. 면접관은 이를 위해 평가 요소가 잘 드러날 수 있는 면접이 운영될 수 있도록 고심할 필요가 있다.

특히 면접관은 자신이 담당하는 면접의 종류에 따른 도구를 잘 이해하고 있어야 한다. 예를 들어 경험면접의 경우, 면접관 자신이 질문을 담당한 평가 요소에 대해 깊이 고민하고, 그 평가 요소를 보다 잘 평가할 수 있는 질문을 체계적으로 준비해 두어야 한다. 또한 면접 과정에서 질문과 답변을 통해 지원자의 역량이 최대한 나타날 수 있도록 다양한 방안을 이용할 수 있어야 한다.

종종 면접에서 지원자의 경력이나 경험을 통해 해당 분야에 대한 많은 전문성을 지녔음이 예상될 때가 있다. 그런데 만약 이런 지원자가 자신의 역량을 절반도 드러내지 못할 정도로 긴장했다면 어떻게 해야 할까?. 이때 면접관이 해야 하는 가장 중요한 행동은 '지원자가 자신의 역량을 잘 드러내서 평가할 수 있는 근거를 보여줄 수 있도록' 면접을 진행하는 것이다. 이처럼 지원자가 긴장해 평가 요소를 잘 드러내지 못할 때도, 면접관은 지원자의 긴장을 신속하게 줄여줄 수 있는 부가적인 노력을 기울여야 한다.

면접에서 지원자의 평가 요소를 솔직하게 잘 드러낸다면 평가 결과의 오류가 발생할 확률은 극히 낮아질 것이다. 그러나 지원자가 면접관의 질문에 관하여 의도적으로 답변을 회피하거나 준비된 답변을 반복할 때는 지원자의 실제 역량을 평가하기 매우 어려워진다. 바로 이때 면접관의 역량이 명확하게 드러난다. 면접관에게 면접은 '평가하고자 하는 것을 알아내는 방법'임을 명심하고, 어떤 면접에서든 지원자의 역량을 평가할 수 있는 요소를 발견하기 위해 효과적인 질문을 준비할 수 있도록 하자.

공정 채용의 본질은?

절차적 공정성에 함몰되면 결과적 공정성을 심하게 훼손할 수 있다.
공정성의 가장 중요한 목적은 '능력 있는 인재'를 선발하는 것이다.

요즘 우리 사회에 '공정성'이라는 단어가 화두다. 공정성의 사전적 정의를 채용 장면에 적용해 두 가지로 재정의하면 '절차적 공정성'과 '결과적 공정성'으로 나눌 수 있다.

'절차적 공정성'은 선발 과정의 차별을 없애고, 투명하게 채용을 진행한다는 것을 의미한다. 반면에 '결과적 공정성'은 채용 과정을 통해 최종적으로 직무능력이 좋은 인재가 선발되도록 채용 과정을 운영하는 것이다. 다만 **절차적 공정성에 지나치게 함몰하는 경우 결과적 공정성이 훼손되며, 공정성의 최종 목적인 직무능력이 좋은 인재를 선발하는 일에 부정적인 영향을 줄 수 있다는 것이다.**

최근 공공기관 채용의 공정성을 강화하기 위해, 평가 요소와 탈락 사유를 공개하자는 의견과 함께 관련 정책들이 일부 추진되고 있다. 물론 그 정책의 의도 자체는 환영할 만하다. 그러나 채용의 효과 측면에서 봤을 때, 몇 가지 고려해야 할 사항이 있다.

일반적으로 채용은 서류전형, 필기전형, 면접전형으로 구분된다. 우선 서류전형에서는 최소한의 자격요건을 본 뒤, 지원 자격을 갖춘 지원자를 통과시키는 방법을 적용하면 공정성 논란은 발생하지 않는다. 다음 필기

전형 역시 지원자의 획득 점수와 합격선을 공개하면 아무런 논란이 발생하지 않는다. 이 두 가지 전형은 위에서 언급한 내용 자체가 탈락 사유로 충분하기 때문이다.

그렇다면 면접전형은 어떨까? 면접전형의 공정성 강화 방안으로 논의되거나 정책으로 발표된 **평가 요소와 탈락 사유 공개**에 대하여 살펴보자. 먼저, 면접전형의 평가 요소를 지원자에게 공개할 때는 신중할 필요가 있다. 절차적 공정성을 위해 평가 요소를 공개한다면 다음과 같은 두 가지 사례가 나올 것이다.

> 1. **지원자가 공개된 평가 요소에 대한 모범답안을 전문가로부터 컨설팅을 받은 뒤 면접을 보는 사례.**
> 2. **공개된 평가 요소와 관련된 역량이 뛰어나지만 오로지 혼자만의 힘으로 면접에 임하는 사례.**

과연 둘 중에 누가 더 면접에 유리할까? 평가 요소가 공개된 이후, 면접관들에게는 평가 과정의 난이도와 평가 결과의 정확도에 어떤 영향을 미칠까?

그다음은 지원자에게 탈락 사유를 공개하는 경우이다. 이때는 과연 어떤 상황이 벌어질까? 탈락 사유를 지원자에게 공개하면, 시간이 지나면서 관련 자료가 네트워크를 통해 통합될 것이다(빅데이터). 그리고 이러한 자료는 마치 오답 노트처럼 정리되어 취업 준비 학원이나 많은 취준생을 교육하는 취업 컨설턴트를 거쳐 특정 기관의 면접 질문에 대처하는 방안으로 가공되어 퍼질 것이다.

이러한 추정을 전제로 했을 때, 탈락 사유를 공개하는 행위가 진정 면접에 대한 경쟁을 줄일 수 있을까? 무엇보다 평가자 지원자를 평가할 때, 평가의 난이도와 정확도가 높아질 수 있을까?

중요한 것은 탈락 사유 공개를 한들 각 기관에서 최종 합격하는 지원자의 숫자는 단 1명도 늘어나지 않는다는 사실이다. 그렇다면 진정 취준생을 위한 정책은 무엇일까? (필자는 이런 상황을 보면서 조삼모사朝三暮四를 떠올릴 수밖에 없었다)

공정을 위한 방안들이 모든 공공기관에 적용되어 사회적으로 확산할 경우, 최종면접에 대한 경쟁은 더욱 치열해질 것이다. 평가이론의 측면에서 정말 심각한 문제는 자칫 지원자의 '업무능력'이 아닌 '면접능력'이 평가의 핵심으로 왜곡될 가능성이 높아진다는 점이다. 면접관인 필자로서는 이 점을 우려하지 않을 수 없다.

평가 요소가 공개됨으로 인해 값비싼 취업 준비 학원이나 개인 컨설팅을 받은 지원자가 나머지 지원자보다 월등히 유리해지는 것은 자명하다. 그렇다면 가정형편 때문에 취업 학원이나 컨설팅을 받을 수 없는 지원자에게 또 하나의 불공정한 진입장벽을 세우는 것은 아닌가 진지하게 고민해 보아야 한다.

조금은 입에 쓴소리지만, 사실 지금까지 우리 사회가 경험한 '진짜 불공정 채용'은 힘센 누군가의 자녀가 직무능력이 현격히 떨어짐에도 부모의 정치권력에 의해 합격하거나, 힘 있는 권력자가 수십 명의 지원자 명단을 주고 그들을 합격시킨 사례가 아닌가? 과연 평가 요소나 탈락 사유를 공개하지 않는 것이 불공정한 채용의 원인이 되거나 문제가 된 사례가 단 한 건이라도 있었는지부터 살펴봐야 할 것이다.

앞서 언급했듯이, **공정 채용의 가장 중요한 목적은 직무능력이 좋은 사람을 선발하는 것**이다. 부디 절차적 공정성에 과도하게 집중하다가 진정 중요한 결과적 공정성을 훼손하지 않도록 깊은 고민이 필요한 시점이다.

Ⅱ. 면접관과 철학

실존주의와 면접

면접관에게 철학이 필요한 이유

우리는 종종 철학과 관련하여 이런 말을 듣는다.[1] '국가의 지도자는 지도자의 철학이 있어야 한다.' 때로는 혼잣말하기도 한다. '교수라면(또는 선생님이라면) 가르침에 대한 철학이 있어야 한다.' 심지어는 식당에서 맛없는 밥을 먹고는 이렇게 투덜대기도 한다. '식당을 운영하는 자영업자라면 음식에 대한 철학을 품고 있어야 한다'라고 말이다.

이처럼 우리는 '철학'이라는 단어를 모든 분야, 모든 직업에 스스럼없이 붙여서 논論한다. 그리고 각각의 분야에 통달한 사람들을 보면 하나

---

1 필자가 지금부터 설명하는 이야기에는 일상에 접하지 않는 용어들이 더러 있어 다소 어렵게 느껴질 수도 있다. 그러나 이 책을 읽는 전문면접관이나 예비 면접관들은 앞으로 활동하면서 수십, 아니 수백에서 수천 명의 인생을 결정할 사람이다. 부디 이 글을 시작으로 여러 난관을 잘 극복하여 '철학이 있는 면접관'의 기틀을 세울 수 있기를 진심으로 바란다.

같이 자신이 종사하는 분야에 대해 나름의 철학을 가지고 있음을 깨닫곤 한다. 그러나 안타깝게도, 면접관 관련 교육에서만큼은 평가자의 철학을 이야기하거나 강조하는 교육을 만나보기가 여간 쉽지 않다.

전문면접관의 면접 결과에 따라 누군가의 인생이 바뀌고, 심지어 조직의 경쟁력이 좌우되기도 한다. 이런 중책 중의 중책인 면접관이, 정작 면접관으로서의 **철학이 없거나 전문성이 부족한 상태에서 지원자를 평가하는 것은 언뜻 생각하기에도 매우 위험하다.** 이것은 정의나 선악의 판단 능력 자체가 없는 갓난아기에게 날이 시퍼렇게 선 검의 자루를 쥐게 한 뒤 수수방관하는 것과 다를 바 없다.

철학이 없거나, 면접에 대한 전문성이 부족한 면접관이
지원자를 평가하는 것은 매우 위험하다.

더 나아가 전문면접관 양성을 위한 강의를 한다면, 일반적인 면접관으로 활동하는 사람보다 더 깊은 철학적 이해와 폭넓은 평가이론을 알고 있어야 한다. 단순히 지식이나 기술을 전달하는 강사와 달리, 한 인간을 평가하는 면접관을 육성하는 강사에게 요구되는 지식의 내용과 수준과 사명감은 일반 강사와 차원이 달라야 한다.

지원자의 본질과 실존

면접관이 평가하는 지원자의 요소는 면접장에서 지금 보여준 모습일까? 아니면 지원자가 채용된 뒤 회사에서 보여줄 모습을 예측한 것일까? 지원자가 면접장에서 지금 보여준 모습은 현실적으로 드러나기 때문에 '확정된 것'이다. 반면 지원자가 채용 후에 보여주는 모습은 아직 드러나지 않았기 때문에 '확정되지 않은 것'이다.

채용이란 추후 조직에 소속되어 지속적으로 일할 사람을 선택하는 과정이다. 그런데 면접관이 지금 보는 모습은 어디까지나 현재의 지원자가 드러내는 행동에 불과하다. 결국 면접관은 '지금의' 지원자가 한 행동을 토대로 미래의 행동을 예측하여 평가할 수밖에 없다. 바로 이 점이 면접을 너무도 어렵게 만든다.

지원자는 면접장에 발을 들이기 전까지 수많은 준비를 한 뒤 면접에 임할 것이다. 그렇게 준비를 마친 지원자가 보여주는 행동은 평가자가 기대하는 의도적이고도 전형적일 가능성이 높다. 인간뿐 아니라, 인간이 만들어 낸 수많은 것들을 비롯해 자연에 의해 존재하는 많은 것들은 결국 '어떤 것은 어떠해야 한다'라는 개념을 지닌다.

이같이 '무엇은 어떠하다'라는 개념을 포함하고 있는 단어가 바로 '본질'이다. 그리고 '아직 정해지지는 않았지만, 어떠한 변화의 가능성을 가진 것'을 '실존'이라 한다. 이러한 본질과 실존의 개념을 정의하고 설명한 철학 사조를 일컬어 실존주의라 한다.

앞에서 설명한 면접에서 '지금 기대되는 모습'과 '아직 확정되지 않는 가능성'의 개념을 볼 때, 실존주의의 이론과 체계를 면접에 적용하면 새로운 관점에서 대응할 수 있다.

실존은 본질에 앞선다(existence precedes essence)

실존주의는 개인의 자유와 책임을 강조하는 철학이다. 실존주의자들은 인간은 태어날 때부터 정해진 목적이나 본질이 없으며, 자신의 삶을 자유롭게 선택하고 창조할 수 있다고 믿는다. 이러한 이유로 실존주의자들은 '실존은 본질에 앞선다(existence precedes essence)'라고 말한다. 이 말은 우리를 포함한 인간은 태어나기 전에 우리가 어떤 사람이 될지 정해져 있지 않다는 의미이다. 다시 말해 인간은 살아가면서 스스로 결정하고 미래를 만들어 나갈 수 있다. 실존주의 철학의 핵심이기도 한 이 말은 전통적인 철학적 견해를 뒤집어 놓은 것이다.

전통적 철학에서 실존에 대비되는 개념인 본질은 '어떤 것이 존재하는 목적이 분명히 정해진 것'을 말한다. 따라서 본질은 더 이상 변화의 가능성이 없는 완성된 존재에게만 있으며, 그 존재 의미와 개념은 변화하지 않고 고정되어 있다. 따라서 **본질은 우리가 선택하거나 통제할 수 없다.**

예를 들어 지우개, 신발, 자동차, 에어컨 등은 각각의 존재 목적을 누구나 알 수 있도록 고정된 것이다. 이들 단어를 떠올려 보면 누구나 같은 상像과 사용 목적을 떠올리게 될 것이다. '찬 공기를 내보내 인간이 시원하게 생활할 수 있게 도움을 주는 일정한 형태의 기계장치'가 곧 에어컨임을 떠올리는 것처럼 말이다. 본질은 무언가 또는 누군가의 고정된 특성 또는 핵심적 특성을 나타낸다.

그러나 실존은 우리 자신의 선택과 행위를 통해 형성되는 것이라고 본다. 그렇기에 실존주의자들은 인간을 자신의 의식, 즉 **주관적 판단을 통해 자신만의 가치를 창조하고 인생에 의미를 부여하는 존재**로 여긴다. 왜냐하면 인간 전체는 사실 어떠한 고유한 정체성이나 가치를 가지고 있지 않으며, 인간 각각이 저마다의 고유한 정체성을 가지고 있다고 판단하기 때문이다. 이때 인간 개개인의 정체성이나 가치는 각자가 자신만의 삶을 살아가면서 쌓은 경험과 행동을 통해 완성된다.

실존을 활용한 면접에서 평가=역량의 개념+시간의 개념+가능성의 개념

이러한 실존주의 이론에 빗대 면접을 정의한다면 어떨까? 면접에 참여한 모든 지원자가 지닌 능력이나 그 수준은 고정되어 있지 않고, 그 능력은 지원자의 판단과 노력에 따라 앞으로도 얼마든지 달라질 수 있다. 다시 말해 현재 면접장에서 보여주는 지원자의 능력이 과장되거나 거짓일 수도 있을 뿐만 아니라, 앞으로도 얼마든지 변할 수 있다는 것이다. 산업심리학적 측면에서 봤을 때, 철학에서 말하는 실존을 평가에서 활용하기 위

해서는 역량이라는 정의에 시간과 가능성의 개념을 더해서 바라봐야 한다.

앞에서 살펴본 이유로 인해, 면접에서 지원자의 실존적 능력의 평가는 단순한 측정 방법이나 측정 도구로 파악하기 어렵다. 따라서 이러한 문제를 보완하기 위해 사용될 수 있는 것이 바로 평가자의 가치체계이다. 전문평가자에게는 평가에 대한 철학과 평가 이론에 기반하여 스스로 수립한 '평가자로서의 가치체계'가 꼭 필요하다.

면접관의 토대, 실존주의

취업 면접의 맥락에서 실존의 개념을 좀 더 활용해 볼 수도 있다. 면접관이 지원자 과거의 선택과 행동들을 파악하고, 그 경험이 성장과 발전에 어떻게 활용될 것인지를 평가하는 것이다. 이처럼 앞에서 살펴본 실존의 개념은 면접에서 평가자가 지원자를 평가하는 과정과 많은 유사점을 가지고 있다.

면접이란 지원자의 현 상태를 토대로 미래에 나타날 지원자의 행동과 역량의 발전 가능성을 평가하는 것이다. 따라서 평가자는 과거에 의해 만들어진 결과보다는 지원자가 현재 보여주는 행동의 과정을 통해 미래에 지원자의 행동을 평가해야 한다.

실존주의와 평가 과정의 유사점은 크게 세 가지로 정리할 수 있다.

첫째, **인간 개인의 행동에 대한 관점**이다. 앞서 소개한 바와 같이, 실존주의의 핵심 개념 중 하나는 인간은 미리 주어지거나, 정해진 본성으로 존재하지 않는다는 것이다. 마찬가지로 면접에서 면접관은 지원자의 과거나 현재 행동을 통해 미래의 행동을 평가하여 지원자의 역량과 발전 가능성을 판단한다.

둘째, **주관성을 강조**한다는 것이다. 실존주의에서 각 개인은 세계에 대한 인식이 독특하며, 그 자신의 의식에 의해 실존이 형성된다고 여긴다. 마찬가지로 면접에서 지원자에 대한 면접관의 평가는 개인의 주관적인 경험과 가치체계에 따라 이루어진다. 물론 면접관의 주관적인 의사결정은 어디까지나 선발기관의 평가 기준에 따라 이루어지는 것이 기본 전제지만 말이다.

셋째, **대상의 의미를 해석**한다는 것이다. 실존주의에서는 인간의 선택과 행동을 통해 각자가 삶의 의미를 찾는 것에 중요성을 강조한다. 마찬가지로 면접관은 지원자의 여러 행동에 대한 동기와 목적을 자신의 관점에서 해석을 통해 지원자가 직무와 조직 문화에 적합한 역량을 지니고 있는지를 판단한다.

미래의 행동을 예측해야 하는 면접

면접 과정에서 평가자는 눈에 드러나지 않는 지원자의 역량을 어디까지나 자신의 관찰과 판단에 따라 평가해야 한다. 따라서 그 과정에서 수많은 어려움과 오류가 발생할 수 있다.

면접은 지원자와 평가자 양측에게 있어 채용 과정에서 이루어지는 필기시험과는 비교할 수 없을 만큼 어렵다. 필기시험은 주어진 정답이 있어 지원자에 대해 평가하고자 하는 역량의 유무를 명확하게 판단할 수 있다. 그러나 면접은 평가 요소와 관련된 지원자의 답변을 듣고, 거의 순간적으로 가치판단을 내림과 동시에 그 근거를 찾아야 한다. 또 매번 다른 답변에 따라 즉각적으로 관련된 질문을 하고, 동시에 지원자의 답변에서 사실 여부를 확인하고 평가해야 한다.

심지어는 지원자가 제대로 답변하지 못하거나 의도적으로 주어진 질문에 답변을 회피할 때, 면접관은 평가하고자 하는 근거를 찾기 위해 적절한 추가 질문을 연산해 내야 한다. 면접 질문이 어려울 수밖에 없는 이유다.

면접의 평정 역시 마찬가지로 많은 어려움을 낳는다. 수치화하거나 객관화하기 매우 쉬운 필기시험과 달리, 면접은 지원자의 내적 특성과 같은 질적 자료들이 평가자의 판단에 따라 그 가중치가 결정된다. 그러므로 이러한 결과물은 수학적으로 명확하게 환원되기 매우 어렵다.

인간의 내적 특성은 눈에 보이지 않는다. 따라서 평가자는 객관적 평가 기준이 아닌 자신의 주관으로 지원자를 평가해야 한다. 평가자의 주관에 의한 평가의 타당성과 일관성의 출발점은 어쩔 수 없이 평가자의 의식과 가치체계에 의존할 수밖에 없다. 그래서 면접관에게는 평가에 활용할 수 있는 수준의, **인간 의식과 행동에 대한 보다 체계적인 이해와 방법론이 요구**된다. 이와 관련된 철학 분야가 에드문트 후설(Edmund Husserl)이 주장한 **현상학**이다.

진짜를 위한 면접 철학

진짜를 찾기 위한 방법으로써의 면접 철학

어릴 적 세상의 많은 것이 궁금할 때가 있었다. '새는 어떻게 날아다닐 수 있을까?', '하늘에서 내리는 눈은 어떻게 만들어지는 것일까?', '왜 나는 태어난 걸까?' 등, 당시 필자의 지적 수준으로는 이해할 수 없는 게 많았다. 이처럼 사람들의 궁금증을 기원전보다 훨씬 과거부터 집중적으로 고민하고 논리적으로 설명하기 위해 노력하던 사람들이 있었다. 오늘날 우리는 그들을 '철학자'라고 부른다.

과학이 발전하기 전에는 **철학자가 곧 과학자**이기도 했던 시절이 있었다. 과학자와 철학자의 공통점은 '궁금한 것이 많다'라는 것이다. 인문학적인 화두에 관심을 가진 사람은 철학자로, 자연과학에 관심을 가진 사람들은 과학자로 나뉘면서 학문은 크게 이 두 가지 분야로 나뉘게 되었다.

현대 철학이 발생하기 이전 대부분 철학자와 철학의 관심은 '무엇인가에 대한 형식' 특히 '숫자'에 집중되어 있었다. 하지만 에드문트 후설은 모든 것을 숫자에 의한 설명하려는 시도가 눈에 보이거나 표면적인 현상들을 이해하는 데는 효과적이지만, 눈에 보이지 않는 표상들 아래에 있는 '본질'을 이해하는 데 문제가 많다고 생각했다.

또한 후설은 본질보다 눈에 보이는 표상들에만 집중하는 시도들이 인간 삶의 본질적 가치를 파괴한다고 생각했다. 그래서 후설은 본질을 찾기 위한 방법으로 '현상학'을 제시하고, 현상학을 통해 **인간의 삶을 있는 그대로 이해**하고자 했다. 그는 현상학이 물리적으로나 시각적으로 드러난 것이 아닌 '의식의 현상'을 연구하는 방법이라고 정의하였고, 의식의 현상을 연구함으로써 인간 경험의 본질을 이해할 수 있다고 주장했다.

현상학은 무엇에 대한 이론으로써 철학이 아닌,
어떤 의식의 현상에 대한 '진짜를 알아내기 위한 방법으로써의 철학'

현상학은 무엇에 대한 이론이 아닌, 어떤 의식의 현상에 대한 '진짜를 알아내기 위한 방법으로써의 철학'이다. 현상학을 쉽게 이해하기 위해서는 어떤 고정된 사물이 아닌 '현상'이라는 것에 집중해야 한다.

현상학은 간단하게 **현상 자체에서 의식의 지향성을 찾고, 우리가 경험하는 세계를 그대로 받아들이고 이해하려는 것**으로 정리할 수 있다. 여기서 '지향성'은 현상학의 기본개념으로, 의식의 성격이나 본질로써 어디론가 향하고 있다. 다시 말해, **모든 의식은 반드시 어떤 대상에 관한 의식**이며, 어떤 대상을 의미하고 지향한다는 의미이다.

고개를 들어 당신이 있는 공간의 구석진 곳을 살펴보자. 아무런 생각 없이 바라보지 말고, 아주 꼼꼼하게 말이다. 그렇게 어느 곳을 집중해서 바라보면, 평상시에는 보이지 않던 것들, 그러니까 천장의 화재경보기나 램프, 희미한 얼룩과 같은 것들이 보이는 경험을 하게 될 것이다.

현상학은 우리가 어떤 현상이 지닌 진짜 본질을 알기 위해 의식적으로 집중하는 과정을 반복적으로 수행하면 그 현상의 본질을 쉽게 파악할 수 있다고 주장한다.

이러한 현상학의 이치를 면접 과정에 찾아보자. 면접에서 지원자가 하는 말을 평가자가 즉각적으로 판단하는 대신, 지원자의 답변 속에서 지원자의 진짜 태도와 역량을 알아보기 위해 질문과 답변이 반복적으로 진행되는 '경험면접'이 현상학의 정의와 비슷하다는 사실을 알 수 있을 것이다.

진짜를 찾기 위해 버릴 것, 늘릴 것

현상학은 어떤 현상이 우리의 의식 속에서 어떻게 나타나는지를 살펴봄으로써 현상의 본질을 탐구하는 방법이다. 후설은 현상학을 본질 또는 사물의 기본 구조와 의미에 관한 연구로 정의했다.

현상학적 방법론의 2단계

1단계 : 선입견과 가정을 제거하는 '에포케(판단중지)'

2단계 : 관찰을 위한 의식적 노력으로써의 '의식의 지향성'

후설은 우리의 의식에서 현상이 우리에게 나타나는 방식을 조사함으로써 본질을 발견할 수 있는 2단계의 과정을 제시했다.

첫 번째 단계는 '**에포케**epoché, 판단중지'다. 이는 현상의 순수한 경험에 초점을 맞추기 위해 우리의 선입견과 편견을 제거하는 과정이다. 여기에는 믿음, 기대 및 판단을 제쳐두는 것이 포함된다. 이렇게 함으로써 왜곡을 제거하고, 현상에 관한 생각보다 '현상 그 자체'에 집중할 수 있게 된다.

두 번째 단계는 현상을 세부적으로 관찰하기 위해 어떤 것에 의식적으로 집중하는 '**의식의 지향성**'이다. 여기에는 현상에 대한 우리의 즉각적인 경험에 세심한 주의를 확대하는 노력이 포함된다. 후설은 이러한 방식으로 현상을 관찰함으로써 그 본질을 밝힐 수 있다고 믿었다. 여기에는 현상의 구조와 의미를 조사하고 본질적인 특성을 드러낼 수 있는 패턴이나 연결을 찾는 행위가 포함된다. 이렇게 함으로써 우리는 현상에 대해 더 깊이 이해할 수 있다.

후설은 이러한 현상학이 사물, 사건뿐만 아니라 심지어 추상적인 개념을 포함한 광범위한 현상에 적용될 수 있다고 믿었다. 또한 그는 현상학이 **의식 자체의 본질과 주변 세계를 경험하는 방식을 이해하는 데 도움**이 될 수 있다고 믿었다. 바로 이 부분에서 현상학과 면접은 밀접하게 연결될 수 있다.

현상학과 면접

현상학을 활용한 채용 면접 방법론

앞서 현상학의 기본개념이 면접이 이루어지는 과정과 상당히 유사한 측면이 있음을 확인할 수 있었다. 이는 현상학이 인간의 의식이 지닌 구조와 특징을 통해서 외부 대상을 어떻게 파악하는지를 해명하고자 하는, '방법론으로써의 학문'이기 때문이다.

현상학에서 말하는 이론이나 단계는, 면접에서 평가자의 사고체계에 의해 지원자의 답변과 행동을 분석하여 그의 능력을 파악하는 행위와 매우 유사하다. 다시 말해, 현상학적 고민과 철학적 이념들은 평가자가 갖추어야 할 역량 및 평가 메커니즘과 그 구조가 매우 비슷하다. 이는 현상학이 현상을 연구함으로써 의식과 경험의 본질을 이해하려는 목적, 그리고 면접에서 지원자의 행동을 관찰하여 분석함으로써 지원자의 능력과 태도에 대해 파악하여 평가하려는 목적이 비슷하기 때문이다.

현상학을 활용한 채용 면접 방법론

1단계 : → 편견과 선입견을 배제하려는 여러 가지 조치(블라인드 등)
2단계 : 의식의 지향성 → 지원자의 능력에 대한 과학적이고 세밀한 면접 과정

현상학에서 현상의 본질을 이해하기 위해 가장 중요하게 제시하는 방법을 두 가지로 다시 한번 정리하면 다음과 같다.

첫째, **'판단중지**epoché'다 판단중지는 현상에 대한 올바른 해석을 위해 장애가 되는 편견이나 자신의 신념 등을 배제하고 관찰하고 이해하자는 것이다. 2015년 능력 중심 채용이 도입된 이후 지금까지의 채용제도에서, 편견과 선입견을 배제함으로써 공정성을 높이려는 정책의 경향은 현상학의 방법론과 매우 유사하다.

실제로 공공기관 채용 과정에서는 현상학의 판단중지와 같은 편견의 개입을 막기 위한 더욱 많은 장치가 동원되고 있다. 예를 들어 배제되어야 할 지원자의 정보는 물론 지원서의 양식, 면접관의 질문 및 지원자의 답변에서 공개되지 않도록 수많은 통제를 가하고 있다.

또한 평가자가 지원자에 대한 어떤 정보에도 편견이나 선입견을 품지 않아야 한다는 공정 채용의 원칙 역시 현상학의 판단중지가 추구하는 바와 매우 유사하다.

둘째, **'지향성'**에 대한 것이다. 앞서 설명했듯이, 지향성은 어떤 현상

을 관찰할 때 자신의 의식을 이해하려는 현상에 집중하여 관찰하는 것이다. 이를 면접에 적용하면, 면접관은 지원자의 답변은 물론 면접 중에 일어나는 지원자의 행동에 집중하고 관찰함으로써 올바른 평가가 가능해진다고 할 수 있다.

이때 집중은 단순히 정신을 모으는 것에서 그치지 않는다. 어떤 확고한 의식을 품을 필요가 있는데, 면접에서 사용되는 의식은 주로 평가자가 지원자의 답변을 평가 요소와 평가 기준으로 정의하는 것을 의미한다. 다시 말해 평가자는 지원자를 관찰할 때 평가와 관련된 의식 즉, 평가 요소와 평가 기준이라는 틀을 통해 관찰해야 한다. 이처럼 면접관이 지원자를 관찰할 때 요구되는 행동은 현상학에서 말하는 의식의 지향성과 그 맥을 같이한다.

현상학은 인간의 의식에 관한 연구, 그리고 그것을 세상에서 경험하고 해석하는 방법에 초점을 맞추는 '방법으로써 철학'이다. 이러한 의미에서 현상학은 개인이 자신의 의식구조와 특성을 토대로 외부 대상과 사건을 인식하고 이해하는 방법을 제시한 것이다.

이러한 이해를 바탕으로 현상학에서 주로 사용되는 개념과 면접에서 평가와 관련된 내용을 정리하면 다음과 같다.

첫째, **지각적인 측면**이다. 현상학과 면접의 유사점 중 한 가지는 둘 다 개인의 의식을 바탕으로 둔 일종의 '렌즈'를 통해 외부 대상이나 사건을 관찰한다는 것이다. 현상학자가 개인이 주변 세계를 어떻게 인식하고 해석하는지 이해하려고 하는 것처럼, 면접관은 면접에서 자신의 사고체계와 평가 기준에 따라 지원자를 평가한다.

둘째, **상호주관성이다.** 현상학은 세상을 우리에게 나타나는 현상 그 자체로 이해하려고 한다. 이때 현상은 개인의 주관적인 해석에 머무르지 않고, 타자와의 상호작용을 통해 공유되고 검증되는 과정을 거친다. 마찬가지로 면접에서 지원자에 대한 면접관의 평가는 상호주관적이다. 또한 면접관은 지원자의 행동을 토대로 그 능력을, 면접관 개인이 해석한 것은 다른 면접관과 평가에 대한 내용을 조율하면서 지원자의 최종 평가가 이루어진다.

셋째, **해석의 중요성**이다. 현상학은 개인이 자신의 의식을 이용해 경험을 해석하고 이해하는 방법을 찾기 위한 노력이다. 마찬가지로 면접에서 면접관은 지원자의 응답과 행동을 해석하여, 해당 직무에 대한 지원자의 능력을 평가자 자신의 사고체계를 통해 평가하게 된다.

비슷한 듯 다른 본질

다소 예리한 독자분들이라면, 실존주의와 현상학에 대한 필자의 설명을 읽으면서 같은 단어인 '본질'의 개념과 그것을 취급하는 태도가 서로 다르다는 것을 느끼고는 그 차이에 대해 궁금증이 생겼을 수도 있다. 실존주의에서는 본질이 그다지 중요하지 않은 것처럼 말하더니, 반대로 현상학에서는 본질을 찾기 위한 방법이라고 설명했으니 이상함을 느낄 만도 하다.

실존주의와 현상학이라는 두 철학 사조에서 말하는 '본질'이 어떤 차이가 있는지 설명하기 전에, 실존주의와 현상학의 차이를 설명하고자 한다. 이를 통해 두 철학 사조에서 말하는 '본질'에 대한 차이를 더 쉽게 이해할 수 있기 때문이다.

실존주의와 현상학은 둘 다 20세기에 등장한 철학적 운동이다. 그들은 몇 가지 공통점과 함께, 중요한 차이점을 지니고 있다.

실존주의는 개인의 자유와 책임을 강조하며 자기 삶에 의미를 부여하는 철학이다. 만일 삶의 의미를 잃고 방황하거나 타인에 의해 자신의 가치를 훼손당했다고 생각하는 사람이라면, 실존주의 철학에 대해 이해하고 공부하는 일이 자신을 회복하는 길로 이어질 것이다.

반면 현상학은 우리가 세계를 경험하는 방식에 관한 질문에 관심을 보인다. 따라서 현상은 우리가 경험한 어떤 사건의 핵심이 무엇인가 찾아내거나, 어떤 특정 상황에서나 자신의 어떤 행동에 대해 내가 왜 그런 행동을 했는지 그 근본적인 원인을 스스로 찾으려고 할 때 유용하게 사용될 수 있다.

즉, 실존주의자들은 **우리가 자신의 삶에 의미를 창조해야 한다**고 믿는 데 비해, 현상학자들은 **우리가 자신의 주관적인 경험을 통해서만 세계를 이해할 수 있다**고 믿는다는 점에서 차이가 있다.

실존주의와 현상학의 차이를 알았으니, 이제 본질의 개념에 대해서 살펴보자. 실존주의와 현상학에서 사용하는 '본질'이라는 단어는 한글은 물론 한자로도 '本質'로 같다. 그렇다면 본질이라는 단어의 사전적 정의는 무엇일까? 사전에서 찾아보면 다음과 같이 나온다.

본질本質

1. 본디부터 가지고 있는 사물 자체의 성질이나 모습

2. 사물이나 현상을 성립시키는 근본적인 성질

3. 실존實存에 상대되는 말로, 어떤 존재에 관해 '그 무엇'이라고 정의될 수 있는 성질

위에서 살펴본 것처럼 본질이라는 하나의 단어가 전혀 다른 뜻으로 사용되기 때문에 주의가 필요하다.

실존주의에서의 본질이란 '어떤 것이 존재하는 목적이 분명히 정해진 것이 있다'라는 뜻이다. 다시 말해 **변하지 않고 이미 정해져 있어 누구나 다 알고 있는 것**이다. 여기에서의 본질은 우리가 보는 일반적인 사물이나 자연의 산물이 가진 특성이라고 할 수 있다(참고로 실존은 본질의 반대말로 '정해지지 않아 변화할 수 있는 성질을 가진 것', 사람의 특성을 나타낸다).

반면 현상학에서의 본질은 **사물이 바라보는 개인의 주관적 의식에 따**

라 이해되는 방식으로, 특정 개인에게 있어 사물이 가지는 의미가 달라질 수 있다. 예를 들어, 나무의 본질에 대해 시인은 '아름다움의 상징'으로 볼 수 있고, 과학자는 '세포의 집합체'로 볼 수 있다. 이처럼 현상학에서는 같은 나무라도 누가 어떤 의미로 바라보느냐에 따라 본질이 달라질 수 있는 것이다.

다음은 실존주의와 현상학의 주요 차이점을 관심 분야, 추구하는 것, 그리고 두 철학 사조가 강조하는 내용을 중심으로 요약한 표다.

구분	실존주의	현상학
관심 분야	**의미**에 관한 질문에 집중	**세계를 경험하는 방식**에 관한 질문에 집중
추구	자신의 삶에 **의미를 창조**해야 함	**주관적인 경험으로 세계를** 이해할 수 있음
강조점	**개인의 자유와 책임**을 강조	**인간 경험에 관한 연구의 중요성**을 강조

간단하게 정리하면, 실존주의에서 말하는 본질은 **개별 사물이 가지고 있는 불변의 것**으로써 이미 누구나 알고 있는 **정해진 본질**을 말한다. 다음으로 현상학에서 관심을 품고 있는 본질은 개별적인 어떤 특정 대상이 아니라, **그와 관련한 것들 속에서 발생하는 현상으로써의 본질**을 말한다. 그래서 현상학이 연구하자고 하는 핵심 대상은 본질을 발견하기 위한 의식에 중심을 둔 방법론에 있다.

지금까지 우리는 면접에서 평가와 관련된 철학적 이론을 몇 가지 살펴보았다. 사실 면접이 아니더라도 현대사회에서 이용되는 많은 방법과 이론은 이미 철학에 그 근본 개념과 방법론이 제시되어 있다. '과학철학', '사회철학', '수리철학', '심리철학', '예술철학', '정치철학', '경영철학', '행정철학' 이외에도 우리는 학문 대부분에 철학이란 단어를 붙여서 사용한다.

많은 이들이 어떤 직업이든 성공하기 위해서는 자신만의 '철학'이 필요하다고 말한다. 마찬가지로 전문면접관으로 인정받고 성공하기 위해서 평가자로서 철학이 요구되는 것은 자명하다. 부디 이 책의 독자 여러분들이 꾸준히 철학을 공부하여 자신감 넘치고 유능한 평가자로 인정받기를 바란다.

III. 성공하는 면접관이 되기 위하여
셀 수 없는 것을 수로 나타내는 방법

세상에는 셀 수 있는 것과 셀 수 없는 것이 있다. 사과 1개, 2개, 사람 1명, 2명과 같이 물질적인 특성을 가진 것은 셀 수 있다. 그러나 추상적인 것, 예를 들어 사랑, 행복, 도덕 등은 독자적으로 셀 수 없다. 채용에서 주로 사용되는 평가 요소 또한 마찬가지다. 성실성, 도덕성, 창의성, 이직 의도, 수리능력, 언어능력, 대인관계, 기술능력 등도 추가적 과정 없이는 곧바로 셀 수 없다.

그런데 면접에서 이런 추상적인 것들은 평가자에 의해 점수나 수준이 정해지며, 최종적으로 합격이나 불합격 여부를 결정한다. 즉, 추상적인 것도 어떤 과정을 통해 수로 표시될 수 있다는 것이다. 이런 추상적인 것을 숫자로 표시할 수 있는 이유는 질적인 요소를 인간이 가진 무엇인가를 통해 수적인 방식으로 변환했기 때문이다.

면접에서 지원자의 역량이 수로 표현되는 것 역시, 어디까지나 면접에서 평가자가 자신의 판단기준을 이용해 답변에 나타난 지원자의 추상적인 특성을 양적으로 변환하는 과정을 거쳤기 때문임을 알아야 한다.

따라서 면접관의 최종 역할이란 '자신이 관찰한 것을 제시된 평가 기준에 따른 평가자의 가치체계를 통해서, 질적 요소를 양적으로 환원하는 과정을 거쳐 지원자의 능력에 점수를 부여하는 것'으로 정리할 수 있다.

면접관의 양적 환원 과정은 면접관 자신 이외에 누구도 관여하거나, 대신할 수 없고, 대신해서도 안 되며, 공식적인 논의 과정 전에는 어떠한 영향을 받아서도 안 된다. **평가자의 의사결정은 오직 그의 철학과 판단체계, 평가 기준에 달려 있다.** 면접관의 독점적 권한에 의해 어떤 한 인간의 인생이 결정되기 때문에, 면접관은 평가에 대한 이론과 평가자로서 가치체계의 기초가 되는 철학을 지녀야만 한다.

평가의 왜곡과 한계점

면접에서 평가 요소를 더 많이 추가하면 그만큼 결과가 더 정확하게 나올까? 어떤 상황에서는 평가 결과가 더 왜곡되어 나타날 수도 있다. 경험면접을 중심으로 우리나라 대부분 공공기관의 면접 실태를 살펴보자.

면접 도구 중 하나인 경험면접에서는 보통 지원자 1명당 7분 내외의 면접 시간을 할당하며, 종종 면접의 중요성을 인식하여 많은 자원을 투입하는 기관은 1명당 20분 내외를 할애하기도 한다.

어떤 면접에서 평가 요소를 보통 3개에서 많게는 7개 정도를 평가한다고 가정하자. 앞의 가정에 따라 지원자 1명에게 주어진 면접 시간을 평가 요소별로 계산하면, 평가 요소 1개당 적게는 2분, 많게는 10분 정도가 주어진다.

사실 평가 요소당 면접 시간이 10분 이상 주어지는 경우는 우리나라에서는 매우 이례적이며 대개는 평가 요소당 5분 정도가 할당된다. 그러나 5분은 면접에서 한 사람의 인생이 좌우될 수 있음을 고려했을 때 너무나 짧은 시간이다. 최소 몇 년에서 몇십 년을 함께할 직원을 뽑으면서 이 정도 시간만을 할애하는 부분은 꼭 개선되어야 할 것이다.

다음과 같은 상황이 주어진 면접에서 지원자의 답변에 의한 평가를 한다면 어떤 결과가 나올지 생각해 보자. 지원자에게 제시된 상황은 다음과 같다.

어느 날 새벽 2시, 당신의 집 앞 사거리에 신호등 앞에 당신이 서 있습니다. 가로등이 충분히 밝아서 시각에는 아무런 방해를 받지 않고, 도로에 어떤 장애물도 없어서 다른 차들의 유무를 확인할 수 있습니다. 차량은 나 혼자밖에 없습니다. 당신은 지금 어떻게 할까요?

이런 질문에 지원자의 응답은 크게 두 가지로 나누어질 것이다. 어떤 사람은 신호를 지킨다고 말하고, 또 다른 사람은 신호를 지키지 않겠다고 말할 것이다. 사실 이와 같은 상황에서 대부분은 신호를 지키지 않을 확률이 상당히 높다.

그런데 이런 상황이 일상이 아닌 채용을 위한 선발 과정에서 주어진다면 답변은 많이 달라질 것이다. 이처럼 선발 과정에서 평가 기준이 준법성, 공정성과 관련된 도덕적인 질문에 대해서는 많은 이들이 솔직하게 말하기보다는 '신호를 지킨다'라고 응답할 확률이 매우 높다.

지원자의 이런 답변에 대해 평가자들은 과연 어떤 결론을 내려야 할까? 대다수 지원자가 신호를 지키겠다고 답했으나, 실제로는 다른 행동을 할 수도 있다. 그렇다고 해서 평가자는 설령 지원자가 신호를 지킨다고 말했음에도, 사실은 지키지 않을 거라 판단해서 낙제점을 주어야 할까? 아니면 이 지원자의 말이 거짓이라는 증거를 찾을 수 없으므로 평가자는 지원자에게 합격 점수를 주어야 할까? 혹은 신호를 지키지 않겠다고 말한 사람에게 솔직하게 말했다는 이유로 합격점을 주어야 할까? 아니면 솔직하게 말했지만, 평가 지표에 따라 법과 질서를 지키지 않았다고 낙제점을 줘야 할까?

도덕적 가치를 포함한 평가 요소를 평가하기 위한 질문은 응답해야 하는 지원자는 물론, 평가해야 하는 면접관 모두를 심각한 딜레마에 빠뜨린다. 심지어 어떤 면접관은 면접 과정에서 도덕성과 관련된 질문을 한 뒤, 지원자가 곤란해하는 모습을 보고는 그의 속내를 파악할 수 있는 질문을 했다며 흐뭇한 표정을 짓기도 한다.

우리나라 대부분 공공기관에서 이루어지는 면접은 현장에서만 사실 여부를 확인할 수 있다는 점에서 한계가 있다. 채용 과정에서 지원자에 대한 정보를 획득하는 방법은, 지원자의 지원서를 살피거나 평가자의 질문에 대한 답변 정도다. 심지어 지원자 역시 평가자가 자기 능력에 대한 정보를 획득할 수 있는 시간과 방법이 제한적이라는 점을 잘 알고 있기에 면접에서 거짓을 말할 가능성도 높다.

이같이 지원자의 답변에 의존할 수밖에 없는 면접 여건에서는 어쩔 수 없이 '평가할 수 있는 것'과 '평가할 수 없는 것'이 나뉘게 된다. 특히 평가가 어려워지는 이유가 두 가지 있다.

하나는 지원자가 도덕적 가치가 있는 질문에 자기 행동과 가치관을 사실대로 응답할 가능성이 작다는 점. 둘째는 도덕적 평가 요소의 평가 기준은 선과 악이 너무나 분명해 누구나 합격을 위한 정답이 무엇인지 알 수 있다는 점이다. 따라서 추상적이고 선악의 가치가 포함된 평가 요소는 면접에서 정확히 평가내리기 매우 어렵다.

실제로 지원자는 도덕적 가치가 포함한 질문에 답할 때는 '공정하게 행동한다', '법을 반드시 지킨다', '신호를 항상 지킨다' 등과 같은 상투적인 답을 할 가능성이 높고, '신호를 지키지 않는다', '사소한 것은 어길 수 있다' 등과 같은 답변을 할 가능성은 적다.

이처럼 도덕적인 평가 요소가 제대로 평가되기 어려운 상황에서도, 공공기관은 그 설립 목적과 운영의 특성상 도덕성과 관련된 것들을 평가해야 하는 직·간접적인 압력을 내외부에서 받고 있다. 그래서 공공기관에서는 구성원을 선발할 때 이런 도덕적인 요소를 평가하려는 경향이 유달리 강하다. 하지만 도덕과 관련된 평가 요소는 현재 채용 환경에서 정확하게 평가하기 현실적으로 어렵다. 심지어는 평가하려고 할수록 그 결과가 더 왜곡될 확률이 높다.

모든 면접에는 시간과 공간의 제약이 있다. 이러한 면접의 제한으로 인해 평가자가 지원자의 모든 부분을 한점 오차가 없이 평가하기란 불가능하다. 따라서 지원자의 답변을 검증할 수 있는 시간과 방법이 제한된 면접에서는 평가할 수 있는 것만을 평가해야 한다. 현실적으로 평가할 수 없는 것을 평가하는 과정에서 왜곡이 더 심하게 일어나거나, 이익보다 손해가 더 많이 발생할 수 있기 때문이다.

그렇다면 답은 분명하다. **면접에서 평가 결과의 왜곡을 막기 위해 도덕적 가치가 포함된 평가 요소를 제외하는 것**이다.

성공하는 면접관을 위한 제언

지원자에게 있어 면접이란 자기 경험과 능력을 발휘하고, 생계를 유지하기 위한 기회 여부를 결정하는 가장 최종적인 과정이다. 그리고 누군가를 채용하는 조직에 있어 면접은 그 조직의 경쟁력을 높일 수 있는 사람을 선발하느냐, 아니면 그 조직의 경쟁력을 약화할 수 있는 사람을 선발하느냐를 결정하는 매우 중요한 과정이다.

면접관은 지원자와 조직의 운명을 결정하는 과정에서 가장 중요한 의사결정을 내리는 사람이다. 더군다나 그 조직 내부가 아닌 외부자로서 그러한 결정을 내려야 한다. 면접의 결과가 산출된 뒤에는 면접관에게 어떠한 책임을 묻거나 손해에 관한 보상을 요구할 수 없다.

면접의 효과성은 온전히 면접관의 역량에 따라 결정된다. 그러나 면접관 수요기관은 면접관의 역량에 대해서 통제와 육성을 할 수 없는 구조다. 그 결과, 면접관의 역량은 대부분 면접관 개인의 노력으로 결정된다.

물론 채용대행사와 파견 기업에서는 어느 정도 면접관의 수준과 면접 역량을 관리하기도 한다. 그러나 면접관이라면 이들의 도움에 만족할 것이 아니라, 면접과 관련한 다양한 교육과 함께 면접과 관련한 다양한 전문 서적을 찾아서 스스로 공부해야 한다.

면접과 관련된 전문지식을 담고 있는 책들은 경영학의 조직행동론, 인적자원개발 관련 서적, 심리학의 측정 및 평가 관련 서적, 산업심리학의 역량, 역량평가, 인재개발, 선발 관련 책 등이 있다. 더 깊은 공부를 원한다면 앞에서 언급한 주제의 외국 원서를 참고할 수 있다.

앞서 언급한 면접 관련 지식뿐 아니라, 면접관이라면 면접에 대한 지식 이전에 무엇보다도 인간에 대한 이해와 철학을 지녀야 한다. 면접관이 지원자의 특징을 관찰하고 평가하는 행위는 어디까지나 철학이라는 프레임을 통해서 가치판단이 이루어지기 때문이다.

면접관의 존재 이유는 철학의 바탕 위에 존재한다. 이를 기반으로 면접관은 자신의 평가 과정과 결과에 대해 어떤 외부의 부당한 요구와 영향에 흔들리지 않아야 한다.

많은 이들이 세상은 우리가 알지 못하고 어떻게 할 수 없는, 내가 속하지 않는 어떤 큰 힘에 결정된다고 생각한다. 그래서 내가 세상의 변화와 발전에 이바지할 수 있는 것이 거의 없다고 여긴다. 그러나 필자는 이러한 생각에 절대 동의하지 않는다.

나 자신이 우수한 평가능력을 갖추고, 이를 통한 결과에 대해 어떤 외압에 흔들리지 않는 면접관으로서 활동한다고 가정하자. 그리고 또 다른 면접관도 나와 같이 활동한다고 가정하자.

이 책을 읽은 면접관 독자들이 앞에서 말한 것을 실천한다면 모든 면접이 더욱 정확하고 공정하게 이루어질 것이다. 그렇게 된다면 상당한 수의 취준생들이 최적의 일자리를 찾고, 우리 사회의 모든 조직이 효율적으로 운영되어 성장할 것이다. 우리나라는 공정하고 올바른 나라가 될 것이다.

가장 적합한 인재로 구성된 국가기관들은 자기 소임에 맞는 좋은 서비스를 국민에게 제공하게 될 것이다. 최종적으로 우리나라의 모든 사람이 보람차게 일하고 행복하게 살 수 있을지도 모른다.

필자가 채용 관련 일을 하게 된 동기 역시, 바로 그러한 공정하고 올바른 세상을 만드는 데 조금이라도 기여하고 싶은 생각을 지니고 있었기 때문이다. 부디 독자들도 이 책의 내용뿐만 아니라, 여기서 담지 못한 많은 전문적인 지식과 함께 평가자로서의 철학을 구축하길 간절히 바란다.

PART 2

면접관이라는 직업

- 인재人災를 막는 인재人才 채용 -

권혁근

Ⅰ. 면접관이라는 직업

몇 해 전 면접 현장에서 만난 공공기관 인사팀장으로부터 '**폭탄 직원**'으로 인한 피해의 심각성을 듣게 되었다. 전문면접관으로서 우수한 직원을 선발하는 것보다 문제를 일으킬 수 있는 지원자를 걸러내는 것이 중요하다는 걸 깨달았다. 인재를 채용하려다가 인재人災로 인해 조직에 커다란 재앙을 불러올 수도 있기 때문이다.

이후 썩은 사과, 오피스 빌런, 사이코패스, 유해한 직원toxic employee에 대한 책과 논문 등을 탐독하며 폭탄 지원자를 거르는 방법을 고민하였다. 인간의 본질과 세상이 돌아가는 이치를 이해하고자 인문학 학습 모임에 가입해서 심리학과 철학, 역사와 문학 등을 공부하였다. 면접관 동료들과 학습 포럼을 만들어 직원 채용과 면접관련 실용적인 부분도 함께 학습하는 등 다양한 노력을 기울였다.

목적의식을 갖고 면접관 활동에 몰입하니 면접이나 입사지원서 평가의 기회도 많아지고 채용 관련된 새로운 사업 기회도 찾아왔다. 즉, 채용기관이나 채용 대행업체에서 이공계 분야 등 여러 직무 분야의 전문면접관을 추천해달라는 요청이 늘었다. 우수한 면접관을 공공기관에 추천함으로써 전직 헤드헌터의 경력을 십분 발휘하게 되었다.

그러나, 이공계나 금융계 분야 등의 직무 전문면접관은 공공기관 채용 면접 운영에 대한 기본 지식이나 블라인드 채용의 개념이 부족한 경우 면접관 리스크가 발생한다는 것을 알게 되었다. 또한, 공공기관 외부 면접관 중에 '부수입' 삼아 가벼운 마음으로 활동하는 분들이 적지 않다는 것도 공공연한 사실이다. 내부 면접관 중에는 자신의 업무로 바쁜 상황에서 면접위원으로 차출되어 특별한 준비 없이 마지못해 직원 채용 면접에 임하는 경우도 여러 번 보았다.

> 면접관 리스크를 줄이고 면접관 활동에 대한 사명감이나 철학을 세우기 위해서는 차별화된 면접관 교육과정이 필요하다.

따라서 면접관 리스크를 줄이고 면접관 활동에 대한 사명감이나 철학을 세우기 위하여 차별화된 면접관 교육과정이 필요하다고 생각했다. 채용 면접에 대한 지식과 스킬도 중요하지만, 인재 선발에 대한 지혜와 통찰력을 전하고 싶었다. 그리하여, 면접 경험이 풍부한 국내 최고의 심리학자와 철학자 그리고 탁월한 전문면접관을 강사로 초빙하여 2022년 3월부터 '면접관 마스터' 교육과정을 운영하게 되었다.

2023년 상반기에는 면접관 마스터 과정에 참여하지 못하는 분들을 위하여 핵심 강사님들의 중요한 강의 내용과 미처 강의 중에 못다 한 이야기를 책으로 출간하기로 하였다. 필자는 면접관이라는 '직업'의 개요와 폭탄 직원과 면접관에 대하여 정리하기로 하였다. **폭탄 같은 직원** 채용의 문제점을 제기하고 예방할 수 있는 방법론을 서술한 책은 처음이라는 점에서 의미가 있다.

　　면접이라는 절차나 의식이 현대인들에게 막대한 영향을 미치는 사회에서 면접관에 대한 기본적인 이해를 돕고 특히, 면접관 활동을 희망하는 분들께 면접관이라는 직업과 역할에 대한 소신과 사고체계를 바로 세우는 데 참고서가 되기를 소망한다.

면접관이 궁금하다

산업사회와 정보화 사회를 거쳐 인공지능 시대를 살아가는 우리는 어떠한 형태로든 '면접'과 관계가 있는 삶을 살고 있다. 평생 몇 차례 직접 면접 과정을 경험하거나 가족이나 가까운 친구가 면접시험에 관련되는 상황과 마주한다. 동양대학교 김민주 교수는 현대를 '면접 지배 사회'라고 명명하기도 했다. 면접이라는 단어는 매우 익숙하지만 대부분 필기시험 후에 대면(또는 비대면) 면접을 준비하는 지원자들이 많고, 면접관 역할이나 활동을 하는 사람은 상대적으로 숫자가 많지 않은 상황이다.

필자가 대학을 졸업하던 1980년대 후반은 88올림픽을 전후해 우리나라가 대기업을 중심으로 경제 성장이 본격화하는 시기였다. 그 당시 대기업의 신입사원 입사 면접은 형식적인 통과 의례였던 것으로 기억한다. 입사지원서와 대학 졸업증명서 등 서류심사 또는 간단한 필기시험으로 거의 당락이 결정되었다. (심하게 말하면) **면접을 통해서는 얼굴을 보며 본인 확인하고 신체가 건강한 사람인지 검증하는 정도**였다.

물론, 그 당시에도 기업의 인사팀에서 나름 인재 선발 기준을 고민하고 면접관 교육도 했지만, 면접 진행을 면접관의 재량에 맡기는 것이 대부분이었다. 당시 면접관 역할은 채용 기업의 부장급 직원이나 임원들이 주로 맡았다. 면접 질문으로는 입사 지원동기와 입사 후 포부 등을 주로 물었다. '아버지 뭐하시나?'와 '고향이 어디냐?'는 유형의 질문은 기본이고 지원자와 성씨가 같으면 본本이 어디인지 묻기도 하였다. 가족과 친지 중 우리 회사 임직원이나 정부 고위층 인사가 있는지를 궁금해하기도 했다.

> 1990년대 컴퓨터와 인터넷의 발전과 두 번째 밀레니엄을 거치면서
> 전 세계적으로 인재 전쟁이 본격화되었다.

1990년대 컴퓨터와 인터넷의 발전과 두 번째 밀레니엄을 거치면서 전 세계적으로 인재 전쟁이 본격화되었고, 자연스레 인재와 채용의 중요성이 대두되기 시작하였다. 2002년 하버드 대학 출판부의 『the war for talent』가 『인재전쟁(세종서적, 2002)』이라는 제목으로 국내에 소개되었다. 기업의 인재 지향적 태도와 직원에게 제시하는 가치employee values proposition 그리고 채용 전략의 재구축 등을 강조하였다.

그즈음에 우리 정부 주도로 국가직무능력표준(NCS) 개발이 착수되었다. 대기업을 중심으로 구조화된 면접 개념을 적용하는 기업도 늘어나고 채용 과정에서 인성검사와 적성검사도 도입하기 시작하였다. 2007년

에는 면접관에 중점을 둔 『핵심인재를 선발하는 면접의 과학(맑은소리, 2007)』이라는 책이 출판되기도 했는데, 저자인 하영목 박사는 인성면접, 역량면접, 토론면접, 발표면접 등의 개념과 인성과 직무 수행 역량을 평가하는 구조화된 질문 유형과 사례 등을 상세하게 소개하였다.

공공기관에서 직원 채용을 위하여 외부 면접관을 도입하기 전 국내에서는 '면접관'이라는 명칭은 직업이라기보다는 기업에서 면접시험을 주관하는 사람의 역할을 의미하는 경우가 대부분이었고 오늘날에도 그러한 경향은 상당 부분 남아 있다. 그렇다면 국내에서 사내 면접관이 아닌 공식적으로 외부의 전문면접관을 초빙하여 직원을 채용한 사례는 언제, 어떤 상황이었을까?

전문면접관의 등장

우리나라에서 최초로 외부 전문면접관으로 인정받아 공무원 채용에 참여했던 면접위원 S에 따르면, 2004년 처음으로 5급 공무원 임용 면접시험 평가위원으로 외부 전문가 40여 명을 선임하였다고 한다. **처음으로 면접관이라는 일자리 part-time job 가 탄생한 것이다.** 초기의 전문면접관은 주로 심리학을 전공한 헤드헌터들과 대학교수들이 대다수를 이루었다. 점차, 7급과 9급 공무원 채용과 공공기관과 공기업까지 외부 면접관 도입이 확산하면서 대기업 인사팀장 출신과 경영학 등 다양한 분야의 전공자들이 면접관 활동에 참여하였다.

2017년부터 전국 660여 개 정부 출자. 출연기관을 포함한 모든 지방 공공기관과 공익성 재단과 협회 그리고 일부 시중 은행에서는 외부의 면접관을 초빙하여 채용 면접을 진행한다. 또한, 필자는 수년 전 제조업종의 대기업(D케미칼)과 유망 중소기업(C사)의 요청에 따라 면접관 역할을 하였고 최근에는 중견기업 게임사(P사)에서 전문면접관으로서 직원을 채용하는 데 참여하기도 하였다. 공기업뿐만 아니라 사기업에서도 전문성이 우수한 외부의 채용 면접관 활용을 고려하고 있다.

그렇다면, 국내에서 면접관을 본업 또는 제2, 제3의 직업으로 삼아 활동하는 인원은 얼마나 될까? 연간 1회 이상 외부 면접관(또는 입사지원서 평가위원)으로 활동하는 인원의 공식적인 데이터를 구하기 어려워 면접 관련 전문가들과 집단지성을 발휘하여 예측하였다(통계청의 한국표준직업분류 상에 채용 면접관이 등록되어 있지 않아 면접관 관련 공식적인 데이터를 구하기 어려운 상황임을 밝힌다).

경력 있는 전문면접관과 공공기관 채용 대행업체 관계자 등을 통하여 확인한 면접관 숫자는 2만 명 정도로 추정된다. 2017년 이후 공기업 채용 시 50% 이상 외부 면접관 참여가 규정화되면서 면접을 직업 또는 부업으로 활동하는 전문면접관 숫자가 많이 늘었다는 게 공통된 의견이다. 사회생활을 하면서 한 번이라도 공공기관 채용을 위한 외부 면접관으로 활동 경험이 있는 여러 산업 분야의 전문가와 교수 등 잠재적인 면접관을 포함하면 5만 명 이상까지도 예상한다.

국가인재데이터베이스(www.hrdb.go.kr)에 등록된 인재는 2022년 말

기준으로 348,068명이고, 그중 272,701명이 비공무원이다. 경영, 법무, 과학기술, 금융, 교육, 건설 교통 등 17개 분야의 인재 DB가 등록되어 있다. 이들 중 면접관으로 경력이 있거나 언제라도 활동이 가능한 인재가 10%라고 가정하면 약 35,000명이다.

전문면접관의 분류

국내에서 직원 채용을 위한 면접관 활동을 하는 사람을 구분하자면 크게 1) 사내 면접관, 2) 외부 면접관, 3)전문면접관으로 분류할 수 있다.

사내 면접관은 공기업이나 사기업의 차장 부장 팀장급의 직무 면접관과 부서장과 임원급 중심의 인성 면접관으로 나눌 수 있다. **외부 면접관**은 자사 직원 채용을 위한 면접 외에 타 기업(주로, 공공기관) 면접관 또는 입사지원서 평가위원으로 활동하는 경우를 총칭한다.

전문면접관은 겸업 현상(멀티 커리어리즘) 또는 N잡Job 시대에 면접관을 제1 또는 제2, 제3의 직업으로 삼아 연간 수십 회에서 100회 이상 참여하며, 면접이나 입사지원서 평가, 인사위원회 참석, 면접 강의 등 선발 관련한 활동으로 연간 수천만 원 이상의 경제적 가치를 창출하는 전문가들이라고 볼 수 있다.

전문면접관의 자격과 소득

전문적으로 면접관 활동을 하기 위하여 법적으로 정해진 자격 기준은 현재로서는 없다. 일반적으로 4년제 대학교를 졸업하고 직장생활 약 10년 이상 경력을 보유하고 (사기업 기준으로) 전현직 차·부장급 이상 임원들 또는 (공무원의 경우) 5급 이상인 경우가 많다. 전문면접관 활동 초기에는 채용전문가와 각 분야의 교수급 전문가들이 주로 면접관 활동을 하였다. 특히, 인성전문면접관은 인사 관련 업무 경험자, 심리전문가, 헤드헌터, 코치, 컨설턴트, 기업교육 강사 등 경력자가 주로 활동하고 있다.

채용 직급에 따라, 석사 또는 박사급 이상의 학력과 기술사 변호사 회계사 등 전문가로 면접위원 팀을 구성하기도 한다. 은행권에서는 30대 후반부터 40대 연령층의 면접관을 선호한다. 규모가 큰 공기업이나 지자체에서는 사회생활 경력과 면접 경험이 풍부한 50대부터 60대 중후반까지 활동할 수 있다.

자체적으로 보유하고 있는 데이터에 따르면, 면접관의 평균 나이는 50대 초반이며 남성과 여성의 비율은 약 7:3이다. 인성 전문면접관은 여성과 남성의 비율이 비슷하다. 면접관 경험이 풍부하거나 토목, 건축 등 기술사 및 박사급 전문직의 경우는 70세까지도 활동할 수 있다.

전문면접관은 평균 주 1회 이상 면접, 입사지원서 평가, 인사위원회 참석 등 연간 40~50회 이상 관련 활동하는 경우 직업적으로 '전문면접관'으로 구분할 수 있다고 본다. 그러나, 매년 1분기 채용 비수기와 제척(동일 기관 연속으로 면접관 선정 금지) 상황 등을 감안한다면 연간 30회 이상인 면접관을 직업인으로서 전문면접관으로 칭하는 것이 적합하다고 하겠다.

그렇다면 면접관의 소득은 어떨까? 면접관의 소득에 대한 정보 역시 필자와 채용 관계자 지인들의 도움으로 추측하였다.

먼저 면접관을 제1의 직업으로 활동하는 경우이다. 기업에서 인사나 채용 관련 업무를 수행했거나 취업/이직 후보자들에 대한 컨설팅 경험이 많은 헤드헌터 또는 심리학 전공자 중에 외부 면접관 활동에 우선순위를 두고 있는 전문면접관들이다. 매주 2~3회, 연간 100회 정도 채용 현장에서 활동하며 연간 5천만 원 이상의 소득을 창출하는 마스터급 전문면접관이 수백 명 이상일 것으로 추정한다.

채용 면접이나 입사지원서 평가 외에 면접 관련 강의나 채용 과정 심사 평가, 필기나 논술 시험 문항 개발과 채점, 면접관 서칭 및 추천, 취업이나 창업 관련 컨설팅이나 카운슬링, 저서 출판 등 활동으로 연간 1억 원 이상 수입을 창출하는 특급 면접관도 100명 이상 될 것으로 예상한다.

상당수의 전문면접관은 월 3~5회 정도 면접 활동에 참여하여 면접 관련 수입이 3천만 원 내외인 사람으로 분류할 수 있다. 여러 사정상 연간 활동 횟수가 적지만 전문면접관 교육(8시간 이상)을 이수하고 실전 면접 경험이 누계로 50회 이상인 면접관이라면 A급 전문가에 해당된다.

또한 자신의 전문 분야가 확실하고 공인 자격이나 박사, 교수, 기술사, 회계사, 변호사, 임상 심리전문가 등 학위나 공인 자격증을 보유한 사람도 A급 전문면접관으로 분류될 수 있다고 본다. 다만 전문가 그룹 면접관의 경우 전문면접관 교육과정(6시간 이상)을 이수하거나 최소한 블라인드 채용 면접관 교육을 받은 사람이라야 전문면접관으로 인정받을 수 있다.

면접관의 진입장벽이 낮다고 해서
아무나 전문면접관으로 활동하며 수입을 창출하는 것은 아니다.

일반적으로 면접관은 처음에 아르바이트 비슷한 개념으로 면접관 역할을 하다가 전문면접관 활동에 매력을 느끼고 점차 제1, 제2의 직업으로 본격적인 활동을 확대하고 있다. 그 이유는 직장생활을 하면서도 면접역량 개발과 퇴직 후를 준비하는 부업으로 활동할 수 있고 특별한 자격이나 조건이 필요하지 않아서 진입장벽이 낮은 편이기 때문이다. 그렇다고는 하나, 아무나 전문면접관으로 활동하면서 수입을 창출한다고는 볼 수 없다.

면접관 활동의 특징

면접관 중에는 절친과 직장 동료 또는 형제자매나 부부 등 가까운 분들이 함께 활동하는 경우가 많다. 주변의 신뢰 있는 지인들과 함께 면접관으로 활동할 만큼 가치가 있다는 의미로 해석해도 좋을 것이다. 소소하지만 면접관 활동하면서 느낀 점 몇 가지를 정리해 본다.

특정 날짜에 면접관으로 참여 의뢰를 받았을 경우 면접관 개인의 상황에 따라 공공기관 채용평가에 참여 여부를 선택할 수 있다. 다만, 채용의 공정성을 높이기 위하여 면접관이 2배수로 추천되는 경우가 많으며, 채용기관이 원하는 조건의 면접관과 다르다면 선정되지 않을 때도 있다. 기관에서는 채용 분야의 특성에 따라 면접관의 성별, 나이, 전문 분야 등을 고려하여 면접관을 선정한다. 개인의 가치관이나 취향에 따라 면접관 활동의 장단점을 분류하는 시각은 다를 것이지만, 필자가 생각하는 전문 면접관의 장단점은 아래와 같다.

- **면접관 활동의 좋은 점**
  - 전국 공공기관 및 공기업 채용 현장에서 우수 인재를 선발하는 데 참여함으로써 '해당 기관과 공기업의 경쟁력 나아가 국가의 경쟁력 향상에 기여한다는 보람이나 자부심'을 느낄 수 있다.
  - 전업으로 활동하거나 부업 또는 N잡으로 활동할 수 있다.
  - 면접 평가 외에 입사지원서 평가, 인사위원회 참가, 채용 필기 및 면접시험 문항 출제, 면접관 강의, 취업 면접 컨설팅, 채용우수기관 인증 심사 등 활동 범위 확대가 가능하다.
  - 다양한 분야의 우수한 면접관과의 교류를 통하여 긍정적인 동기부여와 성장의 기회를 얻는다.
  - 면접 기회가 주어지더라도 스스로 취사선택할 수 있어 일정 조정이 자유로운 편이다.
  - 면접관들은 팀워크를 발휘해야 하는 동료 관계이므로 상대적으로 소통

과 교류가 원활한 편이다.

- 발표 면접 시에 제공되는 상식이나 시사 문제를 통하여 새로운 분야의
  지식을 얻을 수 있다.
- 전문면접관으로서 면접 및 입사지원서 평가 결과 자체에 대하여 존중받
  을 수 있다.
- 전국 각지의 공공기관에서 평가 업무를 마치고 지역 명소를 둘러보며 사
  색을 즐길 수 있다.

• **면접관 활동의 불편한 점**

- (다양한 경로와 방법으로 면접 관련 기회가 발생하여) 면접관 활동 기회
  가 언제 어느 곳에서 발생할지 예측하기가 어렵다.
- 채용의 절차적 공정성을 높이기 위해 면접관이 2배수 또는 3배수의 인
  원이 추천되기에 선정 확률이 제한적이다.
- (규정상) 동일 기관에서 채용 관련 평가에 연속적으로 참여하기가 거의
  불가능하다(도. 시. 군 등 지방자치단체는 가능).
- 전업으로 활동하기에는 수입 발생이 규칙적이지 않으며 그 금액도 넉넉
  하지 않고 (경쟁 때문에) 줄어드는 추세다.

만약 면접관 활동에 적극적으로 참여하여 전문면접관으로 인정받는
동시에 공공기관 블라인드 면접 리스크도 줄이고 싶다면 전문면접관 교
육과정 이수 또는 한국산업인력공단/국가직무능력표준원 등에서 주관

하는 면접관 교육 공개 과정에 참여하는 것이 바람직하다. 2023년 기준으로 체계적이고 정기적으로 면접관 교육과정을 운영하는 교육업체는 10여 개 사로 추정한다. 과정마다 특징과 장단점이 있기에 콕 집어서 어느 기관이 가장 좋다고 언급하기는 쉽지 않다. 인터넷 검색을 해보면 알 수 있지만, 면접의 기본적인 이해부터 단계적인 실습 위주로 교육을 진행하는 곳도 있고, 3년 이상 경력면접관의 역량 강화를 중심으로 교육하는 곳도 있다. 인문학 기반으로 인재 선발에 대한 지혜를 제공하는 고급 과정도 있으며, 대학교와 연계하여 면접관들 간의 교류와 학습을 동시에 추구하는 곳도 있다.

민간 자격증이나 수료증을 제공하는 곳도 있다. 주변에서 면접관 교육과정의 필요성을 물어보는 분들이 많다. 개인적인 견해를 묻는다면 필자는 **꼭 필요하다고 말하고 싶다.** 필자도 만약 활동 초기(10년 전)에 면접관 교육을 제대로 받고 공부도 했다면 지금보다 더 빨리 크게 성장했을 것이다. 어떤 프로그램의 교육을 받을 것인지는 면접관들이 본인의 필요와 선호에 맞게 선택할 부분으로 보인다.

중요한 팁 하나를 첨언한다면, 면접관 교육업체 중 면접관 파견 업무를 직간접적으로 수행하는 곳에서 교육받게 될 경우, **그 회사의 파견 면접관 풀pool에 등록되면서 공공기관 면접이나 입사지원서 평가 기회를 얻게 될 가능성이 커진다.**

나는 면접관이다

우연히 찾아온 두 번째 직업

필자의 출신 대학 동기 소개로 공무원을 선발하는 면접관 활동을 처음 경험한 것은 2013년이다. 졸업 후 15년간의 직장생활을 서둘러 탈출하여 선택한 첫 번째 직업인 헤드헌팅 사업과도 연관성이 있고, 적성에도 맞는 아르바이트 정도의 일이라고만 생각했다.

하지만 면접 경험이 늘어날수록 지원자 1인당 5~20분 정도의 짧은 면접 시간에 지원자들의 직무 역량과 인성을 제대로 파악한다는 것이 전혀 쉽지 않다는 것을 깨닫게 되었고 점점 부담을 느꼈다. 내가 젊은 사람들의 인생을 좌지우지할 수 있는 막중한 결정을 해야 한다는 중압감이었다. 무언가 변화가 절실한 시점이었다.

때마침 출판사를 경영하는 지인의 권유에 따라 인문학 공부 모임에 참여하여 심리학, 철학, 역사 등 다양한 분야의 책을 읽고 토론하며 인간을 이해하고자 노력하였다. 그리고 전문면접관 동료들과 정기적으로 모여 채용 면접과 관련한 경험을 공유하고 학습하는 '면접관 포럼' 활동에도 참여하였다. 이러한 직간접적인 노력을 통하여 우연한 기회에 찾아온 내 인생의 두 번째 직업에 차츰 자신감을 얻게 되었다.

2017년 이후 정부의 공공기관 블라인드 채용 도입과 외부 면접관 과반수 구성이 법제화되어 전문면접관의 수요가 많아지면서 이공계 등 여러 분야의 전문면접관 수요도 증가하였다. 하지만 동시에 외부 면접관 수요가 늘다 보니 준비가 안 된 면접관들의 무리한 진행 때문에 지원자나 채용기관으로부터 불만의 목소리도 커지게 되었다. 그래서 면접관 리스크를 줄이고 전문면접관 활동의 의미와 가치를 제대로 알리기 위하여 2022년 초에 면접관 교육과정을 개설하기로 결심하였다.

면접관 공동체 운영

필자는 기존의 다른 면접관 교육프로그램과의 차별화를 위해 역량 있는 인재를 선발하는 '지혜'나 '통찰력'을 강화하는 방향으로 콘셉트를 잡았다. 오랜 준비 끝에 삼성전자 등 대기업 인재 채용 자문에 참여했던 인지심리학자 김경일 교수와 현상학과 실존주의 철학에 근거한 인재선발 전문가인 김기호 박사, 인사혁신처 인재 평가위원으로 활동하는 신길자 대표 등 강사진과 함께 '면접관 마스터' 교육과정을 운영하고 있다.

마스터 과정에서는 전문면접관이 반드시 알아야 할 선발 관련한 핵심적인 지식, 정보와 태도와 관련한 내용이 60% 정도 구성되어 있다. 나머지는 면접 현장에서 신뢰 있는 평가를 위한 지혜와 통찰력을 높이기 위해 심리학과 철학, 수사학 등 인문학 기반의 내용이다. 고정 강사진 외에 서울대 최인철 교수의 <심리학자 CEO가 선호하는 인재>에 대한 주제나 <chatGPT를 활용한 면접> 등 특강 강사도 초대하며, **면접관으로서 사명감과 자질 함양을 위하여 교육과정에 반복 참여하도록 유도하고 있다.**

경험상, 전문면접관 교육과정(8시간 이상)을 수료한다고 해서 하루아침에 인정받는 면접관으로 성장하기는 쉽지 않은 것이 현실이다. 따라서 일정이 빠듯한 정규 면접관 교육과정에서 다루기 힘든 면접 관련 세부적인 내용 학습과 면접관 활동 관련한 실용적인 정보와 경험을 공유하는 <마스터 포럼>을 매월 정기적으로 운영하고 있다.

마스터 포럼에서는 면접관 동료 간 교류의 장을 만들어서 서로 긍정적인 자극과 동기부여를 통하여 교학상장教學相長하는 공동체로 발전시키고자 노력하고 있다. 면접관의 개인 브랜딩 강화를 위한 11명 면접관의 공저 책 쓰기의 결과물로 『전문면접관』이라는 저서가 출판되었고 면접관을 위한 인문학 포럼, 서울 북촌 인문기행, 오페라와 함께하는 송년 모임 등을 통하여 면접관의 인문학적 정서 고양에도 힘쓰고 있다.

이로써, 면접관 개인의 성장과 발전은 물론 면접관의 역할과 활동 범위를 확대하여 우수한 인재 채용으로 조직과 국가의 경쟁력 제고에 기여하고자 하는 마음이다.

면접관의 역할을 고민하다

면접관의 기본 역할은 기업에서 원하는 우수 인재를 선발하는 것이다. 물론 우수한 인재의 기준은 기업이나 조직마다 조금씩 다를 수 있지만, 일반적으로 **자기 전공 분야에 전문성을 보유하고 성실하며 소통이 원만한 사람을 선호한다.** 예를 들어 공기업에서는 구글 등에서 원하는 세계 최고 수준의 독보적인 인재보다는, 창의성은 보통일지라도 성품이 원만한 성향의 직원을 선호한다는 것을 공공기관 내부 면접관에게서 종종 듣고는 했다.

최악의 인재, 폭탄 직원

필자는 수년 전 00기관의 인사팀장으로부터 폭탄 직원들로 인한 피해의 심각성에 대하여 자극을 받은 이후, 폭탄 가능성이 보이는 지원자를 걸러내는 역할에 전문성을 가져보기로 결심하였다. 직원 선발 현장에서 기회가 있을 때마다 다양한 폭탄 직원 사례를 수집하였고, 국내외 관련 자료와 책을 읽고 폭탄을 걸러내는 질문을 개발하였다. 실제 면접 현장에서도 (필요한 경우에 한하여) 지원자가 폭탄인지를 확인할 수 있는 질문을 활용하였다.

> 면접관은 우수 인재를 선발하는 것만큼
> 폭탄 지원자를 걸러내는 것이 중요하다.

필자는 우수 인재를 선발하는 것만큼이나 폭탄 지원자를 걸러내는 것이 면접관의 중요한 역할이라고 판단하여 실천하고 있다. 공공기관 면접 현장에서 만나는 동료 면접관들에게 폭탄 직원에 대하여 언급하면 마치 기다렸다는 듯이 다양한 경험 사례를 공유해 준다. 그들은 조직에 막대한 손해를 끼치는 직원을 채용하지 않는 것이 최고의 인재를 채용하는 것만큼이나 중요하다는 것에 적극 동의하고 있다.

성과 기반 채용 컨설팅 전문기업인 '아들러 그룹'의 회장인 루 아들러(Lou Adler)는 자신의 저서인 『100% 성공하는 채용과 면접의 기술(진성북스, 2016)』에서, "적합하지 않은 사람을 걸러내는 것은 최고의 인재를 뽑는 것보다 훨씬 중요하다"라고 강조하고 있다.

2022년 가을, 법무법인 율촌과 인지심리학자 김경일 교수가 직장 내 폭탄 직원 대응법에 대하여 웹 세미나를 개최하였다. 직장 내 괴롭힘이나 성희롱 등 회사에 법적 문제를 일으키거나 뚜렷한 근거 없이 동료 임직원을 상대로 문제 제기 및 고소·고발을 일삼아 기업의 조직 운영에 부담을 주는 문제를 일으키는 '오피스 빌런'에 대한 대표적 유형과 사례를 분석하고, 문제 원인 파악 및 대응법을 알아보기 위한 자리를 마련한 것이다.

최근에 오피스 빌런에 대한 종편 방송 프로그램이 운영될 정도로, 폭탄 직원에 대한 문제의식이 확대 및 일반화되어 사회적인 차원의 대응법을 마련하는 데 많은 이들이 골머리를 앓는 듯하다. 2023년 봄에는 '채널 S'에서 직장문화 개선 프로젝트로 <오피스 빌런>이 방송되어 갑질 사장, 꼰대 상사, 하극상 부하직원, 개념 상실 부하직원 등 다양한 유형의 오피스 빌런과 함께 그 대처법을 소개하였다.

"최고의 인재人才영입 전략은 인재人災災를 채용하지 않는 것이다."

SNS상에서 공감한 채용 관련한 현실을 반영한 문장이 허탈한 웃음을 짓게 했다. 그리하여 필자는 인정받는 채용 면접관이 갖추어야 할 덕목으로 조직에 매우 해로운 폭탄 직원에 대한 이해와 이들을 가려내는 방법을 알아보고자 한다. 또한 **누구나 폭탄이 될 수도 있다**는 것을 전제로, '폭탄 면접관'이 아닌 정중한 면접관이 되는 법도 함께 다루어 보고자 한다.

II. 폭탄 직원 걸러내기
폭탄 직원이 두렵다

우리 시대 불후의 경영 사상가로 칭송받는 피터 드러커 경영철학의 핵심은 '사람이 조직의 가장 가치 있는 자원이고 경영자의 업무는 사람들이 자유롭게 성과를 창출하도록 돕는 것'이라고 할 수 있다.

우리는 사회생활을 하면서 '인사人事가 만사萬事'라는 이야기를 종종 듣고는 한다. 기업이나 조직에서 인재를 잘 채용하여 적재적소에 배치하고 그들이 능력을 발휘하게 하면 조직은 원하는 성과를 얻을 수 있다. 하지만 반대로 말하면, 사람을 잘못 뽑음으로 인해 기존의 조직이나 업무가 틀어지고 복잡해져 위기를 초래할 수 있다는 의미이기도 하다. **인사**人事**가 망사**亡事가 될 수도 있는 것이다.

폭탄 직원을 아시나요?

수년 전 필자는 어느 공공기관의 직원 채용을 위한 외부 전문면접관으로 위촉을 받아 하루 동안 입사 지원자를 심사하는 역할을 맡게 되었다. 채용 현장에서 인사팀장과 인사를 나누고 당일 채용의 평가 기준 등 주요 사항을 확인한 뒤 약간의 여유가 생겼고, 직원 채용에 대한 고충을 들을 수 있었다.

그는 우리 기관에는 부서별로 폭탄 같은 직원이 존재하는 데다, 매년 직원을 채용할 때마다 그러한 직원이 추가되어 주변 직원들에게 심각하게 피해를 주고 조직을 혼란에 빠지게 하여 골머리를 앓는다고 하소연했다. 폭탄 직원 한 사람 때문에 상상하기도 힘든 피해가 발생했던 이야기도 들려주었다. 우여곡절 끝에 폭탄 직원 한 사람이 퇴직하게 되면 '폭탄 총량의 법칙'이라도 존재하는 것처럼 새로운 폭탄이 또 나타난다며 부디 폭탄 가능성 있는 지원자를 잘 선별해달라고 신신당부하였다.

공직자의 경우, 한 번 입사하게 되면 개인적으로 치명적인 과오를 범하지 않는 이상 정년이 보장되는 상황이다. 따라서 폭탄 같은 직원이 입사하면 수십 년 동안 직장 동료는 물론 민원인들에게도 폐해를 주어 조직의 성과에 지속적으로 부정적인 영향을 주게 된다.

다행스럽게 그날 채용 면접에서는 폭탄으로 발전할 가능성 있는 지원자가 없어 보였지만, 평소와 다르게 우수한 인재와 폭탄 가능성 있는 지원자를 동시에 찾아내려고 하니 배 이상 힘든 느낌이었다. 사실, 그때는 폭탄 같은 직원을 걸러내는 방법 자체를 몰랐기에 더 그랬는지도 모른다. 그날 이후로 필자는 폭탄 직원에 대해 관심을 두기 시작했다. 우선은 인터넷 서점에서 조직의 폭탄 직원에 대한 책을 구해서 읽어보았는데 외국 작가의 책을 번역한 것이 대부분이었다. <HBRHarvard Business Review>도 살펴보았는데 폭탄 직원toxic employee 관련 논문들이 생각보다 많이 소개되어 있었다.

폭탄 직원 한 사람이 끼치는 손해가
최고의 직원 두 사람이 창출하는 수익보다 더 크다.

미국의 딜런 마이너Dylan Minor 교수와 분석전문가인 마이클 하우스먼 Michael Housman은 11개 기업의 5만 명의 직원을 대상으로 폭탄 직원의 비용에 관하여 연구하였다(2015). 조사에 따르면 기업에서 상위 1%의 생산성을 나타내는 슈퍼스타급 직원이 (예를 들어) 연간 5,000달러의 수익을 창출할 때, 폭탄 직원은 연간 1만 2,000달러의 비용을 발생시킨다고 한다. 즉, **폭탄 직원 한 사람이 최고의 직원 두 사람이 창출하는 수익보다 더 큰 손해를 끼친다**는 것이다. 심지어 폭탄 직원의 독성 전염, 직원의 사기 저하, 소송 비용, 고객의 불만 등 2차 피해를 감안하면 잠재적인 손해 금액은 더욱 클 것으로 보고 있다.

채용 현장에서 만나게 되는 면접관들에게 폭탄 직원에 대한 경험을 물어보면 기다렸다는 듯이 다양한 경험과 사례를 소개해 준다. 그들에게 어떻게 대응하는지 물어보니, 현재로서는 문제의 직원을 관리하는 데 한계가 있어서 소위 '폭탄 돌리기'를 하고 있다고 토로했다. 강제로 퇴직시킬 수 없기에, 부서별로 돌아가면서 떠맡으며 오늘도 폭탄이 터지지 않기를 바라며 소극적으로 대응하는 것이 거의 전부였다.

2023년 '직장 갑질 119' 여론 조사 결과(2023.3.3.~3.10.) 30%가 직장 내 괴롭힘 경험이 있고, 이 중 48.5%는 괴롭힘 수준이 심각하며 10.6%는 자해 등 극단적 선택을 고민하였다고 한다. 직장 내 괴롭힘 금지법(2019) 시행 이후 괴롭힘을 경험한 비율은 14.4% 줄었으나 그 수준이 심각하다는 수치는 오히려 증가(10.3%)하였다. 조직 내에서 어떠한 이유로든 부당하게 괴롭힘을 당하는 입장에서는 상대방을 폭탄이라고 생각할 것이다.

폭탄 직원의 정의

기업의 채용 면접 현장에서 만난 면접위원이나 인사 전문가 또는 사회생활을 경험한 분들에게서 폭탄 같은 직원들에 대한 경험을 듣기가 그리 어렵지 않다. 그만큼 우리 주변에 폭탄 같은 사람들이 많다는 의미일 것이다.

하지만 **사람마다 폭탄에 대한 정의는 다르다.** 누군가는 직장생활에서 자신을 괴롭히는 사람이나 방해하는 사람을, 누군가는 여러 가지 이유로 마음에 안 드는 사람을 칭할 것이다. 어떤 직원은 일시적으로 폭탄 같은 행동을 저지르는 반면, 어떤 폭탄 직원은 흡사 핵무기처럼 조직에 커다란 피해를 주는 동시에 지속적으로 여러 사람을 괴롭히는 등 그 파괴력과 치명도가 상상을 초월한다.

국어사전에서 '폭탄'을 검색하면, 우리가 다 아는 '폭발물'의 의미와 남에게 호감을 주지 않는 사람을 지칭하는 것으로 표현된다. 국내에서 폭탄과 비슷하게 사용되는 단어인 '또라이'는 생각이 모자라고 행동이 어리석은 사람을 속되게 이르는 말로 설명한다. 반면 폭탄 직원은 약간 성가신 것부터 완전히 참을 수 없는 수준까지 다양하다. 필자가 이 글에서 언급하는 폭탄은 **사람과 조직을 황폐화할 정도로 부정적인 영향이 큰 직원**을 의미함을 앞서 밝힌다.

필자가 칭하는 폭탄과 가장 비슷한 영어 단어는 '독성 있는 직원toxic employee'인데, 이 단어를 인터넷에서 검색하면 관련 내용을 매우 많이 찾아볼 수 있다. 구글의 여러 소스에서 정의한 폭탄 직원은 '무기력하고 체계적이지 않으며 신뢰성이 없는 무능력자 또는 동기motivation가 낮고 결근이 잦은 태만한 사람'이다.

물론 폭탄 직원이라고 해도 일시적으로 업무성과는 좋을 수 있다. 하지만 일반적으로 그들은 이기적이며 위세를 부리고, 자기 의견만 내세우며 약자를 괴롭히거나 예의가 없는 안하무인이다. 특히 외국의 자료에서는 폭탄 직원을 동료들에게 **도덕적으로 부정적인 영향을 주는 사람**으로 규정하고 있다. 그들은 동료들의 생산성을 심하게 떨어트리거나 병가를 내게 만들고, 심하게는 퇴사(극단적으로는 자살)하게 만들어 기업이나 조직을 터뜨려 버린다.

오하이오 주립대학교의 베네트 테퍼Bennett J Tepper 학자에 따르면, 조직 내에서 다수의 대상에게 신체적인 접촉 없이 지속적으로 적대적인 말과 행동을 일삼는 사람을 폭탄이라고 정의한다.『또라이 제로 조직(이실MBA, 2007)』의 저자인 로버트 I. 서튼Robert I. Sutton은 "폭탄 같은 사람과 대화하고 나면, 우울하고 비참하고 초라해지는 느낌이 들며 특히, 스스로에게 부정적인 생각이 든다"라고 강조했다. 또한 그는 "폭탄 같은 사람은 주로 자기보다 힘없어 보이는 사람을 대상으로 나쁜 행동을 한다"라고 조언하기도 했다. 폭탄 같은 사람들이 반복적으로 보여주는 행동 방식을 정리하면 다음과 같다.

- 인신공격하기
- 함부로 신체 접촉하기
- 말, 몸짓, 행동으로 위협하고 협박하기
- 모욕을 주려는 의도가 깔린 냉소적인 우스갯소리와 약올리기
- 공개적으로 망신 주기 또는 지위를 격하시키는 행동하기
- 앞에서는 아닌 척하면서 뒤에서 공격하기
- 상대방이 존재하지 않는 것처럼 무시하는 행동하기

필자가 30여 년 동안 사회생활을 하면서 만나본 폭탄들 역시 위의 특징과 크게 다르지 않았다. 그들 대부분은 부정적이고 안하무인이며 이기적인 성향이 강했으며, 전체적인 상황 판단 능력이 떨어지고 폐쇄적이며 정서적인 안정감이 부족하여 어딘가 행복해 보이지 않는 사람들이었다. 이번에는 다양한 분야의 폭탄 직원과 그들로 인한 피해 사례를 알아보자.

우리 곁의 다양한 폭탄 직원

필자 역시 폭탄 같은 사람을 만났던 경험이 있다. 수년 전에 지인 S로부터 당혹스러운 전화를 받았는데, A라는 인물이 다짜고짜 지인 S에게 전화를 하고는 필자의 신상에 대해 질문하며 부정적인 단어와 욕을 남발하는 등 거센 비난을 했다는 것이다.

그때 어떤 모임에서 만나 몇 차례 인사와 함께 평범한 대화를 나눴던 A의 모습이 떠올랐다. 사건이 발생하기 전날 A의 전화를 받았는데, 그의 상식적이지 못한 자기주장과 무례한 태도, 30분 이상 지속된 의미 없는 대화에 지쳐 통화 도중에 양해를 구하지 않고 전화를 끊은 것이 화근이었던 모양이다.

그 후로도 A는 필자의 출신 학교와 직장 및 사회활동 내역 등을 캐내어 주변 인물들에게 집요하게 전화하여 필자를 험담하였다. 게다가 다른 사람들에게도 비슷한 행동으로 피해를 주어 공동체 정서를 황폐화했고, A는 결국은 모임에서 퇴출당하고 말았다.

훗날 미국의 비즈니스 생산성 관리 전문 회사 '액티타임ActiTime'에서 공개한 자료에서 폭탄 직원의 유형 중 '주변 사람들의 사생활에 대하여 험담하고 꼬치꼬치 캐는 등 사건을 일으키는 사람'도 있다는 내용을 본 필자는 A가 전형적인 '폭탄'이라는 것이라 짐작할 수 있었다.

면접관들이 밝힌 폭탄 직원들

폭탄 직원으로 인한 피해와 사례에 관심을 보이게 된 이후 면접이나 서류평가 현장에서 기회가 될 때마다 주변의 동료 평가위원들에게 폭탄 직원 사례를 수집하고 해결책을 함께 모색하게 되었다. 대표적인 사례 몇 가지를 살펴보자.

- 직원의 업무 방식이 마음 들지 않는다는 이유로 부하직원의 모니터에 커다란 칼 사진을 붙여 놓는 등 협박을 통해 퇴직을 유도하는 상사
- 마음에 들지 않는 동료의 책상 위에 몰래 끔찍한 쓰레기(화장실에서 사용한 휴지 뭉치 등)를 올려놓는 등 혐오감을 유발하는 직원
- 상사의 업무지시에 말꼬투리를 잡아 불만을 토로하거나 과도한 요구라며 '직장 내 괴롭힘'으로 신고하겠다고 협박하고, 다양한 이유로 무리하게 휴가를 사용하여 조직 분위기를 망치는 신입사원
- 평소 업무 태도와 성과는 우수한 편이나 회사의 외부 워크숍에서 상습적으로 동료 직원의 지갑이나 물건을 훔쳐 분위기를 망치는 등 건강한 조직 문화를 저해하는 직원

- 부하직원에게 인종 차별적인 말투와 함께 인격적으로 무시하는 듯한 태도를 보여 사기를 꺾고, 본인이 의사 결정한 내용임에도 독단적으로 변경하여 직원들의 정서와 업무 생산성을 파괴하는 외국인 임원
- 부하직원의 공로를 자기 공으로 돌리고, 직원 A와 대화할 때는 직원 B를, B와 대화할 때는 A를 험담하는 등 직원들의 정서 파괴를 부추기는 상사
- 우호적이고 다정다감하다고 동료로부터 찬사를 받았으나 정작 일머리가 너무 없어서 업무 저성과자로 분류된 뒤 권고사직으로 퇴사한 직원
- 자기만의 세계에 파묻혀 입사 동기를 포함한 동료들과 어울리지 못하는 데다, 대형 사고에 노출될 수 있는 화학 플랜트 현장에서의 업무 수행 능력이 현저하게 부족하여 안전사고의 위협을 느낌에도 내부 사정상 퇴직시키기 어려운 직원
- 업무상 갈등이 있을 때 직속 상사에게 보고하지 않고 곧바로 사장이나 외부 상위기관의 고위층 인사와 직접 연락하여 조직 내 질서를 꼬이게 만드는 안하무인 성향의 팀장
- 내연관계로 의심되는 이성 임원의 채용을 강행하고, 무리하게 채용된 임원 역시 직원들에게 히스테리성 행동과 감각이 떨어지는 업무지시를 내림으로써 직원들의 무더기 퇴사를 유발한 회사 대표
- 업무 특성상 응급환자를 이송하는 상황에서 이성 환자에게 필요 이상으로 신체 접촉을 반복하여 환자와 주변 사람들을 곤란하게 하는 직원

상황에 따라 애교로 봐줄 수도 있는 애처로운 폭탄 직원부터 극단적

으로 심각한 최악의 폭탄까지 종류는 다양하다. 필자가 만난 폭탄 직원 가능성이 보이는 지원자 중에는 면접을 마치기 전에 마지막으로 하고 싶은 말을 하는 시간에 무례한 요구를 했던 경우도 있다. 즉, 지원자 본인이 면접 준비를 소홀히 하여 스스로 답변이 만족스럽지 못하였다고 자인하였고 실제로도 성의 없게 답변했음에도, "면접관님들이 공정하게 평가해 주시어 본인이 합격이 되도록 잘 부탁한다"라고 횡설수설한 경우이다.

때로는 우수한 직원들로만 구성된 조직에
선의의 '폭탄'이 필요할 때도 있다.

채용 현장에서 만난 20년 이상 경력의 한 공기업 실장은 "어느 시대 어느 조직에서나 폭탄이 있고, 아주 심하지만 않다면 조직에 선의의 '폭탄'이 존재하는 것도 나쁘지 않다"라는 의견을 주기도 했다. "우수한 직원들로만 구성된 조직이 매니저 입장에서는 반드시 좋지 않을 수 있다"라는 깨달음을 얻은 듯한 이야기도 해주었다. 동시에 "폭탄 직원 채용을 피하기 위해서 신입직원의 경우 인턴으로 채용하여 3~6개월 동안 업무 역량과 인성 등 확인 후 최종 채용 확정하는 방법이 가장 좋다"고 강조하였다.

폭탄 직원이 만연한 사회

- **직장 내 괴롭힘 때문에···결혼 3개월 새신랑 극단 선택 주장**

  23년 1월 25일 매일경제신문에 따르면, OO조합에서 근무하던 결혼 3년
  차 새신랑이 지속적인 직장 내 괴롭힘으로 극단적 선택을 했다는 주장이
  제기됐다.

- **대형 포털 기업 40대 직원 극단 선택**

  21년 5월 28일 자 동아일보는 2년 이상 과도하게 무리한 업무지시와 직장
  내 괴롭힘으로 고인을 포함한 수많은 직원이 힘들어하였다고 보도하였다.
  임원 A씨는 피해 직원에게 "당신을 뽑은 게 패착이다", "팀원이 이직하면
  나한테 죽는다" 등 모욕적인 언행을 했다는 것이 직원들의 증언이다.

- **"넌 또라이"···동료 때문에 공무원 딸이 죽었습니다**

  22년 4월 10일 이데일리 기사에서는, OO시 한 아파트 단지 15층에서 20대
  여성 B씨가 추락해 사망하는 사고가 발생한 가운데 B씨의 부모가 "딸의 죽
  음은 직장 동료 때문"이라고 주장하며 억울함을 호소했다고 보도하였다.

채용 현장에서 접한 또 다른 사례로, 지방의 한 공기업 대표가 폭탄 같
은 직원 때문에 사퇴했다고 하였다. 그 직원은 기관장으로부터 받은 스트
레스 때문에 자신의 생명에 위협을 느낀다고 상위 부처에 진정했고, 결과

적으로 최고 책임자가 사퇴하기까지 이르게 되었다는 것이다. 실제로 해당 기관장은 평소 직원들을 거칠게 대하거나 무리하게 업무를 추진하도록 강요했다고 한다.

누가 진짜 폭탄이었을까? 처음에는 폭탄 같은 직원 때문에 사장이 희생된 것이라고 지레짐작하였지만, 직원 입장에서는 그 사장이 충분히 폭탄일 수도 있다는 생각이 들었다.

미첼 쿠지Mitchell Kusy & 엘리자베스 홀로웨이Elizabeth Holloway는 『썩은 사과(예문, 2011)』라는 책에서 폭탄 같은 사람들의 행동 특성을 통계적으로 분석했고 '상대방을 창피 주기', '적대적으로 행동하기', '업무 방해하기'의 세 항목으로 나누었다. 그들이 관심을 가진 폭탄의 세부적인 행동을 살펴보면 다음과 같다.

- 다른 사람의 자존심을 상하게 한다
- 비꼬는 말투를 한다
- 공공연하게 남을 비난한다
- 다른 사람의 의견을 신뢰하지 않는다
- 자신에 대한 부정적인 의견은 잘 받아들이지 않는다
- 남의 실수를 지적한다
- 조직 구성원의 행동을 감시하듯 지켜본다
- 권력을 이용해 남에게 처벌을 내린다
- 자신의 활동 영역을 보호한다

전반적으로 관리자(리더)급에 해당되는 상황이나 행동이 많다. 즉, 우리가 더 관심을 가져야 할 것은 **폭탄 같은 평범한 직원이 아니고 폭탄 같은 매니저, 팀장, 임원, 사장 또는 리더일지도 모른다**는 이야기이다.

2021년 1월 캐나다의 국가원수급인 줄리 파예트 총독이 돌연 사퇴하였다. 외신에 따르면 파예트 총독이 직원들을 상대로 폭언과 가학적 언행을 반복해 집무실 내 업무환경이 극도로 열악하다는 내부 폭로가 이어졌다. 총독은 직원들에게 고함을 지르거나 서류를 집어 던지고 모욕을 주어, 직원들이 사직서를 내기도 했다는 것이다. 폭로 이후 정부에서는 조사위원회를 꾸려 전·현직 직원들과 면담 등을 통하여 보고서를 완성하였고, 쥐스탱 트뤼 총리가 보고서의 결론을 확인한 뒤 총독에게 사퇴를 요구하였다.

전 세계 어느 곳에서든 폭탄 같은 직원이나 리더를 걸러내고 관리해야 하는 이유는 차고 넘치는 듯하다.

창의적이고 이로운 폭탄

우리가 사회생활을 하면서 만나게 되는 여러 부류의 사람 중에서 비상식적인 행동을 하는 사람을 욕하여 흔히 '사이코'라고 부르기도 한다. 이 사이코라는 단어는 정신병자를 이르는 말로 사전에 등록되어 있다.

그런데 의외로, 주변에서 흔히 사이코 또는 폭탄이라고 불리는 사람 중에는 우리의 삶을 개선해 주는 이로운 사람도 있다. 애플의 창시자인

스티브 잡스가 성공한 사이코패스로 평가를 받았다거나 테슬라의 일론 머스크가 정신 장애의 일종인 아스퍼거 증후군 환자라고 밝힌 사례는 유명하다.

미국의 심리학자 마사 스타우트Martha Stout는 미국 전체 인구의 대략 4%가 사이코패스라고 밝혔다. 이는 25명 중 1명은 사이코패스라는 의미이기도 하다. 2023년 1월에 방영된 <알쓸인잡(알아두면 쓸데없는 인간 잡학사전)>이라는 방송에서는 사이코패스 뇌과학자 제임스 팰런의 사례를 소개하며, 사이코패스가 모두 무서운 범죄자나 사회악은 아니라고 주장하기도 했다.

사이코패스 성향을 지닌 인물은 긴장감과 압박을 느끼는 면접 현장에서도 당당하고 자신감 있게 행동할 가능성이 높기에 종종 매력적으로 보일 수 있다. 심리학자인 김경일 교수는 과거 유행했던 압박 면접의 형태가 잠재적인 폭탄 직원 또는 사이코패스를 선발하는 방법이라고 우려를 표하기도 했다. 옥스퍼드대 심리학자 케빈 더튼의 연구에서는 사이코패스 성향이 가장 높은 직군으로 CEO와 변호사, 그다음으로 기자와 세일즈맨을 순서대로 꼽기도 했다.

사이코패스 성향의 직원일지라도
특정한 위기 상황에서는 탁월한 리더십을 발휘할 수 있다.

사이코패스는 전쟁 중이거나 기업이 위기에 처했을 때 탁월한 리더십을 발휘할 수도 있기에 이들 역시 인류에게 필요한 존재라는 견해도 있다. 실제로 기업 최고경영자의 약 3.5%가 사이코패스 검사에서 높은 점수를 받았다는 연구 결과도 있다.

단순히 사이코패스가 지구상에서 전부 사라지게 하는 일이 우리 사회와 인류의 평화에 절대적으로 이로운 결과는 아닐 것이다.

폭탄 직원 채용을 피하는 5가지 방법

폭탄 직원 전문가로 통하는 크리스틴 포래스Christine Porath 교수는 "폭탄 잠재력이 있는 지원자를 피하기 위해서는 채용 과정 중에 후보자의 공손함Civility의 흔적을 찾기 위해 노력해야 한다"라고 강조한다. 즉, '입사 후 어떻게 일하겠는가?'와 같은 가상의 질문보다는 **과거 특정 상황에서 어떻게 처신했는지 확인하는 질문을 강조하는 것**이다. 예를 들면, 조직이나 단체에서 스트레스나 갈등을 관리해야 했던 사건은 어떻게 해결했는지, 동료들과 협업하거나 팀원들을 잘 관리한 사례 등을 확인한다.

또한, 어떤 유형의 사람들과 함께 일하기가 가장 어려웠는지, 타인과 협업이 어려울 때는 어떻게 처리했는지 확인하거나, 전 직장 상사나 동료들을 부정적으로 언급하는지, 스스로 행동이나 결과, 성과에 대하여 책임감을 지니고 있는지 또는 다른 핑계를 대는지 등도 면밀하게 관찰한다.

폭탄 같은 지원자를 걸러내기 위해서는 심리학적인 접근도 필요하다. 예를 들어, 심리학자인 알프레드 아들러는 "사람은 누구나 열등감을 느끼며 그 열등감을 극복하면 심리적인 건강을 달성한다"라고 보았다. 실제로 필자는 모 공공기관 채용 면접에서 사회생활을 하면서 열등감을 느껴본 적이 있었는지 그리고 어떻게 극복하였는지를 질문한 적이 있다. 이 질문에 '특별히 열등감을 느껴본 적이 없다'라고 대답한 지원자가 많았는데, 미처 준비가 안 된 질문이거나 열등감을 느꼈다는 사실이 부정적인 인상을 줄 게 두려워 답변을 회피한다는 느낌이 들었다.

그러나 한 지원자는 대학 입학 초기에 특목고 출신 학과 동기들의 빠른 학습 속도에 열등감을 느꼈던 사례를 소개하며, 2학기에는 주도적인 팀별 과제 활동 등 보다 적극적인 학습으로 좋은 성적을 받아 열등감을 극복했다고 답했다. 이 지원자를 열등감에 대한 답변을 피한 듯한 인상을 준 다른 지원자보다 긍정적으로 평가한 것으로 기억한다.

가능한 상황이면, 팀장급 이상 채용의 경우는 평판 조회reference check가 유용하다. 크리스틴 포래스 교수는 "지원자가 '강자에게 약하고 약자에게 강한kiss up, kick down 유형'이 아닌지 확인하기 위해 지원자보다 직급이 낮은 직장 동료들에게도 그의 평판을 확인"하라고 강조한다. 여건이 된다면 업무 이외의 활동을 하는 공동체(지역사회 단체, 동문회, 취미 활동 모임 등) 구성원들의 평가를 확인하는 것도 중요하다.

직원 채용 외에도 중요한 사업 파트너를 결정할 때 또는 집안에 새로운 식구를 맞아들일 때는 그들의 인성을 살펴보는 것이 필요하다. 내 삶의 여정에서 폭탄 같은 사람을 피하는 방법은 아래와 같은 적절한 질문이나 그들의 말과 행동에 대한 관찰을 통해서 어느 정도 판단이 가능할 것이다.

- 스스로 삶에 대한 만족도가 보통 이상으로 높은지?

- 삶의 의미 또는 자신만의 철학을 가지고 생활하는지?

- 사회적 약자나 생활이 어려운 사람들을 도와준 경험이 있는지?

- 평소에 경비원, 청소원, 주차원, 아르바이트생, 택배기사 등에게 어떻게
  대하는지?

- 나이가 어린 사람이나 여성 등 상대적으로 약한 사람들에게 어떻게 대하
  는지?

- 성장하기 위하여 스스로 어떤 노력을 하는지?

- 최근에 또는 가장 재미있게 읽은 책은 무엇이고 무엇을 느꼈는지?

- 최근에 새롭게 목표를 정하고 실천하는 것이 있는지?

다음은 필자가 그동안 폭탄 직원에 관하여 관심을 보이게 된 뒤로, 다양한 소스로부터 알게 된 '폭탄 가능성 높은 직원' 채용을 피하는 방법을 정리한 내용이다.

(1) 성실하고 정서적 안정감이 높은 직원

성실한 직원일수록 채용 선호도가 높다는 점에 누구라도 이의는 없을 것이다. 당연한 말이지만, 성실한 직원은 폭탄 직원일 가능성이 적다고 예측할 수 있다. 성실하다는 의미는 쉬지 않고 일만 한다는 것이 아니고 '질서와 규칙을 지키며 신중하고 꾸준함을 보이는 것'을 의미한다. 성실한 사람들은 평소에 성취동기가 높고 유비무환의 정신으로 생활하며, 실제

로도 많은 성취를 이루어 내는 사람들이다. 다만, 전반적으로 성실함에도 충동적인 성향이 있는지 확인하는 것 또한 필요하다.

충동적이지 않은 것은 정서적 안정감이 높으며 신경증neuroticism 성향이 낮음을 의미한다. 신경증 성향이 강한 사람일수록 평소 걱정과 분노가 많고 우울감이 있으며 심약성과 충동성이 높다. 또한, 수면장애나 스트레스로 피로할 가능성이 증가하며 기분 변화가 잦다. 따라서 신경증 성향이 높은 유형의 사람이 있다면 주변의 동료는 그 사람의 기분을 맞추기 어려워 정서를 소진하는 경우가 많다. 그 결과 업무에 집중하는 데 방해가 되며 협업을 위한 원만한 소통이 어려워 업무성과 또한 저해될 가능성이 크다.

심리학자들이 MBTI보다 신뢰하는 'big 5' 성격유형 검사를 통하여 성실성과 신경증적 성향을 확인할 수 있다. 카카오와 서울대 행복연구센터에서 제공하는 big 5 성격유형 테스트(https://together.kakao.com/big-five)를 통하여 누구나 평가할 수 있으며, 전체 참여자 평균값과 비교한 데이터를 제공하여 상대적인 평가도 가능하다. 참고로, 필자의 big 5 검사의 신경증 점수는 103만 명이 참여하여 보여준 평균 53점보다 26점이 낮아 감정이 안정적이고 편안한 유형이어서 변덕스럽거나 예민하지 않은 편으로 분석되었다.

(2) 어둠의 3요소 검사 결괏값이 낮은 직원

기업(또는 조직)의 성과나 문화에 악영향을 끼치는 독성이 강한 직원을 찾아내는 방법 중에 '어둠의 3요소(the dark triad)' 검사가 있다. 응용심리학에서 주로 활용하는 어둠의 3요소는 자기도취증(narcissism), 마키아벨리주의(machiavellianism), 정신병질(psychopathy)로 구성되며, 인간의 악의적인 특성을 나타내기에 어둠(Dark)이라고 표현한다. 어둠의 3요소 검사의 질문 문항 일부는 인성검사에 반영되어 지원자의 인성을 파악하는 데 활용되고 있다.

어둠의 3요소에 대한 최초 연구는 1998년 심리학자 존 W. 맥호스키 J. W. McHoskey 등이 발표한 논문에서 언급하였는데, 그들은 어둠의 3요소 검사에서 높은 점수를 얻을수록 법을 위반할 가능성이 높고 학교나 직장 생활에서 어려움을 겪을 확률이 높다고 주장하였다. 그러나 점수가 높은 사람일수록 탁월한 리더십을 발휘하고 사회적으로 높은 지위를 얻기 쉽다는 연구 결과도 존재하기에 속단은 금물이다.

어둠의 3요소에 대한 정의는 다음과 같다.

- **나르시시즘**: 과도하게 자기중심적인 관심 또는 존경을 보인다. 대부분의 나르시시즘을 가진 사람은 타인과의 공감 부족으로 진정한 관계를 발전시키는 데 어려움을 겪는다.

- **마키아벨리즘**: 대인관계에 있어 이중적이고 자신의 이익에 중점을 둔다. 수치가 높게 나타나는 사람들은 도덕성과 관련하여 냉소적이며 속

임수를 꾸미는 데 능숙하다.

- **사이코패스**: 공감이나 반성과 같은 감정의 결핍, 반사회적 행동 및 잦은 변덕의 특성을 보인다. 죄책감이 낮고 자극적인 활동(폭력, 범죄 등)을 추구하여 대인관계상의 갈등을 야기한다.

개인의 '어둠의 3요소' 수준을 검사할 수 있는 인터넷 사이트(https://www.idrlabs.com/kr/dark-triad/test.php)는 다음 말고도 여러 곳에서 쉽게 평가할 수 있다. 필자의 경우, 종합 점수가 17%로 글로벌 응시자 평균인 33%보다 낮은 점수를 보여 big 5의 신경증 점수와 궤를 같이한다고 볼 수 있다.

(3) 열등감으로부터 자유로운 직원

요즘 공기업 채용 면접 현장에서는 사전에 준비된 구조화 질문을 활용하여 후보자들의 역량을 파악하는 것이 일반적이다. 그러나 지원자의 감정적인 부분을 확인할 필요가 있는 경우에는 상황에 맞는 질문을 통하여 검증을 시도하기도 한다. 즉, **후보자의 정서 지능이나 진실성**을 파악하고자 노력한다. 이런 상황에서 필자는 지원자의 '열등감'을 확인하는 질문을 주로 하는 편이다.

인간은 누구나 더 나아지기를 바라며,

거기에 도달하지 못할 때 부족함을 느끼게 된다.

아들러의 개인 심리학에 따르면 인간은 누구나 더 나아지기를 바라는데, 거기에 도달하지 못하면 자신이 부족하다고 느끼게 된다. 바로 그러한 감정이 열등감sense of inferiority이다. **열등감 그 자체는 좋은 것도 나쁜 것도 아닌 객관적인 사실**일 뿐이다. 하지만 열등감 콤플렉스inferiority complex는 개인의 노력에 따라 상황이 향상될 수 있음을 포기하는 것이라 볼 수 있다. 누군가 '나는 학력이 낮아서 성공할 수 없다'라고 포기하는 것이 열등 콤플렉스의 한 예라고 할 수 있다.

면접 현장에서 감정에 관한 내용은 사생활privacy인 관계로 최대한 부드럽게 질문하며, 다대다 면접보다는 다대일 면접일 경우에 활용하는 것이 좋다. 필자의 경험상 지원자의 절반 정도는 열등감 관련 질문에 대한 답변을 어려워하며 열등감을 느낀 적이 없다고 답변하는 지원자도 있었다. 이런 경우 감정이 메마르거나 솔직하지 못한 사람이라고 판단되기에 부정적으로 평가한다. 나머지 절반은 학창 시절 또는 사회생활을 하면서 열등감을 느꼈던 상황과 적절한 대응 경험을 자연스럽게 대답한다. 상대적으로 우수한 점수를 줄 수 있는 답변이라 생각한다.

(4) 행복이 충만한 직원

필자는 7년 전부터 인문학 공부 모임에 참여하면서 많은 것을 배웠는데, 가장 기억에 남는 것 중 하나가 바로 '긍정심리학'이다. 긍정심리학은 1998년 미국에서 태동한 학문으로, 평범한 사람들이 더 행복해지는 방법을 과학적으로 연구한다. 긍정심리학에 따르면 **행복은 조건이 아니라 내**

가 만드는 것이다. 한편 행복이 인성, 창의성, 인간관계에 긍정적인 영향을 미치며, 행복한 사람이 성취욕구가 높고 업무 성과도 높다는 긍정심리학 기반의 실험 결과와 근거는 매우 많다.

공공기관 채용 현장에서 지원자의 인성을 확인하기 위하여 필자는 종종 지원자들이 얼마나 행복한지 질문한다. 행복한 사람들이 상대적으로 인간관계가 원만하고 소통에 능하기 때문이다. 이때 지원자들의 행복도는 삶의 만족도가 어느 정도인지 물어보거나 긍정심리학에서 강조하는 행복을 위한 6가지 핵심 요소를 통해 예측할 수 있는데, 각각 긍정적인 정서positive emotions, 몰입engagement, 인간관계relationship, 의미 있는 삶meaning, 성취하는 삶accomplishment 그리고 성격 강점strengths이다.

긍정적인 감정을 발휘하여 위기를 극복한 사례, 스스로 성장하기 위해 몰입한 경험, 자주 만나는 지인이나 친구들과의 경험, 개인적으로 추구하는 삶의 의미, 살면서 가장 큰 성취 또는 최근에 성취한 내용, 강점을 잘 발휘한 사례 등을 질문하여 그들의 행복한 정도를 예측한다. 개인의 약점을 보완하는 노력보다는 누구라도 3개~7개 정도 보유하고 있는 성격 강점을 충분히 이해하고 강점을 발휘하는 노력과 실천으로 성취하는 삶을 추구하는 것이 중요하다.

긍정심리학에서 성격 강점은 지혜, 용기, 사랑, 정의, 절제력, 초월성 등 6개 덕목과 덕목별로 3개~5개의 하위 강점으로 구성되어 총 24개의 강점으로 구성되어 있다. 예를 들어, 지혜는 창의성, 호기심, 학구열, 판단력, 예견력으로 구성되며, 용기는 용감성, 인내, 정직, 열정이라는 강점으로 분류가 된다. 한국긍정심리협회의 사이트의 VIA 검사(www.kppsi.

com) 또는 긍정심리학자 마틴 셀리그만Martin E. P. Seligman의 저서 『긍정 심리학(물푸레, 2014)』을 통하여 개인의 강점을 확인하고, 설문 내용을 응용하여 면접 질문에서 활용할 수도 있다.

(5) 겸손하고 정중한 직원

겸손하고 예의 바른 사람이 폭탄 직원으로 진화할 가능성은 매우 낮다. 우리가 얼마나 정중한 사람인지 정량적으로 파악하는 방법 중에 『무례함의 비용(흐름출판, 2018)』에서 소개된 설문지나 미국 조지타운대학원 경영학 교수 크리스틴 포래스 교수가 운영하는 사이트(http://www.christineporath.com/assess-yourself/)를 활용할 수 있다. 33개의 질문 문항이 7개의 척도로 구성되어 있다.

필자의 경우, 100점 만점에 78점으로 '훌륭함'으로 분류되었으나 설문 항목 중에는 무례하게 행동한 분야도 꽤 많다는 것을 자각하는 기회가 되었다. 한편 설문 항목 중 일부 문항을 면접 질문으로 응용하면 지원자의 정중함의 정도를 확인할 수 있다. 지원자의 정중함을 확인할 수 있는 항목을 몇 개만 소개해 보면 아래와 같다.

- 얼굴을 맞대고 소통할 필요가 있을 때도 SNS나 이메일을 이용한다
- 회의 도중에 이메일 또는 문자를 확인하거나 주고받는다
- 전문용어를 사용해서 소외감을 느끼게 한다
- 확인되지 않은 정보(뒷담화)를 남에게 전한다
- 나와 다르면 비판한다

- 대화 도중 상대방의 말을 끊는다

 폭탄 가능성이 있는 직원 채용을 피하는 방법 몇 가지를 소개하였다. 사실, 가장 좋은 인재 선발 방법은 인적성 검사를 강화하고 구글과 같은 최고의 다국적 기업처럼 1인당 1~2시간 동안 3~7회 정도 면접을 진행하는 것이다. 비용과 시간이 허락하는 범위 내에서 인사 부서 직원, 팀 동료, 임원 등 면접 전문가들과의 다양한 형식의 면접을 통하여 폭탄 가능성이 보이는 직원을 걸러내고 조직에서 가장 적합한 인재를 채용하는 것이 바람직하다.

III. 폭탄 면접관 안 되기
면접관도 폭탄이 될 수 있다

수년 전 어떤 공공기관의 직원 채용 면접 현장에 참여했다. 총 5명의 면접위원이 1명의 지원자에게 질의응답을 하는 형식이었다. 5명 중 A 면접관의 질문 내용이나 태도가 매우 특이하여 주의 깊게 살펴보고 있었는데, 옆자리의 B 면접관이 쪽지를 건네 왔다. 'A 면접관의 질문이 좀 이상하지 않느냐' 하는 것이었다.

문제의 A 면접관은 채용 분야의 최근 동향이나 개정된 법규 등에 대하여 질문을 하였으나 그 내용이 너무 세부적인 탓에 반드시 숙지할 정도로 중요하다고 판단하기 애매한 질문이었다. 그런데 지원자가 답변하지 못하기라도 하면 A는 삿대질 비슷한 행동까지 취하면서 "그런 것도 모르냐?"고 핀잔을 주는 것이었다.

직무수행능력을 추론할 수 있는 과거의 경험이나 평가 요소에 대한 역량을 파악하지 않고 암기가 필요한 세세한 지식을 질문하는 것은 바람직하지 않다고 본다. 나중에 소문을 들어보니 문제의 A 면접관은 **면접관**

들 사이에서 소문난 폭탄 면접관이었다.

미디어에 공개된 최악의 폭탄 면접관 사례는 그 사건의 발단부터 결말까지 끔찍하기 그지없다. 2021년 OO 교육청 채용에서 한 응시생이 합격 통지를 받았다가 번복돼서 불합격한 뒤 억울함을 호소하며 극단적인 선택을 한 사건이 발생하였다. 수사 결과 B 면접관이 특정 인물을 잘 봐달라는 청탁을 받은 뒤, 면접에서 특정인에게 유리하도록 평가하여 시험에 합격시킨 것으로 밝혀졌다. 면접관 B는 자신이 면접관으로 위촉되었다는 사실을 동료 직원 등에게 알려 공무상 비밀을 누설한 혐의 역시 인정되어 유죄 판결을 받았다.

> 과거와 달리 오늘날 취업 면접 현장에서
> 채용 면접관과 피면접자는 거의 대등한 지위로 마주하고 있다.

취업 정보 전문업체 '잡코리아'가 조사한 자료에 따르면, 취업준비생 10명 중 8명이 '면접관 태도가 입사 결정에 영향을 미친다'라고 밝혔으며 41.5%는 매우 크게 영향을 받고, 45.5%는 영향을 주는 편이라고 답했다. 채용 포털 사람인에 따르면 구직자 중 61%가 폭탄 같은 면접관을 경험하였으며 그중 가장 피하고 싶은 면접관은 '대놓고 비꼬거나 무시 발언하는 무례한 면접관'으로 무려 40.1%를 차지했다고 밝혔다.

과거와 달리 오늘날 공공기관 및 대기업 취업 면접 현장에서 채용 면접관과 피면접자는 거의 대등한 지위로 마주하고 있다. 면접관들의 특이한 행동이나 질문 역시 거의 실시간으로 공유되는 경우가 많다. 채용 기업 입장에서도 '면접관 리스크'를 줄이기 위해 면접관 교육에 시간과 비용을 투자하고 있다.

편의점 'CU'의 운영사인 'BGF리테일'의 경우 팀장급 대부분이 1주일 동안 면접관 교육을 받는다. 이때 모의면접도 함께 진행하여 평가와 피드백을 한 후에 일정 수준 이상의 성적으로 수료한 이들만 면접에 참여할 수 있도록 있다. 이처럼 사내 면접관의 역량을 강화하는 기업이 늘어나고 있다. **면접관들이 간결하고 의미 있는 질문을 통하여 적합한 인재를 선발하는 것이 곧 회사의 수준**이고, 그 기업의 경쟁력 향상에 큰 영향을 미치는 상황이다.

필자와 같은 외부 전문면접관이 보람을 느낄 때는 한 팀으로 활동하게 되는 내외부 면접관들과 호흡이 잘 맞아서 무탈하게 면접 일정이 진행되고, 무엇보다도 채용기관에 적합한 인재를 바라보는 시각이 일치할 때일 것이다. 원만하게 면접이 진행되지 않는 상황도 종종 경험한다. 면접 현장의 분위기를 망치는 것은 물론 지원자들에게는 실망과 당황스러움을 주고 채용 기업에는 피해를 끼치는 폭탄 면접관의 유형에 대하여 알아보자.

폭탄 면접관 유형별 사례

1) 지원자 시각에서의 폭탄 면접관

2020년 11월 OO제약 채용 면접에서 면접관이 여성 지원자들에게 "군대에 가지 않는 여자가 남자보다 월급을 적게 받는 것에 대해 어떻게 생각하는가?" 등의 성차별적 질문을 던졌다. 이런 면접 후기가 온라인상에 퍼지면서 기업 불매운동까지 이어지는 등 논란이 되었다. 결국 사장이 직접 나서서 유사한 사태가 발생하지 않도록 교육을 강화하고 제도와 절차를 전반적으로 재검토하겠다고 사과하고 나서야 논란은 일단락이 되었다.

2021년 9월, KBS 뉴스 보도에 따르면, 한 20대 취업준비생이 중소기업 면접에 참여했는데 채용 분야에 관한 질문은 거의 없었고, 페미니즘 관련 질문만 이어졌다고 한다. 심지어 답변하는 얼굴을 보고 싶으니, 지원자의 마스크를 내려달라는 요구까지 했다고 한다.

2022년 초, 서민 금융기관 등 일부 기관(기업) 채용 면접관들이 국민 정서와 동떨어진 수준의 면접 질문으로 인권위에서 재발 방지 대책 마련을 경고받았다. 여성 면접자에게 "예쁘다", "키가 몇이냐", "춤 좀 춰보라" 등 직무와 상관없는 요구를 했기 때문이다.

위와 같은 사례와 같이 지원자 입장에서 황당하거나 말도 안 되는 질문을 하거나 무례한 태도를 보이는 면접관이 존재한다.

지원자들이 면접관들의 무례함을 판단하는 기준은 지원자들이 실제로 존중받지 못했거나 몰상식한 대우를 받았는지가 아니다. 엄밀하게 말하면 **지원자들이 무례함을 '느꼈는지'가** 기준이다. 무례함을 느끼는 강도는 개인마다 다르기에 우수한 면접관이라면 '나도 폭탄 면접관이 될 수도 있다'라는 문제의식을 지니고, 방심하지 않기 위해 최선의 노력을 해야 할 것이다.

무례함은 대개 악의가 아니라

무지의 산물이다.

크리스틴 포래스 교수에 따르면 **무례함은 대개 악의가 아니고 '무지의 산물'이며, 자기 인식이 부족한 사람들이 무례한 언행을 일삼는다.** 따라서, 스스로를 돌아보며 자기 객관화를 위한 성찰과 실천이 필요하다.

또 다른 연구에 따르면(아이오와대학 교수, 산업 및 조직심리학 박사 Chad Van Iddekinge & 크렘슨 대학교 심리학 교수, Patrick H. Raymark(2015)), 면접관 4명 중 1명은 면접 시작 5분 안에 지원자 평가에 대한 의사결정을 한다. 면접관의 성격이나 편견을 배제하고 지원자의 거짓말이나 거짓 표정에 현혹되지 않도록 지원자를 면접 종료까지 계속 관찰하고 경험을 확인하여 채용 직무에 적합한 역량을 검증해야 한다.

공기업이나 사기업 또는 기업의 규모를 떠나서, 채용 면접에 참여하여 아래와 같은 유형의 태도와 행동을 하는 일만큼은 삼가야 할 것이다.

- 채용기관과 채용 분야 및 직무에 대하여 사전 지식이 거의 없다
- 면접관이 자신의 지식을 뽐내거나 전문용어를 많이 사용한다
- 면접관은 장황하고 길게(30초 이상) 질문하면서 정작 지원자에게는 (시간이 부족하니) 간결하게 답변하라고 요청한다
- 평가 요소와 관련 있는 구조화된 질문이 아닌 단편적 사실만을 질문하여 구체적 증거와 사실을 파악하지 못한다
- 지원자보다 우위에 있는 듯한 언행을 하며, 사전 안내 없이 지원자의 답변을 중간에 끊는다
- 지원자의 답변 수준이나 태도를 평가 및 지적하고 타박한다
- 특정 지원자에게 호감 또는 비호감을 표시하여 합격 또는 불합격을 암시한다.

2) 공공기관이나 채용대행 기업 시각에서의 폭탄 면접관

직원 채용을 계획하는 기업의 인사팀이나 채용 대행업체는 채용 절차의 설계, 선발 전형 도구 개발과 운영을 통하여 우수 인재를 선발하기 위해 노력한다. 그중에서 가장 신경 쓰는 부분이 바로 우수한 면접관을 구성하는 것이다. 면접 경험이 많고 자질 있는 내부 면접관을 확보하기란 생각보다 쉽지 않다. 외부 면접관을 초빙하는 공기업의 경우, 채용기관이나 직무에 대한 이해도가 떨어지거나 사전 준비 없이 면접에 임하는 분이 면접관으로 참여하면 난감하기 이를 데 없다.

몇 년 전 서울 소재 공기업 면접 때 일이다. 5명의 면접관이 1명의 지

원자에게 질문을 하는 형식이었다. 면접관 한 분당 5분 정도 질의응답 시간이 주어진 상황에서, C 교수가 혼자서 전체 할당 시간의 반 이상인 15분가량을 사용하면서 면접을 주도적으로 진행하였다. 참다못한 옆자리의 B 교수가 시간 분배의 당위성을 설명하였으나 C 교수는 자신만의 진행 방식을 절대 양보 못 한다면서 막무가내였다. 결국 C 교수는 자기 방식대로 안 할 거라면 더 이상 면접을 못 하겠다고 선언하고는 전일 일정 중 오전 면접만 끝내고 면접장을 떠나버렸다.

　필자가 직접 경험한 또 다른 사례 중에는 D 면접관이 모 기관 면접관 대기실에서 고성을 지르며 채용 대행 기관 직원을 나무라는 일도 있었다. 면접 현장의 주차장이 비좁아 채용대행사 직원이 D 면접관에게 주차 이동을 요청하는 상황에서 먼저 사과하지 않은 것이 문제가 된 모양이었다. 다수의 면접관이 모여 면접을 준비하고 있는 공간에서 크게 소리를 지르고 힘없는 직원을 야단치면서 몇 분 동안이나 분위기를 어수선하게 만드는 것은 어떤 이유에서든 바람직하지 않다고 생각했다.

　이외에도 필자가 현장에서 목격한 폭탄 면접관 사례를 정리하면 아래와 같다.

- 면접관 집합 시간에 지각한다
- 채용기관이나 직무 분야에 대한 최소한의 지식도 없이 면접에 임한다
- 면접 진행을 무리하게 자신만의 방식으로 주도하려고 욕심을 낸다
- 정해진 면접 진행 시간을 고려하지 않는다
- SNS에 면접관련 구체적인 행적을 남기며 무리하게 개인 홍보를 한다

- 면접 중에 핸드폰을 조작하거나 핸드폰 진동이나 알람 무음 처리를 하지 않아 면접 진행을 방해한다

면접 현장에서 기억하자

면접 현장에서는 정확성, 공정성, 효과성이 조화롭게 발휘되어야 성공적으로 채용 과정이 진행되어 우수한 인재를 선발할 수 있다. **면접 현장의 주인공은 지원자들이지만 면접의 성패를 결정하는 사람들은 면접관**들이다. 공기업의 경우, 외부 전문면접관의 역할이 크다. 면접 진행과 질문은 탁월하나 채용기관(기업)에 대한 이해도가 부족할 수 있다.

전문면접관 경력이 2~3년 이상이고 수십 회 이상 경험이 있다면 면접 현장에서 주의해야 할 점을 이미 잘 알고 있겠지만, 잠시 긴장을 늦추다 보면 깜박 실수하는 경우가 종종 발생한다. 아무리 강조해도 지나치지 않는 몇 가지 주의점을 살펴보자.

하지 말아야 할 태도
- 반말, 하대 등 지원자를 무시하는 언행이나 팔짱을 끼는 등 권위적인 태도
- 합격 여부나 보상의 수준에 대한 언급
- 면접 진행 도중 면접 위원간 사소한 내용으로 대화
- 면접 중 다과를 먹거나 집중하지 못하는 태도

- 지원자를 무리하게 압박하는 질문으로 긴장 유발

면접에 도움을 주는 태도

- 평가에 근거가 되는 내용은 즉시 기록
- 타 면접관 질의응답 시간에 집중하여 관찰 및 평가하기
- 지원자와 시선 맞춤(eye contact)하기
- 지원자의 답변에 따라 (과하지 않게) 고개를 끄덕이는 등 반응 보여주기
- 후보자의 외모나 답변 수준에 편견을 갖지 않고 일관성 있게 평가하기

면접 질문

- (공공기관의 경우) 나이, 학력, 출신 지역, 가족관계, 종교 등 개인 신상 묻지 않기
- 질문은 짧고 간결하게(15초~30초 이내)
- 미래의 의지보다는 과거의 경험을 질문하기
- ('야근이 가능한지'와 같이) '네' 또는 '아니오'로 답이 뻔한 질문 피하기
- 부드러운 표정과 말투로 질문하여 지원자들의 잠재 역량 끌어내기

정중한 면접관이 되자

면접관은 채용기관이나 기업을 대표하는 입장으로, 채용 기업에 대한 일반적인 지식뿐만 아니라 채용 관련한 사항을 숙지하는 등 진지하게 면접에 임해야 한다. 면접이 끝난 후에 지원자가 **오늘 만난 면접관이 존경스러워서 그 회사에 꼭 입사하고 싶다는 생각이 들 수 있을 정도로 준비와 노력이 필요하다.**

현장에서 만난 최고의 면접관

수년 전 에너지 관련 공기업의 최종 임원면접 면접관으로 참여할 기회가 있었다. 면접관 3인의 구성으로 면접이 진행되었는데, 내부 면접관(부사장) E가 탁월하게 부드러운 말투와 밝은 표정 및 상황에 맞는 적절한 질문으로 지원자들의 잠재력을 최대한 끌어올려 주는 모습에 감탄한 적이 있다.

　E 면접관은 앞서 다른 면접관의 질문과 지원자의 응답을 참고한 뒤,

채용기관의 상황에 적합한 지원자의 다른 경험이나 심화 질문을 통해 지원자들의 경험과 역량을 제대로 확인했다. 또한 E 면접관은 **방향성을 잃은 지원자의 답변을 그대로 듣고 평가하기보다는 상황에 따라 다시 간결하게 원하는 내용으로 질문**하여 명확하게 답변할 기회를 주었다.

이처럼 지원자들이 긴장하여 면접관의 질문에 오해하거나 횡설수설하는 듯한 답변을 하는 경우는 면접관의 질문을 제대로 이해하고 있는지 확인해 보는 것이 바람직하다. 면접관은 지원자가 답변할 때 감정을 드러내지 않되 집중하여 경청한다. 준비나 역량이 부족한 지원자라도 다른 지원자와 동일한 태도로 끝까지 최선을 다한다.

면접관의 역할은 지원자의 평소 모습을 최대한 이끌어내는 것이다. 합격이 간절한 지원자들은 상황에 따라 거짓말이나 과장을 하기도 한다. 따라서 면접관은 지원자의 예상을 벗어난 날카로운 질문을 통해, 지원자의 성격과 생각을 예리하게 파악하고 입사 후 역량을 제대로 발휘할 수 있는지 판단할 수 있어야 한다. 앞서 언급한 E 면접관이 바로 부드러우면서도 정확한 질문으로 면접을 진행하고 성공적인 채용을 이끄는 멋진 분이었다.

만약 내가 지원자라면 저런 분이 근무하는 회사에 꼭 입사하여 어떤 일이라도 하고 싶다는 생각이 들었으니, 아마 그 당시 지원자들도 비슷한 느낌을 공유했을 것이라는 생각이 들었다. 며칠 후 동일 기관에 면접을 다녀온 다른 베테랑급 면접관을 만나서 그 기관의 E 면접관에 대하여 언급하니, 본인도 그 면접관님과 면접을 진행한 적이 있다며 정말 탁월한 분이었다고 공감하였다.

dream is no where

2023년 채용 시즌이 본격적으로 시작되는 3월의 첫 주 지방 소재 공기업 면접에서 아주 특이한, 그렇지만 감동적인 면접관을 만났다. 사회생활의 연륜과 경력에서 묻어나는 따뜻하고 여유 있는 느낌의 내부 면접관 L의 이야기이다. 내부 면접관 L은 첫 번째 질문 차례가 돌아오자 미리 준비해 온 'dream is no where'가 적힌 종이를 5명의 지원자에게 보여주면서 무슨 뜻인지 해석해 보라고 질문하였다. 전문면접관 생활 10년 만에 처음 보는 광경이었다. 지원자들은 다소 쭈뼛거리며 '꿈은 어디에도 없다'라고 직역했다.

dream is no where

dream is now here

이어서, L 면접관은 미국에서 전해 내려온다는 짧은 이야기를 하나 해주었다. 'dream is no where'라고 유언장을 남긴 아버지의 뜻에 따라, 큰아들은 '꿈은 어디에도 없다'라는 부정적인 신념으로 보통 이하의 궁핍한 삶을 살았다고 한다. 그러나 작은아들은 아버지의 유언이 띄어쓰기가 잘못되었다고 판단하고 'dream is now here'로 해석하였다고 한다. 그 결과, 작은아들은 어디서 어떤 일을 하든지 평생 꿈과 희망을 품고 꾸준히 노력하여 주변에 선한 영향력을 펼치는 성공적인 인생을 살았다는 이야기였다.

이야기를 마친 L 면접관은 "오늘 이 자리는 여러분들의 꿈을 펼칠 수 있는 소중한 시간이니 너무 긴장하지 말고 편하게 질문에 대답하라"는 말을 덧붙이며 면접장의 분위기를 부드럽게 만들어 주었다. 이어서 그는 진행된 면접 질의에서도 지원자들의 입사지원서 내용을 충실히 파악하여 추가로 확인할 내용에 대하여 콕콕 집어서 질문해 주었다.

필자는 지난 10여 년 동안 수백 차례 이상 면접을 진행하였지만, 그날과 같이 파격적인 면접관을 만난 것은 처음이었다. 개인적으로 L 면접관의 태도는 매우 바람직한 시도라고 생각한다. 주어진 면접 시간 총 40분 중 약 3~4분의 시간 투자를 통해 면접관들과 피면접자들 모두에게 긍정적인 정서를 높여 원만한 면접 진행에 큰 도움을 주었으니 말이다.

L 면접관은 다음 차례의 지원자들에게도 <죽은 시인의 사회>에서 언급된 '카르페 디엠'과 'seize the day!'를 강조하였고, 이어서 존 고든의 저서 『에너지 버스(쌤앤파커스, 2019)』에서 인용한 "당신 버스의 운전사는 당신 자신이다." 등 긍정 에너지에 대한 명언을 언급했다. 또한 허브 코헨의 저서 『협상의 법칙(김영사, 2021)』 책에서 강조한 협상을 위한 3가지 요소인 시간, 정보, 파워에 관한 이야기로 지원자들에게 긍정적인 자극과 잔잔한 감동을 주기도 했다. L 면접관은 온화하면서도 자상함이 느껴지는 말투로 어색함 없이 현장의 분위기를 긍정적으로 이끌어 주었다.

면접관과 지원자의 라포rapport를 형성하는 따뜻한 이야기와 더불어 입사 지원자들의 왜곡되고 긴장된 모습이 아니라 평소에 가까운 모습과 태도를 볼 수 있는 공간과 자리 배치, 그리고 현재보다 좀 더 자유로운 상황에서 면접을 진행한다면 현재의 틀에 박힌 무거운 형식으로 면접을 진행하는 것보다 면접시험의 정확도가 더 높아질 것으로 예상한다.

물론 그에 따른 비용과 시간이 더 늘어날 것이다. 하지만 공공기관 채용 면접의 경우 한 번 채용되면 30년 이상을 함께 근무할 직원을 뽑는 자리이고, 지원자 개인도 반평생을 몸담을 기업의 문화와 직원들을 이해하고 입사할 수 있으니 그저 손해만은 아닐 것이다.

현장에서 면접관의 적절한 목소리 크기와 정중한 어조도 중요하다. 면접관의 무미건조한 말투나 무성의한 태도가 지원자를 위축시킨다면 결과적으로 지원자의 역량을 제대로 파악할 수 없을 것이다. 면접관으로서 올바른 매너와 정확한 지식 그리고 인문학적 감성 등 철저한 준비가 필요하다. 그러나, 채용 전문면접관의 수준을 높이는 것만큼 중요한 것이 바로 **채용 현장의 딱딱하고 수직적인 분위기 개선을 위한 노력**이다.

2023년부터 고용노동부와 한국산업인력관리공단은 <공감채용 가이드북>을 만들어 배포하고 있다. 기존의 NCS 기반 및 블라인드 채용 개념에 지원자들을 위한 공정 채용 개념을 강화하여 '공감채용'으로 발전시키고자 노력하고 있다. 아무쪼록 지원자들의 잠재력을 최대한 발휘할 수 있는 면접 현장의 실질적인 변화를 기대해 본다.

무례함 vs. 정중함

국내에서는 『무례함의 비용·mastering civility(흐름출판, 2018)』이라는 제목으로 출간된 책의 저자 크리스틴 포래스 교수는 20년간 세계 여러 나라의 기업과 조직을 대상으로 연구한 결과, 직원의 무례함을 방치할 경우막대한 손실이 발생하며, 개인의 실행력과 창의력에도 부정적인 영향을끼쳐 조직의 성과를 저해한다고 밝혔다.

필자의 30여 년 전 기억을 되새겨보면, 근무했던 기업에서 만난 특정임원의 경우 폭언에 가까운 업무지시와 무리한 요구로 많은 직원을 힘들게 했었다. 심할 때는 회의 중에 재떨이가 날아다니거나 구둣발로 정강이를 맞았다는 극도로 무례한 경험담들도 심심치 않게 돌았다.

무례함과 정중함은 전염성이 강하여 주변에 중대한 영향을 미친다. 포래스 교수의 조사 결과에 따르면 무례한 언행에 시달린 사람은 대개 걱정하느라 시간을 허비하며(80%), 그들 중 고의로 일하지 않는다(48%), 고객 등 타인에게 화풀이한다(25%), 그리고 사표를 던진다고 응답한 이들이 12%나 되었다. 반면에 정중한 습관을 지닌 사람은 주변의도움을 쉽게 받으며(57%) 사회적 지위가 상승하고(35%) 실적이 높아지며(13%)와 월급이 오르는(7%) 등, 구체적으로 이득을 본다는 사실을 확인할 수 있다.

2022년 (사)한국EAP협회와 비폭력대화연구소가 직장인을 대상으로 공동으로 주관한 '직장 내 무례함 경험 실태' 조사 결과, 직장 생활에서 반복적으로 무례함을 경험한다는 응답자가 58.7%에 달했고 나머지 41.3%는 6개월 이내에 1~2차례 무례함을 경험했다고 답했다.

미국 맥킨지의 조사 결과에 따르면, 한 달에 한 번 이상 무례한 행동을 경험했다고 답한 사람의 비율이 1998년 49%에서 2016년 62%로 증가했다. 무례한 언행은 세계적으로 심화하는 경향을 보이는데, 이는 자연스럽게 직장 내 불만족스러운 인간관계로 인한 피해 금액이 증가하는 결과를 낳고 있다. 스탠퍼드 대학 신경학과의 로버트 새폴스키Robert M. Sapolsky 교수에 따르면, "사람이 무례함을 오랫동안 자주 경험하면 면역 체계까지 영향을 받는다"라며 심장 질환이나 암. 당뇨 같은 병에 걸릴 확률이 높아진다고 지적했다.

자신이 테레사 수녀보다 선행을 더 많이 해서
천국에 갈 것이라 믿는 사람이 8% 이상 더 많았다.

조직 내에서 무례한 행동을 하는 사람은 자신의 무례함을 인식하지 못하는 사람들로, 즉 **객관적인 자기 인식이 결여된 사람**이라고 할 수 있다. 오래전 조사이기는 하지만, 테레사 수녀보다 설문 대상자 자신이 더 선행을 많이 해서 천국에 갈 것이라 믿는 사람이 테레사 수녀보다 8% 이상 더 많았다는 결과가 나왔다.

평소에 정중함이 몸에 배어 있다면 면접 현장에서 지원자들이나 동료 면접관에게 긍정적인 영향력을 발휘하며, 이는 궁극적으로 역량이 있고 조직에 적합한 인재를 선발하는 데 도움이 될 것이다. 필자 역시 스스로 돌아보니 사회생활을 하면서 얼굴 맞대고 소통할 필요가 있을 때도 편의상 SNS나 이메일을 이용한다거나, 대화 시 상대방의 말을 끊는 경우가 많았음을 깨달을 수 있었다.

면접 시에도 주의해야 할 사항이지만, 평소에 영어 및 전문용어를 남발하며 스스로 과시하거나, 제대로 이해하지도 못한 책을 읽었다며 뽐내는 행위 등은 삼가야 할 것이다. 또한 평소 회의나 대화 도중에 이메일 또는 문자를 확인하거나 주고받는 일을 줄이고, 상대방과 다른 의견이 있는 경우에도 최대한 존중하고 관심을 보이는 것이 정중한 면접관으로 인정받는 지름길이다.

정중한 면접관이 되는 방법

면접 현장에서 극도로 긴장한 상황에 놓인 지원자들에게 딱딱하고 무거운 질문만 쏟아내거나 심층 질문으로 그들을 파헤치는 것만이 능사는 아니다. 그들이 최대한의 역량을 발휘하도록 분위기를 만들어 주는 것 또한 면접관의 기본적인 역할이다.

사람들은 자신이 존중받고 있다고 느낄 때 스스로 가치 있는 사람이라고 생각하여 자신감을 얻는다. 지원자들 역시 존중받는다고 느낄 때 평소 실력을 충분히 발휘할 것이다. 따라서 지원자들에 대한 진심 어린 배려와 경청을 통하여 정중한 면접관이 되도록 지속적인 노력이 필요하다. 평소에 사회생활을 할 때도 직장 동료나 지인들에게 마음에서 우러나는 사려 깊은 행동을 한다면 주변으로부터 정중한 면접관으로 소문이 날 것이다.

• 배려

지위 고하를 막론하고 상대방을 배려하고 존중하는 자세가 중요하다는 것은 여러 번 강조해도 부족함이 없을 것이다. 특히 직급이 낮거나 상대적으로 '을'의 위치에서 평가받는 지원자들을 대할 때의 태도가 중요하다. 직원(팀원)의 헌신을 끌어내는 가장 중요한 요인은 리더(관리자)가 팀원의 행복에 진정으로 관심이 있다고 느끼는지에 달려 있다고 한다. 따라서 진심 어린 마음으로 지원자에게 관심을 지니고, 평가 기준에 따라 그가 과거에 경험한 것에 기반한 적절한 질문을 토대로 확인 및 관찰하여 최대한 정확하게 판단하는 것이 중요하다.

예를 들어 지원자가 자기소개서를 통하여 탁월한 리더십을 발휘한 사례에 대한 자랑을 많이 하였다면, 면접관은 리더십을 발휘한 사례를 인상 깊게 확인하고, 동시에 팔로워십을 발휘한 사례도 있는지 질문할 수 있다.

지원자를 배려하는 마음으로 면접 중에 은은한 미소를 띠며 밝은 표정과 정중한 태도로 지원자를 대하면 지원자들이 긴장도가 낮아지고 준비한 것을 최대한 발휘할 가능성이 높아질 것이다. 호감을 주는 우수한 지원자는 물론, 약간 허술해 보이거나 지나치게 긴장하는 지원자에게도 동일하게 면접이 끝날 때까지 정중한 미소로 대하는 것이 중요하다.

• 경청

면접관의 기본적인 역할은 채용기관의 평가 척도에 따른 간결한 주 질문과 탐침 질문을 통하여 지원자를 관찰하고 평가하는 것이다. 지원자를 정확하게 파악하기 위해 답변을 경청하는 것은 기본이다. 그러나, 면접 현장의 상황에 따라 지원자의 답변에 몰입하지 못하는 경우가 많다.

전반적으로 면접 및 평가 시간이 부족하다 보니, 면접 진행 중에 내 차례의 질문을 끝낸 후에 다음 순서 면접관의 질의응답에 집중하지 못한 채 서둘러 지원자 평가를 고민하고 입력하는 경우가 있다. 또한, 왠지 모르게 지원자의 답변 태도나 수준이 마음에 들지 않으면 몰입도가 떨어지는 사례도 있다. 지원자 입장에서 면접관이 따뜻한 말투로 질문하고 적절하게 눈을 맞추며 경청하면, 지원자는 마음이 편해지고 평소 실력을 충분히 발휘하여 본인의 역량을 충분히 발휘하는 답변할 가능성이 높다.

반면에 지원자의 답변 도중에 말을 끊는 것은 바람직하지 않다.

면접 질문이 본격적으로 시작되기 전에 1분 이내에 답을 하라고 요청하거나, '답변이 길어지거나 충분히 이해되면 면접관들이 답변을 끊고 다음 질문으로 넘어가겠다'라고 공지한다. 만약 미처 공지하지 못했다면 최대한 정중한 어조로 '다른 지원자와 동등한 시간 배분을 위해 다음 질문을 하겠다'라고 양해를 구해야 한다.

• 칭찬

칭찬은 고래도 춤추게 한다는 말이 있다. 면접 진행 중에 과하지 않게 칭찬하는 뉘앙스의 말과 표정으로 호응하여 지원자의 긴장을 완화해 주고 잠재력을 발휘할 수 있도록 하는 것이 바람직하다. 다만, 특정 지원자에게만 집중적으로 칭찬성 발언을 하거나 합격을 암시하는 듯한 느낌을 주게 되면 오해를 살 수도 있으니 주의가 필요하다. 수년 전 모 기관 면접 때, 내부 면접관께서 특정 지원자가 마음에 들었는지, '준비가 아주 잘 된 우수한 지원자'라고 몇 번이나 강조하는 발언을 하여 다른 면접관들을 바짝 긴장시켰던 기억이 있다.

면접 중 눈에 띄지 않게 칭찬하는 방법의 예를 들어보자면, "자기소개서를 읽어보니 재학 중 다양한 활동으로 리더십을 발휘한 것으로 보이는데, 팔로워십을 보여준 사례도 소개해 주세요"라고 질문할 수 있다. ○○ 대회에서 우승하기가 쉽지 않았을 텐데, 우승 비결이 무엇이었고 지원자는 어떤 역할을 했는지 설명해달라고 요청할 수도 있다. 구체적으로 칭찬하기 쉽지 않다면 진심으로 지원자들을 배려하는 표정과 말투 그리고 적극적인 경청으로 면접에 임하자. 지원자들에게 큰 힘이 될 것이다.

신뢰받는 전문면접관

채용 면접관의 역량과 수준을 업그레이드하여 공공기관이나 공기업 외에 사기업으로도 활동 범위가 확대되는 등, 신뢰받는 직업으로서 전문면접관이 자리 잡기를 바라는 마음으로 면접관이라는 직업에 관하여 서술하였다.

필자는 우수 인재를 선발하는 것만큼 조직에 커다란 악영향을 미치는 폭탄 가능성이 높은 직원을 최대한 걸러 내는 일이 중요하다는 점을 알리고 싶었다. 동시에, 폭탄 면접관이 아니라 정중한 면접관이 되는 방법도 정리하였다.

면접관은 기업교육 강사나 컨설턴트와는 달리 독립적이면서도 동시에 다른 면접관과의 소통과 협업이 필요하다. 따라서 전문면접관이라는 직업의 안정성이나 업業의 규모를 확대하기 위해서는 한두 사람의 스타 면접관의 활약이 아닌, 지속적인 학습과 상호교류가 절실하다고 믿는다. 부디 필자의 노력이 조금이나마 면접관들에게 도움이 되기를 진심으로 바라는 바이다.

· 참고도서

- 100% 성공하는 채용과 면접의 기술 : 루 아들러/진성북스
- 핵심인재를 선발하는 면접의 과학 : 하영목 허희영/맑은소리
- 면접지배사회에서 살아가기 : 김민주/윤성사
- 최고의 인재를 찾기 위한 단 하나의 질문 : 이선구 홍성원/리드리드출판
- 당신과 조직을 미치게 만드는 썩은 사과 : 미첼 쿠지/예문
- 또라이 제로 조직 : 로버트 서튼/이실 MBA
- 긍정심리학이란 무엇인가 : 우문식/물푸레
- 긍정심리학 : 마틴 셀리그만/물푸레
- 나를 힘들게하는 또라이들의 세상에서 살아 남는 법 : 클라우디아 호스브룬/생각의 날개

- 무례함의 비용(mastering civility) : 크리스틴 포래스/흐름 출판

- 진단명: 사이코패스 : 로버트 D. 헤어/바다출판사

- 사이코패스와 나르시시스트: 김태형/세창미디어

- how to manage a toxic employee : Amy Gallo/Harvard Business Review

- how to avoid hiring a toxic employee : Christine Porath/Harvard Business Review

- toxic workers : Michael Housman & Dylan Minor/Harvard Business School

PART 3

면접관이라는 사람

- 사람을 뽑는 사람의 실수들 -

김경일

I. 면접관의 기억

대부분의 경우, 면접관 즉 사람을 뽑는 사람들이 지원자보다는 더 경험 많고 (아마도 더) 똑똑한 사람들일 가능성이 크다. 그러니 그 위치까지 갈 수 있었던 것 아니겠는가? 그런데 참으로 재미있는 것은, 더 경험 많고 똑똑한 사람일수록 더 쉽게 빠지는 착각들이 있다는 사실이다.

왜일까? 인간에게는 '꾀'라는 것이 있기 때문이다. 꾀는 '일을 잘 꾸며 내거나 해결해 내거나 하는 묘한 생각이나 수단'으로 정의된다. 그런데 그 수단은 인간을 심사숙고하여 시간과 노력을 많이 쓰게 만들기보다는 대부분 더욱 쉽고 간편한 방법으로 유도하도록 만든다. 게다가 똑똑하고 경험 많은 사람일수록 이 꾀가 많다! 그러니 이들이 사용하는 꾀가 의외 인 곳에서 실수를 빚어내기도 하는 것은 당연한 일일지도 모른다.

인재를 평가하고 채용하는 면접관 역시
'제 꾀에 속는다'는 속담에서 예외일 수 없다.

우리말 중에도 '제 꾀에 속는다'라는 속담이 있지 않은가? 이 말에서 **인재를 평가하고 채용하는 전문가인 '면접관' 역시 예외일 수 없다.** 그렇다면 경험 많고 노련하며, 심지어 더 똑똑하기까지 한 면접관이 속아 넘어가는 제 꾀, 즉 '착각'들을 한 번씩 짚고 넘어가는 것은 매우 중요한 일이 아닐 수 없다. 그것도 인지심리학적 관점에서 말이다.

인지심리학은 일반적으로 '인간의 여러 가지 고차원적 정신 과정의 성질과 작용 방식의 해명을 목표로 하는 과학적·기초적 심리학의 한 분야이다. 인간이 지식을 획득하는 방법, 획득한 지식을 구조화하여 축적하는 메커니즘을 주된 연구 대상으로 한다'라고 정의된다. 더 쉬운 말로 하자면 심리학 중에 가장 미시적이고 인과관계에 기초한 관점을 가지고 있다는 뜻이 된다.

면접관이 저지를 수 있는 실수를 가장 정확하게, 그러면서도 구체적으로 알아보는 데 도움이 될 만한 접근이 나올 듯싶다.

편집되기 쉬운 면접관의 기억

인간의 뇌는 약 3파운드, 즉 1.4kg에 불과하다. 하지만 고작 3파운드의 무게인 우리의 뇌는 무한에 가까운 깊이와 종류의 생각을 한다. 그 때문에 뇌는 늘 엄청난 에너지를 소모하는데, 그 생각의 깊이가 깊을수록 에너지 소모는 더욱 증가한다.

그런데 한편으로, 인간에게는 **생존에 필요한 에너지를 비축하고 아껴 쓰려는 본능** 역시 존재한다. 따라서 인간은 깊은 생각을 통해 에너지를 쓰는 행위를 본능적으로 꺼린다. 이러한 인간의 경향성을 일컬어 심리학자들은 '인지적 구두쇠'로서의 인간이라고 한다. 사실 인간의 이러한 인지적 구두쇠 성향은 우리의 일상생활 언어에도 그대로 녹아 있다.

"아, 머리 아파. 그냥 간단하게 하자!", "짜증스럽게 뭐 그리 복잡하게 생각하나? 그냥 아무거나 먹자"

이처럼 우리가 인지적 구두쇠임을 보여주는 표현들은 무수히 많다.

그렇다면 인지적 구두쇠인 인간은 과연 어떻게 판단하고 행동할까? 연구 결과를 살펴보면 우리의 상식이나 순진한 기대와는 꽤 거리가 먼 양상을 쉽게 찾아볼 수 있다. 결론부터 말하자면 **다다익선**多多益善**이란**

말이 때론 전혀 들어맞지 않는다는 것이다.

선택지가 많을수록 괴롭다

컬럼비아 대학의 경영대학원의 심리학자인 쉬나 아이엔가(Sheena Iyengar) 교수가 자신의 강연에서 자주 언급하는 내용 중 하나를 예로 들어보자. 마트의 시식 코너에 6개의 잼을 놓았을 때와 24개의 잼을 놓았을 때, 어떤 경우에 사람들은 더 많이 잼을 구매할까? 상식적으로는 대안이 많은 경우에 선택의 폭이 넓어지니까 사람들이 잼을 더 많이 구매했을 것이란 추측이 가능하다. 하지만 결과는 정반대로 나타났다. 6개의 잼만 놓아둔 시식 코너가 24개를 놓은 코너에서보다 거의 6~7배나 많은 잼을 팔 수 있었다. 더욱 흥미로운 점은 코너 앞에서 멈춰 서서 잼을 시식해본 사람들은 24개의 잼을 놓아둔 곳에서 훨씬 더 많았다는 것이다. 이는 무엇을 의미하는가?

우리는 대안의 수가 지나치게 많아지면
'아예 아무런 선택도 하지 않는' 결과를 낸다.

다시 말하지만, 인간은 인지적 구두쇠이다. 따라서 생각을 일정량 이상으로 하는 것을 싫어하는 우리는 대안의 수가 지나치게 많아지면 생각의 양이 기하급수적으로 늘어날 것을 지레 염려하게 되며, 이는 대부분 '아예 아무런 선택도 하지 않는' 결과로 이어진다.

실제로 24개의 잼을 놓아둔 코너에서 발걸음을 돌리는 사람들의 반응은 대부분 "어휴, 머리 아파. 나중에 사자"에 가까웠다. 이것이 무엇을 의미하는 걸까? 선택이 쉬워질 때까지, 즉 **대안의 수가 줄어들 때까지 기다리겠다**는 것을 뜻한다. 물론 그것이 구체적으로 언제인지 인간의 힘으로는 알기 어렵지만, '언젠가는 그때가 오겠지'라는 무의식적인 생각을 통해 무작정 선택을 뒤로 미루고 만다.

더욱 재미있는 사실은 우리의 실생활에서 대안의 수가 줄어들었을 때, 즉 남아 있는 소수의 대안 중에서 각각의 선택지가 '실제보다 더' 좋아 보이는 경우도 꽤 많다는 점이다. 많은 이들에게 이른바 '맛집'으로 불리는 가게 중 수십 가지의 메뉴를 파는 곳은 그리 많지 않다. 적은 수의 메뉴에 집중하는 맛집 앞에서 사람들은 흔히 "자자, 이 집이 이거 하나는 끝내주게 잘하는 집이야"라며 함께 온 동행의 손을 잡아끌고 음식점으로 들어가고는 한다. 그리고 그렇게 접한 하나의 메뉴에 유달리 특별한 맛을 느끼는 경우가 적지 않다. 우리가 'OO천국'이라고 불리는 프랜차이즈 분식점의 수많은 메뉴 중 '정말 맛있다'라고 극찬하는 경우가 거의 없는 것도 비슷한 이유에서일 것이다.

기억의 재구성은 본능

이처럼 정확한 사실 파악보다는 상황을 이해하고 의미를 부여하는 것을 목적으로 삼는 인간의 사고체계는 종종 인지의 절약을 위해 우리의 기억에 편집과 재구성, 그리고 심지어는 왜곡까지도 불러일으킬 수 있다. 물론 이것이 결코 나쁜 일이라고만은 할 수 없다. 왜냐하면 그것이 인간 기억의 목적에 더 부합되는 것이기 때문이다. 이 책을 읽는 독자분들 중 만약 주위에 친구나 가족이 있다면 아래의 실험을 한 번 해보는 것을 추천한다(여러 사람이 동시에 시도해 보면 더욱 좋다). 이 실험은 면접관이 지원자를 기억하는 법과도 관련이 깊다.

1단계: 앞서 사람들에게 나중에 어떤 단어를 봤는지 기억검사를 할 것이라고 알려준 뒤, 다음과 같은 단어들을 하나씩 차례로 보여준다(보여줄 수 있는 상황이 아니라면 목소리로 들려줘도 괜찮다). 각 단어를 2~3초 정도 보여주되, 한 번에 하나씩만 보여줘서 모든 단어를 한꺼번에 볼 수는 없도록 해야 한다.

*단어목록: 문, 유리창, 창틀, 블라인드, 선반, 문지방, 집, 마루, 커튼, 욕조, 전망, 전등, 형광등,

2단계: 모든 단어를 전부 보여준 직후에는 517에서 13씩 계속 빼기와 같은 역산 과제를 시킨다. 그러면 사람들은 '504, 491, 478...' 같이 계속해서 답

을 내놓아야 한다. 이렇게 하는 이유는 자기가 봤던 단어들을 인위적으로 암기하는 것을 막기 위해서이다. 인지심리학자들은 일반적으로 기억에 무엇이 남는가를 객관적으로 보기 위해 통상 이런 방해 과제를 사용한다.

3단계(기억검사): 사람들에게 자신이 본 단어들을 가능한 한 많이 써보라고 한다.

4단계(채점): 자, 이제 채점을 해보자. 채점은 이렇게 하면 쉽다. 아래와 같은 단어들을 하나씩 들려줘 보자(맨 마지막 단어인 '창문' 하나만 빼고는 모두 실제로 1단계에서 사용됐던 단어들이다.) 그리고 자신이 그 단어를 정말 기억해 냈는지 각 단어를 불러줄 때마다 대답해 달라고 하면 된다.

* '문': 대부분 사람이 기억해 냈다고 얘기한다. 맨 처음 들은 단어이니까.
* '유리창', '창틀', '문지방', '욕조', '차고': 이 단어들에 대해서는 답으로 썼다고 얘기하는 비율이 조금씩 줄어든다.
* 마지막으로 '창문!': 흥미롭게도 이 단어를 기억해 냈다고 말하는 사람이 정말 많다. 1단계에서 나온 단어가 아님에도 불구하고 말이다. 필자가 국내외에서 다양한 계층을 상대로 실험해 본 결과 최소한 50% 많게는 80%의 사람들이 이 단어를 기억해 냈다고 대답한다. 어떤 사람들은 심지어 아주 강한 확신을 보이며 '나는 분명히 창문이라는 단어를 봤단 말입니다.'라고 억울해하기도 한다. 명백한 오답임에도 불구하고 말이다.

왜 이런 현상이 일어나는 것일까? '창문'이라는 단어는 보지 않았지만, 사람들은 '창문'을 구성하는 요소인 '유리창'이나 '창틀' 같은 단어들을 경험했다. 따라서 그 구성요소를 통합하는 '창문'을 자연스럽게 '재구성' 즉, 만들어 낸 것이다. 이것이 우리 인간의 기억이다. **우리 기억은 컴퓨터의 하드디스크처럼 그리 간단한 것이 아니다.**

오전 지원자 VS 오후 지원자

그런데 이 현상 때문에 많은 대학과 조직에서 오전에 면접장에 들어온 지원자들이 오후에 들어온 사람들보다 더 많이 뽑히는 기현상이 도처에서, 그것도 끈질기게 일어난다.

예를 들어, 한 면접위원이 오전에 10명 오후에 10명의 지원자를 평가한다고 해보자. 먼저 오전에 들어온 10명을 평가한다. 서류 전형 통과한 사람들이니 자기 장점 하나씩은 있는 사람들일 가능성이 높다. 첫 번째 지원자에게 A라는 장점이 있는 것이 보였다. 두 번째 지원자는 B라는 장점이, 세 번째 지원자 C라는 장점이 있다. 그럼 10번째 지원자는 J 정도의 장점이 있을 것이다. 즉, 10명 각각의 장점 10개를 면접관은 오전에 본 셈이다.

이제 면접관은 12시부터 한 시간가량 점심을 먹는다. 그런데 이 한 시간 동안 면접관의 머릿속에서는 어떤 일이 일어날까? 아까 설명했던 그 존재하지 않는 '창문'이 만들어지기 시작한다. 면접관의 머릿속에, **오전에 자신이 봤던 10명 개개인의 장점 A부터 J까지를 한 몸에 담은 이른바**

'어벤져스'가 탄생하는 것이다. 그렇게 오후에 들어온 지원자분들은 바로 면접관이 탄생시킨 그 '어벤져스'와 싸우게 된다.

오전 면접에 참여한 지원자들이
오후 면접에 들어온 사람들보다 훨씬 평가에 유리하다.

그래서 수많은 기업과 대학에서 오전 면접에 들어온 지원자들은 오후에 들어온 사람들보다 평가에 훨씬 유리하다. 입학과 채용의 오전 대 오후의 비율이 지원자 수가 동일하다고 가정했을 때 7대 3까지 벌어지는 경우도 왕왕 나온다. 더욱 중요한 사실은 사전에 이러한 현상이 일어날 수 있으니 조심하라고 아무리 주의를 줘도 이러한 경향이 좀처럼 사라지지 않는다는 점이다.

공정함을 바라는 면접관이라면 어떻게 해야 할까? 일정 시간 내에 모든 면접을 진행하는 것 외에도 오전과 오후의 비율을 사전에 정해 놓고 선발한다든가, 아니면 오전과 오후에 전혀 다른 성격의 지원자들을 각각 평가하는 것 등 차선책은 여러 가지가 있다. 그럼에도 이 현상이 지닌 힘은 참으로 강력하므로 면접관이라면 늘 주의를 요한다.

이기라는 질문과 지지 말라는 질문의 차이

종종 집단 간에 나타나는 차이는 그 집단의 특성, 즉 성별이나 연령에 기인하는 것이 아니라, 그들에게 어떤 질문이나 환경, 즉 시간이나 특정한 장소 등이 순간적이고 상황적으로 달라지는가에 따라 발생한다. 그럼에도 우리는 그러한 차이를 보면서 **마치 그 결과가 성별이나 나이처럼 집단 간에 존재하는 근본적 부분에 기인하는 것으로 착각하는 경우가 많다.**

심리학자의 눈으로 보면, 이 세상을 나누고 있는 대부분의 n분법적 구분들에는 이러한 위험 요소가 숨겨져 있다. 성별, 연령 혹은 지역이나 민족과도 같은 변인들 말이다. 그러나 이런 착각의 진짜 원인을 이해함으로 인해, 우리 또한 중요한 통찰을 하나씩 더 쌓아가는 것 아니겠는가.

하버드대학의 경영학자 로라 후앙Laura Huang 교수와 컬럼비아 대학의 심리학자 토리 히긴스Tory Higgins 교수를 비롯한 연구진은 왜 스타트업에서 여성 기업인들이 남성 기업인들보다 더 적은 투자 자본을 유치하는가에 관심을 가졌고, 이와 관련하여 최근에 매우 흥미로운 연구 한편을

발표했다.[1]

우선 논문의 제목 자체가 흥미롭다. <we ask men to win and women not to lose: closing the gender gap in startup funding>, 우리 말로 이해하면 아마도 다음과 같을 것이다. <우리는 남성들에게는 승리 하라고 요청하는 반면 여성들에게는 지지 말라고 주문한다. 그리고 그 차이를 이해한다면 스타트업에서 투자하는 데 있어 성별 차이라는 것이 무색해진다>

성취인가 예방인가

이들이 얼마나 재미있는 분석을 했는지 한 번 알아보자. 연구진은 지난 2010년부터 2016년까지 뉴욕에서 개최된 '테크크런치 디스럽트 TechCrunch Disrupt'의 자료를 분석했다. 테크크런치 디스럽트는 북미 최대 정보기술(IT) 온라인 매체인 <테크크런치>가 미국을 비롯한 세계 각국에서 개최하는 창업 콘퍼런스로, IT를 위시한 첨단산업 분야의 스타트업 관련자들과 대기업과 벤처 캐피털 관계자들이 대거 참석하는 일종의 창업 축제다.

연구진은 공개석상에서 벤처 투자자Venture Capitalist: VC들이 창업자들

1 Kanze, D., Huang, L., Conley, M. A., & Higgins, E. T. (2018). We ask men to win and women not to lose: Closing the gender gap in startup funding. Academy of Management Journal, 61(2), 586-614.

과 주고받는 질문과 대답 그리고 그에 따른 투자 유치의 크기를 집중적으로 분석했다. 그 결과, 재미있게도 남성 창업자들에게는 '어떻게 승리할 것인지'에 관한 질문이 주를 이루었던 반면에, 여성 창업자들에게는 '어떻게 지지 않을까'를 질문하는 경우가 대부분이었다고 한다.

예를 들어, 남성 스타트업 대표들에게는 "어떻게 고객을 확보하실 겁니까?", "시장을 장악할 수 있다고 생각하십니까?", "지적 재산으로서의 잠재력에 대해서 더 말씀해 주시기를 바랍니다." 등 성취와 관련된 질문들이 대부분이었다. 하지만 여성 대표들에게는 "테스트는 확실히 마친 겁니까?", "관련 분야 법령에 위반되지 않는지 점검은 분명히 하신 건지요?" 심지어는 "가격이 299불이라고 하셨는데 그 가격으로 이윤이 확보될까요?" 등의 안전성에 관한 질문들이 쏟아졌다.

'어떻게 이길 것인지' 대답한 여성 대표들은
남성 대표들보다 더 많은 투자 유치에 성공했다.

심리학에서는 전자와 후자를 각각 **성취와 예방에 초점을 맞춘 질문**이라고 부른다. 그리고 당연하게도 성취 지향적 질문을 받은 남성 대표들은 능동적인 성취 지향적 답변을, 예방에 초점 맞춘 질문을 받은 여성 대표들은 수동적인 예방 지향적 답변을 내놓았다. 그 결과 남성 대표들이 벤처 투자자들로부터 더 많은 투자를 받은 것이다.

흥미로운 점은 예방에 초점을 맞춘, 이른바 '어떻게 지지 않을 것인가'에 관한 질문을 받았음에도 불구하고 어떻게 이길 것인지에 관해 대답한 여성 대표들의 투자 유치 결과다. 이들은 남성 대표들 못지않거나 심지어는 **평균적인 남성 대표들이 유치한 투자를 상회하는 결과를 낳았다.** 이는 곧 성취에 초점을 맞춘 답변을 한 여성 대표들이 전문 투자자들의 마음을 열었음을 의미한다.

면접관은 이 사례를 통해 어떤 점을 조심히 되돌아볼 수 있을까? 설령 만족스럽지 못한 대답을 내놓는 지원자들이 있다면, 앞서 본인이 그들에게 주로 어떤 질문들을 했는지를 진지하게 한 번 되돌아볼 필요가 있지 않을까?

더 나은 선택을 위한 순서 정하기

좋아하는 것과 현실적인 것 중에서 무엇이 더 중요할까? 그리고 그중에서 무엇을 선택해야 할까? 일과 공부, 심지어 진로와 적성 등 인간사에서 이만큼 설전이 벌어지면서도 결론을 내지 못하고 있는 주제도 없을 것이다. 그런데 끝나지 않을 것 같은 이 질문에 꽤 유용한 답을 내주는 연구가 최근에 발표됐다. 연구의 결과가 맞고 안 맞고를 떠나서 우리에게 꽤 중요한 생각을 하게 해주는 출발점이라 생각해 이번 기회에 소개해 보고자 한다.

이 연구의 주인공은 하버드 대학의 심리학자인 아담 모리스(Adam Morris) 박사 연구팀이다.[2]

모리스 박사 연구팀은 친구에게 요리해 줄 저녁 메뉴에서부터 연간 사업 계획에 이르기까지 다양한 항목들에 대해서 무엇을 할지 결정하는 것을 참가자들에게 2단계로 구분한 뒤 진행하라고 지시했다. 그런데 두

---

2 Morris, A., Phillips, J., Huang, K., & Cushman, F. (2021). Generating Options and Choosing Between Them Depend on Distinct Forms of Value Representation. Psychological Science, 32(11), 1731–1746. https://doi.org/10.1177/09567976211005702

그룹은 서로 2단계의 순서가 정반대였다. 즉, A 그룹은 1) 자신이 가장 선호하는 것 혹은 하고 싶은 것을 먼저 나열하고 난 뒤, 2) 그중에서 현실적으로 가장 적합한 것을 골라 최종적으로 결정을 하는 순서로 일을 하게 했다. 반면, B 그룹은 순서가 달랐다. B 그룹 내의 참가자들은 1) 상황에 적합한 것을 먼저 나열하게 한 뒤 2) 그중 가장 선호하는 것을 골라 결정하게 했다.

얼핏 보면 큰 차이 없이 선택의 순서만 뒤바뀐 것 같지만, 연구 결과 매우 다른 양상이 관찰됐다. 최종적으로 결정된 것은 물론, 결국 그것을 실행하고 난 뒤의 만족도에서도 명확한 차이가 나타난 것이다. **좋아하는 것을 먼저 나열한 뒤 그중에서 현실적으로 타당한 것을 골랐던 사람들이 가장 일도 잘했고 결과에도 만족스러워했다.** 그렇다면 이 연구 결과는 무엇을 의미하는 걸까?

무엇을 해야 할지 고민할 때는
가장 관심 있고 집중할 수 있는 일들을 선택하라.

결정이란 결정의 대상이 될 수 있는 '후보군의 생성'과 그 가운데에서 '비교를 통해 선택'하는, 얼핏 보면 비슷해 보이지만 매우 다른 성격을 가진 두 종류의 심리적 과정을 포함하고 있다. 이때 '후보군의 생성'에서 무엇을 가장 좋아하고 선호하는가에 기초해서 자유롭게 생각한 뒤, '비교를 통한 선택'에서 가장 현실성 있는 안을 고른 경우가 좋은 결과를 낸 이유는, '무엇을 할까'에 대한 생각에서는 **그 일에 관한 관심과 집중을 최대치로 끌어올릴 수 있는 일들을 후보로 삼는 것이 매우 타당하기 때문**이다. 만약 현실성 위주의 후보군을 먼저 꾸리면, 거기에서 이미 흥미와 열정, 혹은 관심의 동력이 떨어지고 만다.

사실, 이러한 생각의 순서는 한 개인의 진로나 적성에서부터 직원의 직무 더 나아가 인재 선발에서도 마찬가지로 적용된다. 부디 가장 좋다고 생각하는 바를 먼저 떠올리시기를. 그리고 그중에서 가장 적절한 사람을 따져보시기를 바란다. 우리 주위에서는 이처럼 선택의 순서를 거꾸로 해서 이도 저도 아닌 결과를 받아 드는 사례를 꽤 자주 발견하게 된다.[3]

---

3 https://www.psychologytoday.com/us/blog/ulterior-motives/202201/you-decide-one-option-you-have-find-set-options

거꾸로 말하게 하면 진실을 알 수 있다

우리는 사회에서 이런 경우를 종종 목격하곤 한다. 예를 들어 조직에서 리더가 끈질기게 알고자 하는 내용이 있어 부하들에게 그 일의 경과나 결과에 대해 캐묻고, 심지어 지속해서 보고하라고 닦달한다. 그런데 이러한 보고가 이루어지는 과정에서, 리더가 정작 반드시 알아야 하는 정보에 대해서는 별 관심이 없는 정도를 넘어, 아예 인식조차 하지 못하는 것이다. 결국 리더는 그런 일이나 사건이 벌어지고 있다는 사실조차 모른 채 넋을 놓고 있다가 당황스러운 결과를 받아들이거나, 심지어 파국을 맞이하게 된다. 우리나라 조직처럼 보고가 많은 곳도 없다고 하는데, 왜 이런 어이없는 문제가 반복되는 것일까?

지금 이 순간에도 수많은 조직의 무수한 회의에서는 헤아릴 수 없는 보고가 이루어지고 있다. 그 과정에서 리더가 가장 많이 하는 말은 바로 "이거 봐, 그때 그 일은 어떻게 돼 가고 있는 거야?"다. **일부는 알고 있지만 나머지는 아직 모르고 있다는 느낌이 들 때 사람들은 이렇게 '알고 싶어' 한다.** 그리고 그 질문에 대답이 마뜩잖거나 부족하다고 생각되면 질타 섞인 확인이 끈질기게 계속된다. 정작 중요한 것들, 즉 알아야 하는 것들에 관해서는 전혀 신경 쓰지 못한 채 말이다. 이는 리더들에게 그 문제에 대하여 일부는커녕, '존재 자체에 대한 인식'이 아예 없기 때문이다.

다양한 관점이 허점을 메운다

그렇다면 우리는 보고 자체가 되지 않는 것 중 알아야 하는 것이 얼마나 그리고 어디에 있는지를 어떻게 알 수 있을까? 당연히 **보고하는 사람을 다양하게 준비해 놓아야 한다.** 다양한 위치에 있는 사람들의 보는 관점은 당연히 저마다 다를 테니 말이다.

하지만 그보다 철저히 간과되면서도 더욱 효과적인 방법이 있다. 바로 '역행적 보고'를 받는 것이다. 역행적 보고란 무엇인가? 쉽게 말해 **어떤 일의 경과를 시간 순서상 거꾸로 말하게 하는 것**이다. 우리는 일어난 일련의 일들을 말 그대로 일어난 순서대로 말하는 순행적 보고와 진술에만 익숙해져 있다. 그런데 재미있게도, 순행적으로 어떤 일에 관해 이야기하게 되면 말하는 사람이나 듣는 사람 모두 그 개연성이 자연스럽게 느껴져 내용의 허점을 발견하기 어려워진다.

어째서일까? 다음과 같이 가정해 보자. '오전에 일찍 출근 직후 외근을 하다가 12시가 됐다'라는 말 다음에 순행적으로 당연히 가정할 수 있는 내용은 무엇이겠는가? 바로 '점심시간이니 식사했다'라는 것이다. 그러니 그다음에 올 말로 점심 식사가 쉽게 예측되고, 그 예측에 부합되는 말을 실제로 들으면 의심 없이 다음 국면으로 자연스레 넘어갈 수 있게 된다. 하지만 '점심을 먹었다'라는 말을 먼저 들었을 때, 이전에 어떤 일이 있었는가를 역으로 추정하기는 어렵다. 내근인지 외근인지 혹은 일찍 출근인지 지각인지 등에 대해서 전혀 예측할 수 없기 때문이다. 즉 **가정이나 기대가 쉽게 만들어지지 않는 것이다.**

마찬가지의 이유로 노련한 수사관들은 검거된 용의자가 거짓말을 해도 꽤 많은 경우 그대로 놔둔다. 심지어는 약간의 공감까지도 표현하면서 말이다. 그리고 그 용의자가 거짓말들로 이루어진 허구의 스토리를 거의 완성할 때쯤 이렇게 한 마디의 결정타를 날린다. "지금까지 말한 내용을 거꾸로 말해 보라"고 말이다.

이렇게 어떤 내용이든 보고나 말할 때 역순으로 하게 되면 의외로 전혀 인식하고 있지 못했던 텅 빈 부분이나 허점, 즉 알아야 할 부분을 쉽게 발견할 수 있게 된다. 이를 면접에 활용하면 지원자의 진실한 모습을 확인하기 더욱 수월해진다.

II. 면접의 환경

면접관의 실수를 유발하는 요소들

인지심리학자로서 많은 분께 자주 하는 조언 중 하나는 바로 '결코 멀티
태스킹을 하지 마라'다. 여기서 멀티태스킹은 멀티플레이어와는 다른 말
이다. 멀티플레이어는 **여러 가지 일을 하는 사람**을 뜻한다. 하지만 멀티
태스킹은 이러한 **여러 가지 일을 한 번에, 즉 '동시에' 하는 것**을 의미한
다. 양치질하는 동시에 TV를 보거나 음악을 들으면서 공부하는 등, 우리
는 하루에도 수많은 멀티태스킹을 해낸다. 그런데 결론부터 말하자면, 아
무리 사소하고 익숙한 일들이라 하더라도 멀티태스킹을 시도하게 되면
우리가 인식하지 못한 사이에 어느 일 하나의 수행 수준이 눈에 띄게 떨
어지고 만다.

면접관의 멀티태스킹은 직무유기

간단한 예를 들어보자. 껌을 씹으면서 단어를 외워보는 것이다. 껌을 씹
는 것 자체는 아주 쉬운 일이며 조금도 신경을 쓸 일이 아니다. 그럼에도

껌을 씹으면서 단어를 외우게 하면 단어 암기 점수가 20% 내외 하락한다는 연구 결과가 있다. 심지어 운전 중 핸즈프리나 블루투스를 사용해 통화하면 두 손이 자유로워짐에도 **사고율은 전혀 떨어지지 않는다.** 그래서 인간 생각의 작동 방식을 연구하는 인지심리학자들은 '멀티태스킹은 악마'라고 단호하게 말한다.

재미있는 것은 앞서 언급한 껌 씹기와 단어 외우기의 관계다. 껌을 씹고 난 다음에 단어를 암기하면 껌 씹는 행동으로 인해 각성한 뇌가 단어 암기 점수를 오히려 높인다. 이처럼 **같은 행위라도 순차적으로 하는 것과 동시에 하는 것의 차이는 매우 다른 결과를 만들어 낸다.**

종종 면접에 참여하여 상황을 지켜보면 정말이지 많은 면접관이 사소한 동작과 함께 면접을 진행한다는 사실을 발견할 수 있다. 다과에 손을 대거나 필기구를 만지작거리고 때로는 다른 서류들을 살펴본다. 지금이 몇 시인지 살짝 휴대전화를 흘겨보기도 한다. 하지만 올바른 면접을 위해서는 이러한 행동을 최소화해야 한다. 이러한 사소한 멀티태스킹을 제대로 관리하지 않으면 최악의 경우 특정 지원자에 대한 정보가 거의 없는 사태가 발생하고 만다. 당연히 공정하고 균등한 면접과는 거리가 멀어지는 셈이다.

지친 면접관은 착각에 빠지기 쉽다

몇 년 전 크게 히트한 TV 드라마 <미생>. 웹툰을 각색해 제작된 것으로도 잘 알려진 이 드라마는 수많은 명대사를 남긴 것으로 유명하다. 특히

극 중 주요 인물들이 모두 직장인들이고 따라서 업무와 조직 생활에 참으로 공감 가는 대목들이 많았다는 호평을 받았다.

그런데 심리학자. 그것도 생각의 작동 방식을 연구하는 인지 심리학자들이 지난 수십 년간 전 세계적으로 일관되게 관찰하고 있는 중요한 내용을 적시하고 있는 대사가 있다. 극 중에서 주인공 장그래가 어린 시절 바둑기사로 활동할 때 그의 스승이 들려주는 말이다. 대국 막판에 자주 무너지는 장그래에게 스승이 이렇게 강조한다. "네가 이루고 싶은 게 있다면, 체력을 먼저 길러라. 네가 종종 후반에 무너지는 이유, 대미지를 입은 후에 회복이 더딘 이유, 실수한 후 복구가 더딘 이유. 다 체력의 한계 때문이야. 체력이 약하면, 빨리 편안함을 찾게 되고, 그러면 인내심이 떨어지고, 그리고 그 피로감을 견디지 못하면, 승부 따위는 상관없는 지경에 이르지. 이기고 싶다면, 네 고민을 충분히 견뎌줄 몸을 먼저 만들어. 정신력은 체력의 보호 없이는, 구호밖에 안 돼."

> 결정은 가장 많은 정신적 에너지를 소모하는 작업이다.

거의 모든 심리학자는 아마도 이 말에 크게 공감할 것이다. 정확하게 사실이기 때문이다. 체력이 떨어진 사람은 정신적인 일에서도 마찬가지의 저하를 그만큼 보일 수밖에 없다. 특히나 많은 정신력을 소모하는 '결정'에서는 더더욱 그렇다. 자주 언급 드렸듯이 **결정은 가장 많은 정신적 에너지를 소모하는 작업**이다. 그래서 체력이 떨어진 시점에서 결정을 내리지 못하거나, 혹은 최악의 결정을 고르기도 한다.

의지력은 소모된다

스탠퍼드 대학의 조너선 레바브(Jonathan Levav) 교수 연구진이 이스라엘 교도소에서 판사들의 가석방 심사 결과를 분석한 결과, 체력이 온전한 이른 오전의 가석방 비율이 65%로 가장 높았다. 반면에 체력이 떨어지는 시점인 오전 11~12시(즉, 점심 식사 직전) 구간에는 15~20%로 비율이 급격히 떨어졌다. 게다가 휴식 직전에는 거의 0%에 가까운 가석방 심사 결과가 나왔다.

가석방 여부가 '결정'이라면 불가는 결국 기본값 혹은 초기 상태를 의미한다. 그러니 체력이 떨어진 사람은 육체뿐만 아니라 정신도 움직이지 않으려 한다는 셈이 된다. 그래서 필자는 상대방으로 하여금 **결정하게 만드는 것을 포함한 설득을 하기 위해서는 가장 먼저 그 상대방의 체력적인 상태부터 확인**하라고 꼭 당부한다.

물론 우리는 개인이나 조직의 체력이 떨어졌거나 심지어 바닥났을 때도 '의지력'을 발휘해 혼신의 힘으로 결과를 뒤집어 높은 감동적인 사례들을 얼마든지 알고 있다. 하지만 의지력의 신화를 너무 과소비하면 안 된다. 왜냐하면 의지력은 자주 쓸 수 있는 카드가 아니기 때문이다.

실제로, 필자를 비롯한 많은 심리학자는 '의지력은 보조 배터리'임을 잊지 말라고 충고드리고는 한다. 보조 배터리는 어디까지나 비상시에 사용하는 것이다. 비상시非常時란 말 그대로 '뜻밖의 긴급한 사태가 일어난 때'다. 일반적이고 상시로 사용하는 힘이 아니라는 뜻이다.

이처럼 의지력은 절체절명의 위급한 순간이나 예상하지 못했던 위기가 닥쳤을 때, 순간적으로 더 버텨내야 할 때 마지막으로 쓰는 최후의 카드다. 그런데 그 '최후'의 카드를 '언제나' 혹은 '일상적인' 상황에도 사용한다면 어떻게 될까? 보조 배터리를 함부로 사용한다면 정작 꼭 필요한 상황, 산에서 길을 잃었음에도 통신기기를 사용할 수 없는 낭패를 당한 등산객과 같은 함정에 빠지기 십상이지 않겠는가?

주 52시간 근무제 시행으로 인해 상대적으로 예전보다 더 짧은 시간 내에 효율적으로 업무를 추진할 필요성을 수많은 조직에서 절감하고 있다. 그러기에 결정의 시간과 체력적 상태를 고려해 시점을 배치하는 센스가 그 무엇보다도 중요하다.

『의지력의 재발견(에코리브르, 2012)』의 저자인 로이 바우마이스터 교수의 말을 되새겨 보자. "의지력이 가장 높을 때 가장 중요한 일을 우선으로 처리해야 한다. 의지력과 싸우지 마라. 의지력의 작동 방식에 맞춰 일과와 인생을 설계해라. 의지력을 늘 꺼내 쓸 수는 없을지 몰라도 가장 중요한 일에 가장 먼저 사용할 수는 있을 것이다."

이러한 교훈은 면접관의 면접 업무에서도 당연하게 적용된다. 체력적으로 지친 상태로 면접에 임한 면접관은 이미 시작 단계부터 직무 유기를 하기 딱 좋은 상태가 되고 만다.

면접의 역경과 실제 역경의 차이

인재를 선발하는 쪽에서 간절하게 원하는 인재상 중 하나가 바로 '위기의 순간에서도 당황하지 않고 유연하게 난관을 헤쳐 나가는 사람'이다. 물론 이처럼 역경 앞에서 평정심을 유지하는 사람은 당연히 중요한 인재이며, 조직에 꼭 필요한 사람임은 명확하다.

그런데 필자의 눈에 안타까운 점 하나가 자주 눈에 띈다. 리더들과 면접관들이 이런 사람들을 너무 쉽고 빠르게 찾아내려고 한다는 것이다. 예를 들어 회의 시 면전에 강하게 질책해 보거나, 아예 면접 선발 상황에서 수모에 가까운 당황스러움을 안겨 주는 식이다. 심지어는 이를 두고 어느 면접관은 아예 압박 면접이라고 부르며 '당황하지 않고 침착하며 유연하게 대응'하는 모습을 보기 위해서라고 설명하고는 한다.

그런데 과연 이 방법이 얼마나 효과가 있을까? 별다른 효과가 없다면 그나마 다행일 것이다. 하지만 이러한 압박 면접의 영향은 단순히 거기서 그치지 않는다. 여기에는 심리학자로서 지적하지 않을 수 없는 중요한 함정이 도사리고 있다.

압박 면접의 맹점

압박 면접과 같이 대단히 당황스럽고 심지어는 수치스러운 상황을 안겨 주고 난 다음에 '어떻게 하는지 본다'라는 식의 평가 방식은 사실 심각한 맹점을 하나 지니고 있다. 결론부터 말하자면 압박 면접이 **제대로 된 수치심이나 죄책감을 느끼지 못하는 사람에게 극히 유리하다**는 사실이다.

압박 면접은 제대로 된 수치심이나 죄책감이 없는 사람에게 유리하다.

겉으로 보기에는 그 상황에서 '당황하지 않고' 대처해 나가는 것처럼 보이지만, 실제로는 부끄러워야 마땅할 상황에 부끄러움을 느끼지 못하는 문제 있는 사람들이 그 면접에 통과할 위험이 몹시 크다.

국내외 선도적인 기업에서 이런 면접을 중요시한다는 예를 찾아보지 못했는데도, 왜 우리 사회의 많은 조직은 압박 면접을 탐닉하는 것일까? 한마디로 말하자면, **판단을 위한 노력은 최소로 하면서도 짧은 시간 내에 좋은 사람을 뽑겠다는 이기적인 생각** 때문이다.

압박 면접의 목적은 대체로 '유연하고 지혜롭게 상황을 극복해 내는 능력'으로 요약된다. 하지만 정작 이 요인 중 짧은 시간 내에 무엇을 해내는 것과 관련 있는 것은 아무것도 없다. 오히려 유연성과 지혜, 문제해결 능력을 살펴보기 위해서는 성급하지 않게 시간을 두고 일을 천천히 풀어

나가는 능력을 보는 것이 옳다. 그런데도 선발자들은 불필요한 압박에도 당황하지 않는 인재가 실제 역경과 고난도 잘 극복할 수 있을 것이라 순진하게 믿는다.

압박 면접에서 확인할 수 있는 것은 아무리 잘 쳐줘도 그 사람의 '임기응변' 능력뿐이다. 게다가 그 임기응변 능력조차 제대로 볼 수 있는지 여전히 의문이 제기되고 있다. 관련된 심리학 연구를 아무리 뒤져봐도 압박 면접으로 확인할 수 있는 좋은 측면은 거의 없다. 오히려 그 반대가 더 효과적인데, 자신이 당황했음을 인정하는 자세가 훨씬 더 지혜로워질 수 있는 지름길이기 때문이다.

관련 분야의 대가인 카네기 멜론 대학의 바루크 피쇼프(Baruch Fischhoff) 교수에 의하면 실제로 자신의 부족함을 인정하는 사람들이 훗날 잘못을 스스로 고치고 재도전하기가 수월하다. 반대로 자신의 예상과 다른 상황에 처했을 때 당황하지 않는다는 것은 이른바 **'내 그럴 줄 알았다'라는 생각이 강하다**는 것으로, 이런 자세는 그를 비롯해 수많은 심리학자가 수십 년간 연구해 온 이른바 '사후확증 편향'을 의미한다. 이런 사람들은 실패로부터 배움이 덜하거나 심지어 아예 없을 수밖에 없다. 결국 우리는 압박 면접을 통해 사후확증 편향에 사로잡힌 사람을 가장 우수한 인재로 우대하며 뽑고 있을 수도 있다는 의미이다.

짧은 역경을 극복하는 능력과
실제 역경을 헤쳐 나가는 능력은 전혀 다르다.

면접 상황이나 회의에서 **짧은 역경을 극복하는 것과 실제 역경을 헤쳐 나가는 능력은 전혀 다르다.** 따라서 전자를 통해 후자의 역량을 판단하려는 얄팍한 시도는 큰 문제를 지니고 있다. 그보다는 자신의 잘못이나 실수 혹은 판단 미스를 매우 진솔하게 인정하는 사람에게 눈을 돌려보라. 이런 사람들이 잘못을 고치고 다시 도전하는 이유를 스스로 더 잘 만들어 내기 때문이다. 그리고 이를 가능하게 해주는 상황을 만드는 것이 면접관의 역할이다. 지원자의 품격과 면접 상황의 예의를 지켜줘야 하는 것 역시 면접관의 중요한 임무 중 하나란 말이다.

면접관이 '시간이 충분하다'라고 말해야 하는 이유

필자는 면접 자리에서 이런 말씀을 하시는 면접관들을 매우 자주 목격한다. "자, 시간이 많지 않으니 빨리 진행합시다."

하지만 이러한 말은 면접에서 매우 의외의 결과를 만들게 된다. 같은 시간을 부여받고도 지원자별로 전혀 다른 생각을 할 수 있기 때문이다. 이들은 심지어 같은 서류를 검토하게 하고 같은 시간을 주었음에도 다른 생각을 하게 된다. 예를 들어, '30분밖에 시간이 없으니 이 서류를 검토하라'와 '30분이라는 충분한 시간이 있으니 이 서류를 검토하라'는 전혀 다른 결과를 만든다. 같은 시간이라도 부족하다는 맥락에서 서류를 검토하는 사람들은 그 서류에서 피상적인 정보나 단편적인 정보만을 가지고 많은 판단을 내리려 한다. 즉, **일종의 편법을 사용한다.** 하지만 그 같은 시간을 여유 있게 만드는 프레임 아래에서 검토하는 사람은 더욱 충실하고 적절한 정보를 찾기 위해 최선을 다한다. 이러한 결과는 무수히 많은 기존 연구와 실제 사례에서 관찰되었다.

지원자의 진실성 있는 대답을 원한다면
시간이 많지 않다는 암시는 매우 위험하다.

따라서 **지원자의 질적인 측면과 진실성 있는 대답을 원한다면 시간이 많지 않다는 암시는 매우 위험하다.** 같은 시간이라도 그 시간을 어떻게 보느냐에 따라서 우리의 기억 속에서 무엇을 꺼내고 상대방으로부터 무엇을 볼 것인가가 상당 부분 결정되기 때문이다.

평범한 다수와 똑똑한 소수

속담이나 사자성어들에는 앞선 시대를 살아간 조상들의 지혜가 담겨있다. 그러기에 지금도 많은 논문과 강연에서 자주 서두에 인용되고 있는 것 아니겠는가. 그런데 조금만 더 곰곰이 생각해 보면 **하나씩 들어볼 때는 설득력이 있는 그 좋은 말들과 완전히 반대되는 뜻의 속담과 사자성어 역시 얼마든지 찾아볼 수 있다.**

그중에서도 특히 많은 이들의 머리를 혼란스럽게 만드는 사자성어가 바로 '다다익선'과 '과유불급'이 아닌가 싶다. 우리 속담으로 치자면 '백지장도 맞들면 낫다'와 '사공이 많으면 배가 산으로 간다' 간의 차이랄까? 이는 심리학자들에게도 예외가 아닌 듯하다. 왜냐하면 '다수의 생각을 모으는 심사숙고와 개인의 직관 중 어느 것이 더 좋은 결과를 만드는가'에 대해서 심리학자들의 연구 결과나 심지어 학파가 갈리기도 하니 말이다.

평범한 다수의 지혜

일단 여러 사람의 생각을 모으는 것이 더 좋은 결과를 낸다는 쪽의 의견을 들어보자. 영국의 유명한 퀴즈쇼인 <누가 백만장자가 되고 싶은가?who wants to be a millionaire?>에는 우리나라 퀴즈 프로그램에서도 종종 볼 수 있던 장면이 나오곤 한다. 참가자가 정답을 모를 때 선택할 수 있는 일종의 찬스 옵션으로서 '시청자들의 선택'을 알아보거나 그 방면의 전문가인 친구에게 전화를 걸어 묻는 것이다. **결과는 시청자, 즉 다수인 대중의 선택이 전문가보다 옳음을 보여준다.** 전자는 91% 후자는 65%의 정답률을 보이기 때문이다.

이를 두고 <뉴욕 타임스>와 <월스트리트 저널> 등을 통해 유명한 경영 칼럼니스트인 제임스 서로위키James Surowiecki는 자신의 책 이름을 따서 '대중(혹은 군중)의 지혜wisdom of crowds'라고 부른다. 즉, '평범한 다수가 똑똑한 소수보다 낫다'라는 주장이다. 일리가 있는 말이다. 평범한 다수의 힘을 역설하기 위한 서로위키의 예를 보자.

850개의 구슬이 담긴 투명한 유리병을 보고 몇 개인지 맞히도록 한 실험이 있다. 응답자들의 모든 추정을 평균하면 871개로 실제에 매우 가깝지만, 개별 응답자들의 추정치 중 이보다 더 정답에 가까운 것은 없었다. 투자 게임을 시켜 봐도 마찬가지였다. 투자 예측 전문가 한 명보다는 비전문가 다수의 종합된 결과가 더 정확하다는 결과가 나왔다. 심지어는 말이나 소 같은 동물을 연단에 세워 놓고 이 동물의 몸무게를 맞춰 보라고 해도 평균은 거의 실제값과 동일하게 나왔는데, 개별 값 중에서 실제 몸무게와 맞는 것이 거의 없었다.

똑똑한 소수의 지혜

하지만 언제나 이렇게 다수가 옳은 것만은 아니다. 똑똑하거나 안목 있는 소수가 평범한 다수보다 훨씬 더 지혜로운 경우가 얼마든지 있기 때문이다. 마리오 피픽(Mario Fific)과 게르트 기거렌처(Gerd Gigerenzer)와 같은 연구자들이 일관적으로 관찰해 온 결과를 살펴보자.[4] 이들은 여러 사람이 논의하는 과정을 거치면서 오히려 반드시 뽑아야 하는 후보를 놓치는 경우가 더 많다고 경고한다. 특히나 평범한 다수가 협업과 상의를 하면 더더욱 그 위험성은 올라가는 것으로 나타났다.

예를 들어 20명 중 10명을 선발하는 면접 상황을 가정해 보자. 이 과정에서 실력 있는 면접관 A가 선택한 사람 10명 중 8명은 실제로도 뽑혀야 할 우수한 사람이다. 그런데 굳이 또 다른 면접관 B가 심사에 합류한다. 이 B가 선택한 사람 10명 중에서는 6명이 실제로도 우수하기에 뽑혀야 할 사람이다. 즉 면접관 A와 B는 뽑아야 할 사람을 제대로 뽑을 확률 즉 실력이 각각 80%이고 60%다.

4 Fific, M., & Gigerenzer, G. (2014). Are two interviewers better than one? Journal of Business Research, 67, 1771-1779.

그런데 만약 A와 B 모두가 선택한 (즉 2표를 획득한) 사람이 4명뿐이라면? 이제 1표씩만 받은 A의 6명과 B의 6명(총 12명)은 결국 평균화되고 절충된다. 마치 서로위키의 유리병의 예에서처럼 말이다. 그 과정에서 A가 실수로 뽑은 2명(10-8)과 B가 실수로 뽑은 4명(10-6) 역시 타협되어 결국 그중 3명이 선택된다. 그리고 이러한 엉뚱한 선택은 피픽과 기거렌처 교수의 연구를 보면 실험에서든 실제 상황에서든 일관적으로 관찰됐다. 8명을 제대로 뽑을 수 있는 똑똑한 A 혼자 일했을 때보다, 굳이 B가 합류하는 바람에 절충과 타협이 이루어지고 난 뒤 더 나쁜 결과(7명만 제대로 뽑음)가 일어나는 것이다. 그런데 그 A와 B가 똑똑하지 않고 평범하다면? 다시 말해 비전문가라면? 동시에 선택하는 후보가 아까 그 4명보다도 더 줄어들 것이다. 편차만 커지니 말이다. 그 결과는 더욱 나빠질 것이 분명하다.

최고와 최선, 무엇이 필요한가?

따라서 중요한 사실은 **언제, 어떻게 그리고 왜 '평범한 다수'와 '똑똑한 소수'가 자신들만의 장점을 최대한 발휘할 수 있는가를 이해하는 것**이다. 이른바 '서로위키의 다다익선 대 피픽-기거렌처의 과유불급 차이'와 같이 말이다. 다수의 지혜가 유리병 문제에서 정답에 가까운 수치를 만들어 내듯이, 개개인의 생각 하나하나는 정답에서 크게 멀지만, 평균화시키면 정답에 가까워진다. 이는 말 그대로 **평균이 힘을 발휘하는 상황**의 대표적인 예시다.

다수일 경우 선택한 평균값은 안정성을 지닌다.

소수일 경우 변화와 발전을 위한 인재 선택에 유리하다.

하지만 **면접에서는 평균화된 절충안이 오히려 일을 그르치곤 한다.** 결국, 답은 '평균'이라는 말 그 자체에 이미 녹아들어 있다. 평균값은 같다 하더라도 구성원이 많으면 많을수록 특이한 값 하나가 더 추가돼도 평균은 덜 영향을 받는다. 다시 말해 다수일 경우 평균값은 더 안정성을 지닌다. 예를 들어, 평균이 똑같이 5라 하더라도 10개의 개별적인 수치들이 만들어 내는 평균 5보다는 100개의 수치에 기초한 평균 5가 이후에 새롭게 추가되는 특이하고 동떨어진 (예를 들어, 56이나 74와 같은) 값의 영향을 덜 받는다. 즉 수가 많아짐으로써 소수의 극단적 실수의 영향력을 줄일 수 있다는 것이다. 서로위키는 똑똑하기에 더 극단적인 실수를 할 수 있는 상황을 방지하기 위한 안전장치로 '대중의 지혜'를 강조한 셈이다.

하지만 오히려 그 새롭고 특이한 값이 절실하게 필요한 상황이라면? 다수의 조합은 이제 역효과를 만들어 낼 수밖에 없을 것이다. **변화에 둔감해지기 때문이다.** 특이한 무언가를 발견해 내서 변화를 꾀하려고 할 때는 판단하는 사람들의 머릿수가 많아지는 게 오히려 더 큰 걸림돌이 된다.

종합해 보자. 커다란 실수나 흠이 있기에 뽑혀서는 안 되는 안案이나 사람을 고를 때는 최대한 다수의 생각을 모아야 한다. 그 평균화된 생각으로부터 크게 이탈하는 부적절한 대상을 배제하기 쉽기 때문이다. 하지만 변화와 발전을 도모하기 위해 반드시 선택해야 하는 대상을 놓치지 않기 위해서는, 그만큼 최고의 실력을 지닌 소수(혹은 혼자)가 결정할 수 있는 여건이 조성돼야 한다. 왜냐하면 그 대상은 다른 불필요한 대안들과 절충되고 타협되면 안 되기 때문이다.

이 두 방법을 순서대로 하게 되면 가장 이상적인 선택에 도달할 수 있다. 안타까운 사실은 우리나라의 전형적인 인사검증 시스템이 이 두 방법을 완전히 정반대로 사용하고 있다는 점이다. 소수의 사람이 자신들의 생각에 '괜찮은' 사람을 먼저 추린 다음 다수로부터 '흠결'에 관한 검증을 받으니 말이다.

굳이 한 마디 더 덧붙이자. 서로위키의 『대중의 지혜(랜덤하우스코리아, 2005)』나 기거렌처의 『생각이 직관에 묻다(추수밭, 2008)』와 같이 유명한 책들도 어느 하나만 덮어놓고 믿으면 세상의 절반만 보게 된다. 따라서 면접관은 신념을 가지기 전에 자신의 신념과 정반대되는 말이 어느 경우에 맞는가를 곰곰이 살펴봐야 한다.

인재 선발과 날씨

날씨와 심리의 관계는 그야말로 밀접하며 수많은 심리학 연구에서 이 점을 연구해 왔다. 대부분의 연구에서는 날씨와 마음에 관한 연관성을 주로 기분이나 정서에 국한해 왔다. 하지만 이는 정말 큰 착각이다. **이성과 논리를 사용해야 하는 이른바 '결정'의 순간에도, 날씨는 조용하지만 강력한 영향력을 행사한다.**

이는 '인간이 오히려 고등생물'이라서다. 왜냐하면 지적 수준이 높을수록 주위의 다양한 상황적 단서들을 자기 생각과 행동에 반영할 수 있기 때문이다. 그러니 날씨와 같이 인류 진화 역사상 가장 중요한 상황 요인의 영향을 전혀 안 받는다는 것은, 역으로 매우 단편적인 사고를 하는 사람을 의미한다는 역설 또한 가능하다. 게다가 이런 가정을 통해 단순히 날씨를 좋다 혹은 나쁘다는 식으로 이야기하기보다는, **각각의 날씨 종류에 더 궁합이 잘 맞거나 적합한 사고방식이 따로 있으리라는 추론이 가능해진다.** 기존의 심리학 연구를 종합해 보자면 이 추론은 정확한 사실이다. 그렇다면 과연 어떤 날씨에 어떤 판단과 결정을 내리는 것이 더 좋을까?

이와 관련하여 호주 시드니 대학의 심리학자 조셉 포가스(Joseph Forgas) 교수 연구진은 많은 심리학자에게 회자되는 연구를 발표해 왔다. 이들의 연구 결과는 이후 다양한 후속 연구들에서 대동소이하게 관찰되고 있다.[5]

예를 들어보자. 포가스 교수 연구진은 시드니 교외 잡화점에서 두 달간 매일 오전 11시부터 4시 사이에 방문한 고객들을 대상으로 관찰연구를 수행했다. 이는 무려 두 달에 걸친 연구로, 그 기간에는 당연히 다양한 날씨들이 포함됐다. 상황은 이렇다. 가게 계산대에는 동물 모형, 저금통 등 다양한 물건들이 진열되어 있었다. 연구진은 사람들이 쇼핑을 마치고 나왔을 때 그날의 날씨와 함께 각 물건에 대해 얼마나 기억하고 있는가를 측정했다.

그 결과, 매우 흥미로운 차이들이 관찰되었다. 날씨가 안 좋은 날일수록 사람들이 진열대에 있는 물건들에 대해 더 정확하게 기억하는 것으로 나타났다. 그 이유는 무엇일까?

날씨가 좋지 않은 날에는 세부적인 부분을 기억하기 쉽다.

날씨가 좋은 날에는 거시적인 관점의 업무가 잘 된다.

---

5 Forgas, J. P., Goldenberg, L., & Unkelbach, C. (2009). Can bad weather improve your memory? An unobtrusive field study of natural mood effects on real-life memory. Journal of Experimental Social Psychology, 45(1), 254–257. https://doi.org/10.1016/j.jesp.2008.08.014

날씨가 좋지 않은 날에 사람들의 감정은 대부분 처져 있을 가능성이 크다. 이에 따라 외부의 환경보다 상품 자체에 더 주의를 기울일 수 있었고, 그 결과 세부적인 부분까지 기억할 수 있던 것이다. 재미있는 점은 잘못된 기억의 양도 날씨가 나쁜 날에 더 많았다는 사실인데, 이는 집중을 많이 한 탓에 맞고 틀린 기억 모두 양 자체가 증가한 덕분이었다.

인간이 무언가에 집중하기 위해서는 집중력 자체에만 의존하는 게 아니라, 그 대상으로부터 주의를 분산시키는 다른 요인에 대한 억제 역시 필요로 한다. 즉, 나쁜 날씨가 외부에 주의를 빼앗기는 것을 막아준 동시에 지금 보고 있는 대상에 대한 집중력을 더 좋게 만드는 결과를 만들어 낸 것이다. 심지어는 날씨가 좋은 쪽에서보다 날씨가 나쁜 지역에서 같은 시험을 본 학생들의 점수가 더 좋게 나오는 결과도 관찰되었다.

물론, 화창한 날씨가 일이나 기억에 무조건 부정적인 영향을 미치는 건 전혀 아니다. 날씨가 화창할 때 구체적인 시각보다는 거시적인 관점을 요구하는 일이 잘 된다는 연구들이 다수 존재하기 때문이다. 이 역시 마찬가지의 이유로 설명 가능한데, 좋은 날씨로 인한 긍정적 기분이 주위 맥락과 여건에 대한 고려를 더 심도 있게 하도록 만들기 때문이다.

어떤 사안의 가치를 큰 틀에서 고려해야 할 때와 구체적인 것도 놓치지 말아야 할 때 각각에 더 궁합이 잘 맞는 날씨가 있으니 이를 나의 일에 고려해 보는 건 어떨까? 특히 날씨에 따라 내가 무엇을 더 잘 볼 수도 혹은 더 못 볼 수도 있다는 겸허함을 가지려는 자세는 정말이지 중요하다.

III. 면접관의 판단
갈등을 키우는 면접법이란?

우리는 회의나 면접에서 사람들이 지극히 뻔한 대답을 주고받는 경우를 목격하고는 한다. 회의에서는 "최선을 다해 달라"는 주문을 일상적으로 하고 "적절하게 조치하겠다"라며 더 일상적이고 뻔한 대답이 으레 뒤따른다. 면접에서는 더 심하다. "상사로부터 부당한 업무지시를 받는다면?" 혹은 "본인이 희망하지 않은 부서로 발령이 난다면?" 등과 같은 질문이 여기에 해당하고 이에 따르는 대답 역시 불 보듯 뻔하다. 요즘에 젊은 사람들이 흔히 이야기하는 이른바 '답정너'와 크게 다르지 않다.

질문자와 응답자의 동상이몽

이런 뻔한 질문과 대답을 주고받음으로 인해 어떤 문제가 일어날까? 지극히 상식적인 대답은 우선 '시간 낭비'일 것이다. 하지만 심리학적으로 보면 여기에는 시간 낭비보다 더 큰 부작용이 있다. 바로, **질문자와 응답자가 서로 '동상이몽' 할 가능성과 그 크기가 커진다는 사실이다.**

뻔한 질문은 질문자와 응답자 간에
느낌의 차이를 만들어 서로 갈등하기 쉽게 한다.

무슨 이야기일까? 질문자와 응답자 간에 느끼는 부정적 혹은 긍정적 느낌의 차이가 크게 벌어져 서로가 갈등하기 쉽다는 의미이다. 예를 들어보자. 뻔한 질문을 한쪽에서는 그 대답이 뻔할수록 식상함을 느끼게 된다. 그렇다고 특이한 대답을 한다면? 상당히 비상식적이거나 매우 이상한 대답으로 느낄 가능성이 커진다.

즉, 뻔한 질문을 하게 되면 상대방의 대답이 어떤 방향으로 가든 간에 질문자는 만족스럽지 않게 된다. 그런데 더 큰 문제는 **뻔한 질문에 대답한 쪽에서는 전혀 다른 느낌을 지닌다는 점**이다. 뻔한 질문에 맞추어 흔한 대답을 한 쪽에서는 자신의 대답에서 실수를 조금도 발견하지 못하게 된다. 아무리 박하게 평가하게 되더라도 자기 스스로 평균 이상의 대답을 했다고 여기게 된다. 심지어 약간만 특이한 대답을 하게 되면 스스로 매우 독창적인 대답을 했다고 평가하게 될 가능성이 커진다.

실제로 이런 갈등 사례를 면접 장면에서 더 자주 그리고 심각하게 목격하곤 한다. 뻔한 질문을 한 면접관은 지원자의 대답이 어떻든 만족감을 거의 느끼지 못하게 된다. 즉 **뽑을 이유를 발견하지 못하게 되는 것**이다.

반면에 지원자로서는 매우 다른 결론을 낸다. 실수하지 않았기 때문에 **자신이 떨어질 근거를 찾지 못하는 것**이다. 이는 이차적으로는 더욱 심각한 문제를 낳는다. 실제로 이런 과정을 거치면서 수많은 기업 면접에서 낙방한 지원자들은 자신이 떨어진 그 이유를 지원한 기관이나 기업의 무언가 비정상적인 선발 과정에 돌리며 비난할 것이며, 더 나아가 잠재적인 적이 될지도 모른다.[6]

우리나라 부모들은 아이들이 학교에서 돌아오면 "오늘은 무엇을 배웠니?"라고 묻는다. 그런데 유대인 부모들은 아이들이 학교로부터 집에 돌아오면 "오늘은 어떤 질문을 했니?"라고 묻는다고 한다. **뻔한 질문이 아니라 좋은 질문을 하게 만들기 위해서다.** 좋은 질문의 중요한 측면 중 하나는 바로 정해져 있는 뻔한 대답을 하지 않게 만드는 것이다. 이런 좋지 못한 질문은 반드시 느낌의 격차를 벌려 갈등의 씨앗이 되기 때문이다. 면접관이 유념해야 할 또 다른 중요한 요소다.

---

6 사실 이는 회의에서도 마찬가지다. 뻔한 질문을 한 사람 쪽에서는 (대답을 주로 하는) 다른 참석자들이 어떤 이야기를 하던 간에 불만족스런 상태로 회의실을 나올 수밖에 없게 되며 그 다른 사람들은 이유 없이 자신들에게 불만을 지니는 질문자(즉 회의의 리더)를 섭섭해 하거나 원망할 수밖에 없게 된다.

더 나은 답변을 위한 질문법

1980년대에 사람들을 깜짝 놀라게 만든 연구 결과가 하나 발표됐다. 미시간 대학의 사회학자이자 심리학자인 하워드 슈만Howard Schuman은 당시 최고의 여론 조사 전문가로 명성을 높이던 인물이었다. 하지만 그는 (지금도 대부분의 여론 조사에 해당하는) 우리가 흔히 사용하는 의견 수렴의 방법이 얼마나 허구적일 수 있는가에 대해 관련 분야 전문가의 한 사람으로서 깊은 반성이 섞인 이야기를 들려주고 있다. 당시의 미국인들에게 아래와 같이 물어본다.

"현재 이 나라(미국)가 직면한 가장 중요한 현안은?"
결과는 다음과 같이 나왔다.

1. 공교육 질의 향상 (32%)
2. 환경 오염 문제 (14%)
3. 낙태의 합법화 (8%)
4. 에너지 부족 (6%)

5. 그 외의 문제 (40%)

이후 슈만 교수는 같은 시기 다른 사람들에게 같은 질문을 던졌다. 다만 한 가지 차이점이 있었는데, 그 사람들에게는 질문만 던지고 보기를 주지 않았다. 즉, 자유롭게 대답하도록 유도한 것이다. 일종의 객관식과 주관식 질문의 차이라고 볼 수 있다.

그 결과는 매우 놀라웠다. 자유롭게 대답한 사람 중에서 위의 네 가지 보기 중 하나를 말한 사람은 단 2%에 불과했던 것이다. 즉, 절대다수에 해당하는 나머지 98%의 의견은 객관식으로 조사했을 때 5번, 즉 기타에 들어가는 것들이었다. 이토록 당황스럽기까지 한 불일치는 어째서 일어난 것일까?

질문이 달라지면 답도 변한다

무언가를 알아보기 위해, 사람들에게 보기를 준 뒤 그중에 하나를 고르라고 하는 방식을 '폐쇄형 질문법'이라고 한다. 반대로 그러한 보기 없이 자유롭게 자신의 의견을 이야기하라고 주문하는 것을 '개방형 질문법'이라 부른다. 앞선 사례처럼 우리는 질문의 방식이 폐쇄형이냐 개방형이냐에 따라 응답 양상에 극단적인 차이가 나타나는 경우를 흔히 발견할 수 있다.

질문자가 선정한 질문이 실제 지원자의 관심사와 다를 수 있다.
지원자의 생각은 주어진 선택지나 보기에서 좀처럼 벗어나지 못한다.

이는 우리에게 두 가지 중요한 의미를 전달한다. 첫째, 많은 조직에서 구성원들의 의견이나 여론을 알아보기 위해 (중요하다고 생각되는) 몇 가지 주제나 사안을 미리 선정하여 선택하라고 요구한다. 그런데 공들이고 심혈을 기울여 선정한 항목들이기 때문에 중요할 수밖에 없다고 생각되던 그 내용들이, 실제로는 구성원들의 관심사와 거리가 먼 것인 경우가 얼마든지 있을 수 있다. 이는 물어보는 쪽에서 늘 염두에 두어야 할 문제이다.

둘째, 사람들은 자신에게 무언가가 보기나 선택의 예로 주어지면 그 범위 내에서 생각이 좀처럼 벗어나지 못한다는 것이다. 따라서 실제로 자신의 본심에 중요한 사안이 있더라도 잘 생각해 내지 못하고 부지불식간에 질문의 내용에 이끌려 가기 쉽다. 이는 답변을 하는 쪽에서 늘 조심스럽게 되돌아봐야 할 문제이다.

이 두 측면을 종합하면 왜 면접관들이 굳이 어려운 방식으로 의사소통해야 하는가가 분명해진다. 많은 면접관이 자신을 따르는 구성원들이 어떤 생각을 지니고 있는가를 알고 싶어 한다. 하지만 실제로 큰 비용과 시간을 들인 조사들이 이러한 생각을 제대로 반영하지 못하는 경우도 얼마든지 있을 수 있음을 알아야 한다. 덜 고민했기 때문이라기보다는 인간이 생각하는 방식과 양상을 제대로 이해하지 못해서 일어나는 불일치와 갈등에 더 가깝다.

그렇다면 이를 보완하려면 어떻게 해야 하는가? 해답은 간단하다. 바로 '대화'를 나누는 것이다. 폐쇄형 질문 방법은 간편하다. 보기를 미리 선정한 뒤 다수를 대상으로 의견을 수렴할 수 있기 때문이다. 하지만 **상대방의 본심을 알기 위해서는 이 간편함이 주는 유혹을 이겨내고 더 많은 시간을 할애해서 얼굴을 맞대고 깊은 대화를 나누어야 한다.** 물어보는 쪽이나 대답하는 쪽 모두 진심을 꺼내어 말하는 데까지 걸리는 시간이 꽤 길기 때문이다.

그래서 훌륭한 면접관들은 비록 짧더라도 가능한 한 지원자들과 허심탄회한 대화를 지원자들과 나누고 면접을 시작해야 한다. 이는 굳이 심리학 실험 결과를 거론하지 않더라도 누구나 경험으로 알고 있으면서 우리가 실천하지 않는 삶의 지혜다.

보류도 중요한 판단이다

얼마 전 전문가용 전자기기를 판매하는 가까운 선배의 매장을 잠시 짬을 내 방문한 적이 있다. 그 선배는 참으로 재미있는 이야기 하나를 들려주었다.

선배는 판매하는 제품 대부분의 가격이 꽤 높아, 필자처럼 우유부단한 성격의 손님들은 대부분 결정을 못 내리고 다음에 다시 들르겠다는 허망한 말을 남긴 채 돌아가곤 해서 한동안 고민이었단다. 그런데 매장 한쪽에 약간의 여유 공간이 더 확보돼서 창고에 있는 재고품들을 꺼내 그 구석에 진열하자 흥미로운 변화가 일어났다는 것이다. 바로 **원래부터 진열되어 있던 제품들의 판매가 늘어난 것**이다. 물론, 새로 진열한 제품들은 단 한 개도 팔리지 않았다.

이게 도대체 무슨 조화냐는 선배의 질문에 곰곰이 생각해 본 필자는 마침내 그 이유를 알아내고선 선배와 함께 웃음과 함께 무릎을 치고 말았다. 새로 진열된, 그러니까 딱히 살 생각도 없는 그 제품들이 바로 **구매의지가 있는 손님들에게 망설임이나 가치평가에서 벗어나게 돕는 실마리로 작용**했기 때문이다.

제3의 선택지가 필요하다

실제로 우리는 실생활에서 이러한 망설임을 자주 경험한다. 사람이든 제품이든 혹은 사업 계획이든 모든 면에서 우위를 보이는 대안이 존재하지 않는 경우, 둘 중 무엇을 선택해야 할지 모르는 모든 종류의 고민 말이다. 그런데 재미있게도 **구매하지도 않을, 또는 뽑지도 않을 가장 매력도가 낮은 대안이 눈에 띄는 순간, 이전에 가려지지 않았던 대안 간에 우열이 가려지는 웃지 못할 현상**이 종종 발생한다.

가장 매력도가 낮은 제3의 대안이 나타나면
이전에 가려지지 않은 두 가지 대안의 우열이 가려진다.

예를 들어 전자레인지를 구매하려고 매장에 갔다고 치자. 브랜드 A는 B보다 기능이 좋고, B는 A보다 가격이 더 싸다. 그러니 A와 B는 서로에게 각각 1승 1패다. 그러니 어느 것을 구매할지 선뜻 결정을 내리기 쉽지 않다. 이때 매장 한구석에 놓여 있는 제3의 브랜드 C가 눈에 들어온다.

여기서 C를 산다는 것은 명백히 바보짓이다. 왜냐하면 브랜드 C는 A보다 기능이 형편없이 떨어진다. 심지어 B보다도 기능이 약간 떨어진다. 그리고 가격은 A보다 싼데 B보다는 비싸다. 그런데 이 재미있는 양상이 이전에 가려지지 않았던 A와 B 간의 우열을 만들어 낸다.

B는 가격과 기능 모두에서 C로부터 2승을 따낸다. A는 C보다 기능은

월등하게 좋지만, 어쨌든 가격은 비싸다. 따라서 1승 1패를 기록한다. 그런데 이미 살펴본 것처럼 브랜드 A와 B 사이에는 1승 1패였다. 그렇다면 난데없이 끼어든, 혹은 내 시야에 들어온 C 때문에 종합전적은 B가 3승 1패, A는 2승 2패가 된다. 실제로 B가 더 좋아 보이게 되면서 자연스럽게 선택된다. 재밌지 않은가? 선택하지도 않을 가장 매력도가 낮은 제3의 대안이 눈에 들어오면서, 두 대안 간에 우열이 가려지니 말이다.

노벨 경제학상 수상자인 프린스턴 대학의 인지심리학자 대니얼 카너먼Dnaiel Kahneman 교수는 이와 같은 현상을 두고 '맥락의 이끌림 효과'라고 부르기도 했다.

<u>1등을 고를 필요는 없다</u>

이는 제품의 선택뿐만이 아니라 사람을 뽑을 때도 비일비재하게 발생한다. 실제로 필자는 오전 혹은 이전에 우열이 가려지지 않았던 지원자들 간의 우열이 이후에 들어온 가장 뒤처지는 지원자에 의해 가려지는 경우도 부지기수로 목격했다. 사업 계획이나 정책의 선택에 있어서 후반부에 평가되는 가장 열등한 안으로 인해, 과거로 거슬러 올라가 선택의 결정이 이루어지는 경우도 무수히 많다. 현명한 면접관이라면 이럴 때 어떻게 해야 할까?

필자는 이렇게 충고드리고는 한다. '둘 혹은 그 이상의 대안 중에서 우열을 가릴 수 없음'을 솔직히 인정하고 그 동점자들을 **제3의 눈을 가**

진 제삼자가 평가하게 하라고 말이다. 당연히 그 제삼자는 앞서 언급됐던 '브랜드 C'를 보지 않은 사람이다. 그 사람의 눈을 통해 A와 B 간의 우열을 가리게 하는 것이 멍청한 대안인 C로 인해 되돌아가 우열을 가르는 것보다 훨씬 더 합당하고 타당한 판단일 가능성이 크기 때문이다.

면접관은 우열을 가림으로써 누구를 선발할지 결정해야 한다. 하지만 면접관도 신은 아니지 않은가. 당연히 몇 개의 대안이나 인물로 좁혀 놓은 후에 이제는 결코 더 이상 우열을 가리지 못해 '선택 불가'의 상황이 올 수도 있다. 이때 면접관이 취할 수 있는 좋은 방법은 '나는 여기까지만 볼 수 있다'라고 깨끗하게 한계를 인정하면서, 최후의 결정을 보다 '맑은' 눈을 가진 제3의 인물에 맡겨 보는 것이 아닐까.

최고의 인재들과 최악의 선택

매년 신인 선수를 선발하는 미국프로농구 NBA 드래프트에서 지금도 회자되는 사례가 있다. 바로 1984년 6월 19일의 드래프트다. 왜냐. 굳이 농구팬이 아니라 하더라도 지금 30대 중반 이상이라면 한국 사람들도 다 아는 이름들이 그것도 같은 해에 프로농구 무대에 선을 보인 역사적인 해이기 때문이다.

농구 황제 마이클 조던(시카고), 90년대 4대 센터 하킴 올라주원(휴스턴), 코트의 악동 찰스 바클리(필라델피아), 그리고 NBA의 전설적인 포인트 가드 존 스탁턴(유타) 등이 한 해에 프로농구 시장에 쏟아져 나왔으니 무슨 말이 더 필요하겠는가? 언급된 선수들은 오늘날 모두 명예의 전당에 등재되어 있다.

아무튼, 드래프트는 순위에 따라 선수를 선택하는 제도이므로, 지금 와서 돌이켜 보면 바보가 아닌 이상 상위 순위를 지닌 팀들은 당연히 위에서 언급한 선수들을 지명했음이 당연했을 것이다. 실제로 올라주원은 1번, 조던은 3번, 바클리는 5번 팀에 의해 지명됐었다.

예리하신 분들이라면 이쯤에서 궁금함을 느끼실 것이다. 과연 2번은 누구였을지 말이다. 그 주인공은 NBA를 꽤 좋아하시는 팬들도 '응? 그런

선수가 있었어?'라고 고개를 갸우뚱거릴 의외의 인물이다. 바로 포틀랜드에서 지명한 샘 보위Sam Bowie라는 선수다. 이 선수는 독자분들께서 이미 짐작하신 바와 같이 별다른 빛을 보지 못하고 여러 팀을 전전하다가 90년대 초반에 조용히 은퇴했다. 그래서 포틀랜드는 지금까지도 NBA 드래프트 역사상 가장 최악의 선택을 한 팀이라는 놀림을 받고 있다.

보충이 아니라 상승효과를 고려하라

물론, 사람은 신이 아니기에 모든 드래프트와 스카우트에서는 실패가 있을 수 있다. 하지만 우리는 포틀랜드의 이 최악의 수로부터 굉장히 중요한 사실 몇 가지를 배울 수 있다.

1984년 LA 올림픽 미국 남자 농구 대표팀의 감독인 전설적인 농구 지도자 밥 나이트Bob Knight는 올림픽 대표팀에서 뛰었던 위의 선수들을 지켜본 뒤 포틀랜드 팀의 스투 인만Stu Inman 단장에게 '무조건 마이클 조던을 뽑으라'고 조언했다. 그런데 인만 단장은 '우리는 이미 드렉슬러라는 훌륭한 가드가 있습니다. 그리고 센터가 필요해서 그를 뽑지 않을 겁니다'라며 나이트 감독의 조언을 일축했다. 그러자 NBA 역사를 통틀어 가장 위대한 선수를 포지션 문제로 뽑지 않는 어리석음에 화가 머리끝까지 치민 나이트 감독은 "그럼 조던을 데리고 와서 센터를 시키라고!"라고까지 하며 포틀랜드의 어리석음을 꾸짖었다.

그 충고까지도 무시한 포틀랜드는 올라주원(216cm)보다 3cm 더 큰 샘 보위를 지명하고 만다. 1984년 당시에는 휴스턴에서 1번으로 데려간 올라주원보다 비록 키는 작지만 유능한 장신 플레이어(즉, 센터)가 차고 넘쳤는데도 말이다.

자, 그렇다면 포틀랜드는 무엇을 간과했을까? 첫째, 일의 종류(즉 포지션)를 이유로 엄청난 가능성을 지닌 인물들을 조금도 고려하지 않았다는 점이다. 실제로, 조던과 바클리를 지목했던 두 팀도 센터가 필요하긴 매한가지인 상태였다. 게다가 장신 센터인 올라주원을 지목한 휴스턴인 그 전년도인 1983년에도 1번으로 센터를 지명했다. 둘째, 자기들이 원하는 포지션에서 유능한 후보자들이 많을 때 오히려 눈에 쉽게 보이는 요인(신장)으로 사람을 선택했다는 것이다.

우리 팀에 없는 인재를 찾기보다
우리 팀에 시너지효과를 일으키는 인재를 찾아라

왜 포틀랜드는 이런 실수를 했을까? 농구 전문가들의 평을 거시적으로 종합해 보면 결론은 이렇다. 포틀랜드는 우리 팀에 필요한 선수를 그저 '우리 팀에 없는 포지션이 무엇인가'와 같이 그저 자리 보충의 개념으로 생각했다. 이는 매우 방어적이고 단순한 사람 뽑기 방식이다. 이 경우 신장과 같이 눈에 쉽게 띄는 피상적 요소가 선택을 결정하는 경우가 의외로 수두룩하다.

그렇다면 가장 중요한 것은 무엇인가? **이미 우리 팀에 있는 사람들과**

더해졌을 때 어떤 시너지효과가 일어날 것인가를 고려하는 것이다. 이를 잘 알고 실천하는 조직일수록 이후 더 승승장구하는 사례를 우리 주위에서 어렵지 않게 발견할 수 있다.

명심하시라. 사람을 뽑는다는 것은 '우리에게 없는 사람'이 아니라 '우리와 함께 더욱 빛을 발할 수 있는 사람'을 알아보는 과정이라는 사실을 말이다. 그것이 바로 콘셉트, 비전, 그리고 개념이 있는 인재 선발이다.

상황을 고려하는 현명한 면접관이 되기를

우리 인간은 매우 다양한 요인에 의해 말과 행동에 영향을 받는다. 왜 그럴까? **상황에 민감한 것이 호모 사피엔스, 즉 우리 인류의 가장 중요한 특징에 가깝기 때문**이다. 따라서 가장 큰 착각은 나의 사고력과 경험이 정확하게 상대방, 즉 지원자를 평가하고 올바른 결론에 도달할 수 있다는 자만심이다. 항상 겸허해야 한다.

가장 효과적인 방법은 조금이라도 더 좋은 결론에 도달하기 위해, 나의 판단에 영향력을 행사할 수 있는 다양한 요인들을 체크리스트로 만들어, 스스로 취약한 요인들을 사전에 잘 조절할 수 있게 대비하는 것이다. 면접이란 제한된 시간 내에 상대방의 긴 인생을 평가해야 하는 매우 제한된 상황이다. 우선 우리 인간의 장점이 단점이나 취약점으로 순식간에 돌변할 수 있는 상황이 바로 '면접'이라는 점을 겸허하게 인정하는 것부터 출발하면 어떨까?

PART 4

면접관을 시작하다

- 새내기 면접관을 위한 가이드 -

신길자

I. 면접관다운 면접관

'열일'하는 면접관

경기 성남시 판교에 있는 구름다리는 직장인들 사이에서 '이직의 다리'로 불린다. 유명 IT 기업이 구름다리 주변에 모여있어 다리를 건너면 쉽게 면접을 볼 수 있기 때문이다. 성장을 위한 퇴사는 직장인에게 축하할 만한 일이지만, 구성원의 잦은 이직은 조직에 난감한 일이 아닐 수 없다. 누구는 웃고, 누구는 울고 구름다리 하나를 둘러싸고 희비가 엇갈린다.

바야흐로 대大퇴사의 시대이다. 한 취업 플랫폼이 20~30대 직장인 343명을 대상으로 조사한 결과, 75%가 이직한 경험이 있으며 10명 중 4명은 입사 1년이 채 되지 않아 퇴사를 선택한 것으로 나타났다. 서울시와 서울 시내 25개 구에서 사표를 낸 공무원도 최근 3년 사이 2배 가까이 증가했다. 소셜미디어에는 퇴사를 기록하고 축하하고 응원하는 영상이 인기를 얻고 있다. 과거에는 퇴사가 불확실한 고생길처럼 다가왔다면, 요즘은 도전과 자유를 상징하는 꽃길로 바뀌었다.

직장인에게 퇴사는 선택의 자유지만, **조직에 있어 구성원의 퇴사는 해결해야 할 큰 과제**이다. 높은 이직률은 신규 직원 채용 비용을 높이고 기존 직원의 사기와 생산성을 떨어뜨리는 것은 물론 회사의 평판에 부정적인 영향을 미친다. 경영 전반에 적신호가 켜질 수 있으니 대책 마련이 시급하다. 이러한 현상은 작은 조직만의 문제가 아니다. 대기업, 공공기관은 물론 공직사회도 같은 과제에 직면해 있다. '퇴준생'이 늘고 퇴사가 축하받는 요즘, 면접관은 어떤 지원자를 어떻게 선발해야 하는 걸까?

<blockquote>
면접관이 선발해야 할 인재는
한 마디로 일 잘하면서도 오래 다닐 지원자다.
</blockquote>

우수 인재 확보율, 조기 퇴사자 비율, 업무성과 만족도, 채용 후 교육비용 대비 업무성과, 채용 후 이직률 등은 채용 성과관리를 위한 주요 성과지표다. 이를 종합적으로 살펴보면 면접관이 선발해야 할 인재는 한 마디로 **일 잘하면서도 오래 다닐 지원자**다. 이러한 인재를 뽑기 위해 직무역량을 확인하기 위한 전문지식을 갖추면서도, 지원자의 성향을 잘 파악해 조직 문화에 적합한지 신중하게 판단해야 한다. 한 중견기업 HR 임원은 "사람을 뽑는 순간부터 가장 중요하게 생각하는 것은 우리 회사의 문화와 맞는가이고 역량과 능력은 그다음"이라고 강조했다.

그런데 여기서 끝이 아니다. 주요 기업이 채용 성과를 관리하기 위해 도입하고 있는 또 다른 성과지표가 있다. 바로 채용 절차 준수도와 지원자 경험 점수이다. 기업은 채용 프로세스 단계마다 채용 절차를 준수하는 정도를 측정하고, 채용 전 과정에서 지원자가 얼마나 만족하는지 전반적인 만족도를 확인하고 있다. 우수 인재 확보율, 업무성과 만족도 등의 성과지표가 비즈니스에서 유용성과 생산성을 높이기 위한 요소라면, 지원자 경험 점수는 최고의 인재를 유치하고 유지하기 위해 기업이 직원의 경험에 관심을 기울이고 있음을 시사한다.

성과지표만 보더라도 면접관의 비중이 크게 늘었음을 알 수 있다. 하지만 다양한 임무를 수행하며 지원자를 꼼꼼하고 면밀하게 평가하기에 시간은 턱없이 부족하다. 10년 전에 면접관이 돌보아야 할 것이 나무 한 그루였다면, 이제는 나무에 나무를 더해 숲도 가꿔야 한다.

"임금은 임금답고, 신하는 신하다우며, 부모는 부모답고, 자녀는 자녀다운 것입니다."

제齊나라의 임금이 공자에게 정치의 도를 물었을 때 공자가 답한 말이다. 부모다운 부모의 길이, 자식다운 자식의 길이 멀고도 험하듯 면접관의 길도 순탄치만은 않다. 조직이 원하는, 사회가 바라는, 면접관다운 면접관의 모습을 갖추기 위해 오늘도 면접관은 '열일'하고 있다.

오늘 하루도 잘 부탁드립니다

"어제 긴장하느라 잠을 설쳤어요."

최근 한 기업의 면접 평가에 참여했을 때 내부 면접위원이 미소를 지으며 이렇게 말했다. 회사에서 7년 동안 일을 한 그는 공식 면접 평가에 처음으로 참여하게 되었다고 자신을 소개했다. 종일 허리를 펴지 않은 채 평가 가이드를 여러 차례 검토하고 지원자의 입사지원서를 꼼꼼하게 확인하며 메모하는 모습을 보니 과거의 내 모습이 떠올랐다.

필자는 10년 전 우연히 면접 평가의 세계에 입문했다. 한 대기업 인턴 청년들을 대상으로 면접 교육을 진행하는 프로그램에 모의 면접관으로 참여했는데, 당시 프로그램을 운영하는 기업의 담당자가 나를 기관의 면접평가위원으로 추천했다. 이를 계기로 여러 기관이나 기업의 면접 평가에 참여했고 역량평가 분야로 활동 범위를 넓히며 전문면접관을 양성하는 강사로도 활동하게 되었다.

<u>누구나 처음은 있다</u>

아직도 처음 평가했던 날이 생생하게 기억난다. 어떤 일이든 경험이 부족한 상태에서 역할을 제대로 수행하기란 쉽지 않은 법. 실제 채용평가에 참여하는 일은 책임감이 상당했다. 취업경쟁률은 또 얼마나 치열한가? 간절한 지원자의 심정을 잘 알기에 마음이 무거웠다. 다행히도 평가는 원활하게 진행됐다. 표준화된 평가도구와 척도, 객관적 평가 지표가 마련돼 있었고, 인사팀이 안내한 유의 사항을 꼼꼼하게 살펴 실수하지 않도록 노력했다(지금 생각해 봐도 참 운이 좋았다. 면접 평가 시스템이 잘 갖춰진 회사에서 유능하고 배려 깊은 면접관들과 함께했으니 말이다).

그 후 여러 해가 지났다. 어느 정도 경력이 쌓이면서 10년 전 나처럼 긴장한 면접위원을 만날 때가 있다. 그들이 조언을 구하면 오늘 평가를 잘할 수 있을 거라고 말을 건넨다. 적절한 긴장감이 면접 현장에 집중하고 면접관의 주의 사항을 지키는 데 도움이 되기 때문이다.

평가 경험이 많다고 해서 항상 올바른 판단을 내릴 수 있는 것은 아니다. 경험의 양이 많을수록 생각과 행동이 과거에 갇혀 경직될 수 있다. 최근 채용 환경은 크게 바뀌었고, 지원자 성향도 달라졌다. 지킬 것은 지키되, 바꿀 것은 바꾸는 자세가 필수다.

"오늘 하루도 잘 부탁드립니다."

기업 채용담당자는 면접이 본격적으로 진행되기 전에 면접관 모두가 참석한 자리에서 오리엔테이션을 진행한다. 모집 분야와 채용특징, 면접 진행

방식, 평가 기준 등을 안내한 뒤 마지막으로 건네는 인사말에는 다양한 의미가 담겨 있다. 지원자를 적절하게 평가하고 우수 인재를 뽑아달라는 것은 기본이고 채용 프로세스가 원활하게 진행될 수 있도록 요청하는 것이다.

선발 도구의 판단기준

선발 도구의 적절성을 판단하는 기준으로는 신뢰성, 타당성, 적법성, 공정성, 수용성 등이 있다. 이 가운데 '적법성'과 '공정성'은 지원자가 채용 단계에서 쉽게 체감할 수 있는 요소이다. **심각한 취업난과 다양한 채용 비리 사건이 사회적 이슈로 떠오르면서, 공정한 채용은 기업이 지켜야 할 가장 기본적인 과제**가 되었다. 법은 사회적 질서와 안정을 유지하는 데 필수적인 사회 규범이다. 면접관이 평가 과정 전반에서 반드시 지켜야 하는 기본도 다름 아닌 '법'이다.

면접관이라면 채용 절차의 공정화에 관한 법률은 물론 고용정책 기본법, 직업안정법, 남녀고용평등과 일·가정 양립 지원에 관한 법률, 고용상 연령차별금지 및 고령자고용촉진에 관한 법률 등 채용 관련 법령을 살펴보고, 평가 시 이를 준수하는 것은 물론 채용 전 과정에 걸쳐 무엇을 지켜야 하는지 알아야 한다.

"사용하는 언어가 변함없다는 의미는, 내 사고혁명도 멈추었다는 뜻이다. 꼰대는 입력장치는 고장 났는데 출력장치만 살아 있는 사람이다.

꼰대의 언어는 늘 진부하고 과거형이다. 하지만 리더의 언어는 늘 새롭고 미래형이다. 같은 언어도 어제와 다른 방식, 새로운 용법으로 사용하려고 노력하기 때문이다. 리더는 새로운 언어를 배우기 위해 안간힘을 쓴다. 언어를 배우고 습득하는데 투자한 시간과 에너지만큼 그의 언어의 격도 업그레이드된다."

언어 레벨을 높이기 위해서는 무엇보다
열린 자세로 입력장치를 늘려야 한다.

박용후 대표와 유영만 교수는 책 『언어를 디자인하라(쌤앤파커스, 2022)』에서 **언격言格은 인격人格이고, 언어 레벨이 곧 인생 레벨**이라고 강조했다. 언어 레벨을 높이기 위해서는 무엇보다 열린 자세로 입력장치를 늘려야 한다. 면접관이 갖춰야 할 지식과 스킬은 매우 많다. 하지만 요즘 시대 면접관에게 가장 중요한 역량은 기업과 사회가 어떤 면접관을 원하는지 파악하고 수용하는 자세다. 이러한 태도가 오늘의 면접관이 제대로 된 내일의 평가를 위해 갖춰야 할 기본 역량이다.

떠나는 이유와 남아있는 이유

Q. 사무행정직 사원을 뽑는 자리에 입사 지원한 두 명이 있다. 한 명은 다양한 시각에서 문제를 바라보고 해결하는 능력이 뛰어나고, 다른 한 명은 주어진 일을 반복해서 꼼꼼하게 처리하는 능력을 갖추었다. 자, 당신이 면접관이라면 두 사람 중 누구를 뽑을 것인가?

여기서 정답은 따로 없다. 회사가 사무행정직 사원에게 주로 어떤 역할을 맡길 것인지에 따라 인재의 정의는 달라진다. 단순 반복적인 업무를 꾸준히 해야 하는 상황이라면 기획력과 문제해결력을 갖춘 지원자는 적합하지 않다. 보통 이러한 유형은 다양한 경험을 추구하는 경향이 있는데, 입사 후 역량을 발휘할 기회가 부족해 업무 만족도가 떨어질 수 있다. 반대의 경우도 마찬가지다. 기획력이 중요한 업무를 꾸준히 해야 한다면, 새로운 아이디어를 생각하지 못하고 문제해결력이 부족한 지원자는 성과를 내기가 어렵다.

재정의의 중요성

같은 직무라도 회사 상황이나 환경에 따라 원하는 인재 특징은 달라진다. 이러한 이유로 면접관은 평가 전에 먼저 **우수한 지원자의 특징을 재정의**해야 한다. 면접 과정에서 이상적인 지원자에 대한 페르소나를 설정하는 것은 지원자의 역량과 잠재력을 파악하는 데 좋은 방법이다. 역할에 중요한 특성과 자격을 파악한 후 수집한 정보를 바탕으로 이상적인 역량을 갖춘 페르소나를 설정하고 구체화한 다음, 다른 면접관과 페르소나의 특징을 공유하는 것이다. 이런 과정을 거치면서 면접관이 평가 기준과 관점을 이해하고 동일한 기준으로 평가를 진행하면 결과의 일관성과 신뢰도를 높일 수 있다.

2년 전 한 평가에 참여했을 때의 일이다. 퇴사자로 인해 공백이 생긴 자리에 신규 직원을 뽑기 위해 면접을 보는 날이었다. 그 부서 책임자는 평가를 시작하기 전, 외부에서 온 면접관들에게 이렇게 당부했다.

"몇 달 사이에 두 명이 그만둬서 업무 공백이 크고 팀 분위기도 안 좋은 상황이에요. 이번에 뽑은 사람은 꼭 오래 다녔으면 좋겠습니다. 면접 때 오래 다닐 사람인지를 잘 평가해 주세요."

하지만 그게 전부는 아니었다. 책임자는 신규 직원에게 조화로운 성격은 기본이요, 프로젝트를 직접 기획하고 관리하며 운영할 수도 있는 전문성을 요구했으며, 프로젝트 수행 경험 자체도 많기를 기대했다. 전문 지식도 있고 경력도 많고 성격도 좋고 오래 다닐 사람! 이렇게 우수 인재를 뽑아야 하는데 보상은 어땠을까. 아쉽게도 동종업계에 비해 급여가 낮고 고용 형태도 정규직이 아니었다.

때로는 최고보다 최선이, 최선보다 차선을 택하는 방법이 합리적일 수 있다.

당시 면접위원장을 맡은 필자는 기존 직원이 퇴사한 이유를 조심스럽게 질문했다. 퇴사한 직원들은 모두 우수한 이력과 뛰어난 경력, 조화로운 인성을 갖고 있었고, 근무하는 동안 평판도 좋았다. 그들이 떠난 이유는 하나, 적절한 보상이 이뤄지지 않았다는 점이다. 불황기를 살아가는 기업은 뛰어난 인재를 찾고자 노력한다. **하지만 기업이 우수한 지원자를 뽑고 싶은 것처럼, 지원자도 양질의 일자리를 선택하려는 욕구가 강하다.** 때로는 최고보다 최선이, 최선보다 차선을 택하는 방법이 합리적일 수 있다.

회사 상황에 맞는 적합한 인재를 채용하기 위해 먼저 기존 직원이 퇴사한 이유를 파악했다. 거기에 추가로 이번 채용을 통해 입사한 사람이 얻을 수 있는 혜택이 무엇인지도 확인했다. 직원이 오래 다니기 위해서는 동기부여 요소가 중요하기 때문이다. 이를 바탕으로 평가하기 전, 그 자리에 참석한 위원들과 어떤 인재를 선발할 것인가에 대한 방향을 논의했다.

기업과 함께 성장하며 이바지할 수 있는 인재를 선발하겠다는 목표를 세우자, 평가할 요소도 명확해졌다. 지원자의 열정과 의지, 성장 가능성 등을 파악하고 기업의 가치와 비전에 얼마나 공감하는지, 회사에서 일하면서 얻고자 하는 것이 무엇인지 등을 확인해 적합한 인재를 최종 선발했다.

"그때 그분이요? 다행히도 잘 다니고 있습니다."

얼마 전 회사에 방문했을 때 인사책임자가 반가운 목소리로 말했다. 당시 신중하게 선발한 지원자는 계약기간을 잘 마무리하고 평가를 거쳐 더 나은 고용 행태로 전환하는 기회를 얻었다고 한다.

평가항목 너머를 고민하라

전문성이나 직업관, 의사소통 능력 등은 면접평가표 평가항목에 자주 나타나는 요소이다. 때로 그 평가 기준은 시시각각 바뀌는 기업의 채용 현장 고민을 모두 반영하지 못할 수 있다. 따라서 면접관은 그 기업이 현실적으로 바라는 진짜 인재의 모습이 무엇인지 고민하고, 이를 구체화하는 작업을 해야 한다.

더 나은 기회가 있다고 해서 모든 직장인이 조직을 떠나는 것은 아니다. 면접관은 직원이 떠나는 이유와 함께 다른 구성원이 계속 근무하는 이유도 파악해야 한다. 직무배태성職務胚胎性은 면접관이 알아야 할 중요한 개념으로, 개인을 직장이나 직장동료, 업무에 머무르게 하는 상황이나 지각에 의한 힘을 의미한다.

지인 중 한 명은 회사의 연봉이 상대적으로 낮음에도 불구하고 몇 년을 만족하며 즐겁게 다녔다. 사회에 기여하는 기업 비전도 우수하고, 서로를 존중하는 조직문화도 좋고, 취미활동을 하며 친해진 동료들도 소중하다는 이유였다. 그에게 퇴사는 오랜 친구와의 헤어짐처럼 슬픈 일이 되었다.

한 개인의 인생은 마치 거미줄처럼 다양한 사람들과 연결되어 있다. 회사는 바로 그러한 복잡한 연결조직 중 하나다. 사람마다 소속감이 다르고 애착과 연계의 강도가 다르다. 떠나는 이유와 남아있는 이유, 면접관이 그 이유를 잘 파악하면 조직에 맞는 진짜 인재를 찾는 데 통찰력을 얻을 수 있다.

• 직무배태성이란?

직무배태성은 조직 구성원이 이직하지 않고 직장에 머무르게 하는 전반적인 영향력을 의미하며 적합성, 희생, 연계 등 세 가지 핵심 요소로 구성된다. 적합성(fit)은 직무와 조직, 환경이 적합하다고 지각하는 정도를 뜻한다. 연계(link)는 동료와 집단, 조직 등과 공식적·비공식적으로 연결된 정도를 말하고 희생(sacrifice)은 조직과 직무를 떠남으로써 잃게 되는 물질적·심리적 편익에 대한 지각된 비용을 의미한다.

면접 골든타임을 관리하라

"평가하기가 참 어렵습니다. 제가 생각하는 인재가 기업에서 원하는 인재인지 확신이 들지 않아 고민이 됩니다."

작년부터 전문적으로 활동을 시작한 한 면접관은 기업이나 기관에서 원하는 인재를 뽑는 데 부담이 크다고 토로했다. 하지만 과연 그 사람만 이런 고민을 하는 걸까? 물론 평가 역량을 향상하고자 꾸준히 노력하다 보면 이러한 무게를 조금 덜 수는 있겠지만, 면접관은 대부분 평가에 대한 중압감을 느낀다. 그렇다면, 공정한 절차 아래 기업이 원하는 인재를 채용하는 방법은 무엇이 있을까?

1시간의 골든타임

지원자를 만나기 전 단계에 해답이 있다. 먼저 오리엔테이션부터 생각해 보자. 요즘은 소규모 채용을 진행할 때도 면접 당일 교육을 통해 상세히 안내하는 시간을 갖는다. 이때 면접개요와 진행 및 평가 방법은 물론 면접관이 유의해야 할 사항을 꼼꼼하게 설명한다. 이 시간에 담당자가 안내한 내용을 숙지하고 적용하면 기본은 지킬 수 있다.

하지만 대규모 채용을 진행하거나 여러 직무를 동시에 뽑는 경우라면 면접관이 알아야 할 내용을 오리엔테이션에서 한 번에 전달하기 쉽지 않다. 이럴 때는 오리엔테이션 이후의 시간이 매우 중요하다. 면접 시작 전 1시간, 이때가 바로 '골든타임'이다. 지원자를 만나기 전에 면접관이 해야 할 일은 크게 다음과 같다.

> **직무 이해**: 직무기술서를 읽고 직무수행내용과 필요 역량을 확인한 다음 표준화된 질문 목록을 검토하고 심층질문 설계하기
>
> **지원자 이해**: 입사지원서와 인성검사 결과지 등을 빠르게 검토하여 지원자의 이력과 경험, 성과를 이해하고 면접 때 확인할 부분을 체크하기

선발 과정에서는 직무 이해를 먼저 한 후, 그 이해를 기반으로 지원자의 서류를 검토하는 것이 바람직하다. 이러한 절차를 따르면 평가의 효율성과 정확도를 높일 수 있다.

여기서 더 고려해야 할 사항이 있다. **면접관이 평가를 위해 참고하는 직무기술서 내용이 만능은 아니라는 점**이다. 홍보마케팅, 탐방 해설, 재무회계, 기록물관리처럼 세부 직무별로 채용을 진행하고 그에 딱 맞는 직무기술서를 제공하는 기업도 있지만, 그렇지 않은 경우가 많다. 예를 들어 공공기관 사무행정이나 경영지원 분야는 다양한 부서의 니즈를 반영

하다 보니 필요한 지식과 기술의 범위가 폭넓을 때가 많다. 직무수행 내용과 필요 역량에 총무, 홍보, 통계, 회계, 인사, 마케팅 등이 동시에 쓰여 있기도 하고 IT관리, 자산관리, 지식재산관리, 사회복지, 도서관 운영, 구매조달 등을 사무행정직이나 일반직으로 표현하는 기관도 있다.

이 경우 면접관은 어떤 역량에 더욱 집중하고 면접을 진행해야 하는지, 성격이 다른 업무를 동시에 수행할 수 있는 인재를 뽑아야 하는지 확인하는 과정이 필요하다. 심지어 과거 한 중소기업에서는 출판편집과 회계업무가 동시에 가능한 인재를 선호하기도 했다.

**직무기술서가 반드시 채용 분야를 정확히 반영한
최고의 문서는 아닐 수 있다.**

기관이나 기업의 사업 내용과 업무 특징을 모두 반영한 뒤, 채용할 때마다 새롭게 직무기술서를 작성하는 것은 현실적으로 쉽지 않다. 직무기술서는 면접관이 참고하고 검토해야 할 가장 기본적인 문서이지만, '오늘' 채용하는 분야를 정확하게 반영한 최고의 문서는 아닐 수 있다. **외부 면접관이 해야 할 또 하나의 행동은 다름 아닌 내부 직원과의 소통**이다. 질문하고 경청하며 소통하면 평가 과정에서 길을 찾을 수 있다.

경험이 많은 면접관이라 할지라도 처음 참여하는 조직문화와 직무특징을 정확하게 파악하기는 어렵다. 홈페이지나 언론에 소개된 내용과 실제 상황이 다를 때도 있기 때문이다. 이는 내부 면접관도 마찬가지다. 같은 회사라도 부서가 다르거나 사전 정보가 없다면 인재의 기준에 혼동이 생긴다.

내부 직원과의 소통

그동안 평가를 통해 내부 직원과 소통하며 추가 정보를 얻는 것이 중요하다는 사실을 많이 경험했다. 공공기관이나 기업의 면접 평가에 참여할 때 채용담당자와 내부 위원에게 자주 건네는 질문은 다음과 같다.

"면접 과정에서 제가 특별히 신경 써야 할 부분이 있을까요?"

"채용이나 직무와 관련해서 제가 더 알기를 바라는 사항이 있다면 말씀해 주세요."

"부서에 잘 적응하는 사람과 그렇지 않은 사람의 차이가 있나요? 있다면 소개해 주십시오."

"지원자가 업무를 잘 수행하기 위해 갖춰야 할 중요한 역량이나 특징에 대해 좀 더 자세히 말씀해 주실 수 있으세요?"

이러한 질문을 하면서 원하는 정보를 얻도록 하자. 판단하기 위한 정보가 부족할 때는 더욱 구체적으로 묻는 것도 좋다. "해당 업무가 민원 응대가 중요하다고 말씀하셨는데, 평균적으로 대면과 전화 중 어떤 업무의 비율이 높나요?"와 같은 질문이 효과적이다. 고객 대상과 채널의 특징에 따라 필요한 업무 역량은 다르기 때문이다.

'고객 대응능력이 높은 사람을 원합니다'라는 정보와 '우리 부서에서는 하루에 평균 300명 이상 개인사업자가 문의 전화를 하고 있습니다. 사업 지원 선정 비율이 낮아 고객이 매우 예민해지는 경우가 많습니다. 정확한 규정과 지침을 숙지하고 감정이 격해진 고객을 효과적으로 응대하는 능력이 필요합니다.'라는 정보는 다르다. **정확한 배경을 듣고 준비하면 보다 상황에 맞는 판단을 내릴 수 있다.**

물론 면접 시간이 충분하다면 이런 과정을 따로 거치지 않아도 된다. 해당 분야에 필요한 다양한 역량을 충분히 검증할 기회가 주어지기 때문이다. 하지만 면접 평가는 일반적으로 시간에 의한 제약을 받기에 가용 시간을 효과적으로 관리하는 것이 중요하다.

권오현 전 삼성전자 회장은 저서 『초격차(쌤앤파커스, 2018)』에서 '경영자는 최소의 인풋으로 최대의 아웃풋을 내기 위해 상황에 맞는 최적의 시스템을 설계하고 실행하며 모든 것을 책임지는 사람'이라고 정의했다. 최상의 결과를 얻기 위해서 풍부한 자원을 보유하는 게 이상적이지만 시간, 인력, 비용 등 자원의 한계로 직장인에게는 효율적인 업무처리가 필수적이다.

이 원칙은 면접관에게도 유사하게 적용된다. 적은 자원으로 최대 성과를 얻기 위해서는 평가 기준을 검토하고 공유하는 골든타임이 중요하다. 면접 전 골든타임, 조직문화를 이해하고 직무에 적합한 인재를 찾는 데 통찰력을 얻을 수 있는 소중한 시간이다.

Ⅱ. 새내기 면접관을 위한 실전 노하우
면접위원장이 처음이에요

낯선 환경에 놓이면 누구나 미숙함이나 부담을 느낀다. 면접도 마찬가지다. 그 자리에 면접을 보러 오는 지원자뿐만 아니라 면접관에게도 평가장은 생소하고 새로운 장소다. 몇 년 전 대규모 채용에 참여한 적이 있었다. 몇 년 만에 진행된 면접을 위해 내·외부 면접관은 물론 인사팀 임직원, 운영위원 등 100여 명에 가까운 사람이 아침 일찍 한 자리에 모였다. 중요한 평가에서 실수하지 않고 유능한 인재를 뽑기 위해 긴장감이 맴돌았다.

면접관에게 전문성은
단순히 좋은 질문을 하고
지원자를 공정하게 평가하는 것 그 이상이다.

이 상황에서 면접관이 갖춰야 할 역량은 평가 스킬만이 아니다. 면접관에게 전문성은 단순히 좋은 질문을 하고 지원자를 공정하게 평가하는 것 그 이상이다. 평가를 원활하게 잘 진행하기 위해 면접관은 전문성은 기본이요 좋은 매너를 갖춰야 한다.

면접위원장의 역할

면접위원장의 역할은 더욱 중요하다. 위원장은 면접 과정의 전반적인 사항을 잘 관리하는 것은 물론 면접이 원활하게 진행될 수 있도록 긍정적이고 생산적인 분위기를 조성해야 한다. 연간 70~80회 면접 평가에 참여하는 한 전문면접관은 "면접위원장의 운영 능력은 매우 중요하다"며 "편안한 분위기를 조성해주고 모든 면접관이 자신의 역할을 잘할 수 있도록 진행하면 불필요한 감정 소모 없이 평가에 집중할 수 있다."고 말했다.

유능한 면접위원장은 멀티플라이어multiplier라고 할 수 있다. **멀티플라이어란 상대의 능력을 최대로 끌어올려 팀과 조직의 생산성을 높이는 리더**를 의미한다. 리더십 전문가 리즈 와이즈먼Liz Wiseman은 책『멀티플라이어(한국경제신문, 2019)』에서 조직의 지혜와 창의성을 고갈시키는 사람이 있는가 하면 조직의 역량을 최고로 이끌고 생산성을 높이는 사람이 있다고 강조했다. 이처럼 상대를 더 탁월하게 만드는 이를 리즈 와이즈먼은 '멀티플라이어'라고 불렀다.

그렇다면, 멀티플라이어가 되기 위해 면접위원장은 어떤 노력을 해야할까? 다대다 면접이 진행되는 상황을 가정하고 단계별로 해야 할 일을 살펴보자.

- 역할 분담: 먼저 긴장을 완화하고 편안한 환경을 조성하기 위해 서로 명함을 주고받으며 가볍게 인사한다. 각 면접위원의 전문성을 파악한 후 면접평가표를 살펴 역할을 나누는데 일반적으로 내부 직원은 조직적합성, 직무와 전공 전문가는 직무적합성, HR위원은 대인관계능력, 직업윤리 등의 역량을 맡는다.

- 시간 관리: 면접위원 수에 따라 시간도 관리해야 한다. 예를 들어 면접관이 4명이고 20분간 면접을 한다면, 면접관 한 명에게 주어진 시간은 5분이다. 질문할 순서를 정하고 배정된 시간을 안내하면 보다 원활하게 면접을 진행할 수 있다.

- 정보 공유: 평가 관련 정보를 수집하고 공유한다. 면접위원장은 내부 직원에게 해당 조직의 이슈나 채용하기를 바라는 인재의 특징, 직무 특성과 근무 환경 등에 대해 질문하고 필요한 정보를 다른 위원에게 설명함으로써 평가의 실제성을 높일 수 있다.

- 기준 안내: 평가 기준도 함께 이야기를 나눈다. 우수, 보통, 미흡 등 단계별로 점수를 어떻게 구분하는지, 탈락점수의 기준은 무엇인지 등을 소개해 모든 면접관이 기준에 맞춰 평가할 수 있도록 안내한다. 한 차례 면접이 진행되고 나면 다른 위원들에게 진행방식에 대한 의견을 묻고 개선방안을 반영한다.

- 컨디션 관리: 오후가 되면 오전의 긴장감이 줄어들고 평가 분위기도 익숙해진다. 이때 주의해야 할 점이 졸음이다. 새벽부터 지역을 넘나들며 이동하고 오전 내내 평가에 집중하다 보면 컨디션이 떨어지게 마련이다. 휴식 시간을 체크하며 다른 위원을 격려하거나 간식을 건네며 분위기를 환기해주는 센스도 필요하다.

면접 시간 동안 다수의 지원자와 면접관은 모두 위원장의 영향을 받는다. 면접관이 지원자의 답변을 관찰하고 평가에 집중하도록 하는 데 있어 면접위원장의 진행 능력은 필수다. 시간을 잘 확인해 공정하게 평가를 진행하고 면접 때 생길 수 있는 돌발변수도 현명하게 대처해야 한다.

돌발변수 대처도 필수

면접위원장은 오프닝과 클로징 멘트를 담당하며 면접의 문을 여닫는다. 하지만 이외에도 위원장이 챙겨야 할 일은 많다. 다대다 면접 상황에서 한 명의 면접관이 계속해서 질문을 오래 한다면 다음에는 질문 순서를 바꿔서 진행할 수도 있다. 만약 다른 면접관이 질문할 내용이 떠오르지 않아 보일 때는 추가 질문을 담당하기도 하고, 지원자가 입이 말라 기침할 때는 물을 마시라고 권유하거나 전반적으로 부적절한 태도가 드러날 때는 분위기를 긍정적인 방향으로 바꿀 수도 있어야 한다.

제척除斥 상황이 생겼을 때 대처하는 방법도 이해해야 한다. 공공기관은 이해관계가 있거나 직전 채용에 참여한 사람, 공정한 심사를 기대하기 어려운 사람을 평가위원에서 제외한다. 면접관 역시 지원자와의 이해관계로 인해 채용심사에 공정하게 임하기 어려운 경우 스스로 해당 사항의 심의·의결에서 거리를 두어야 한다. 제척사유가 생긴 상황은 미리 알기 어렵기 때문에 일부 기관은 예비면접위원 제도를 운영하여 이에 대비하고, 예비면접위원 활용이 어려운 상황에서는 나머지 위원들의 평가 요소별 평균 점수를 반영해 평가를 진행하기도 한다. 보통 제척 기준은 응시자와 친인척이거나 상사이거나 사제 간인 경우가 많지만, 기관과 기업에 따라 기준이 다르기에 위원장은 사전에 관련 정보를 파악하고 규정에 맞게 대처해야 한다.

위원장을 하기에 어려운 자리도 많다. 예를 들어 지원자에게 훈계하듯 말하거나 질문을 장황하게 해서 핵심 전달이 안 되는 등 기본적인 면접관 교육을 받지 않은 분과 함께 일할 때가 그렇다. 이 경우 어떻게 대처하는 것이 좋을까? 직접적인 지시나 조언보다는 간접적인 방법으로 주의 사항을 전달하는 것을 추천한다.

불편한 말을 직접 건네기 어려운 상황에서는 채용담당자에게 도움을 요청한다. 면접위원장이 아니라 채용담당자가 공식적으로 "요즘 경향은 이렇기 때문에 면접관은 이런 점을 주의해야 한다"라는 내용을 전달하면 오해가 생길 가능성을 줄이면서도 면접 평가에 집중할 수 있는 환경을 마련할 수 있다.

여러 면접관 사이에 의견 불일치나 오해가 생겼을 때는 이 상황이 면접 과정에 부정적인 영향을 주지 않도록 명확한 지침과 기대 사항을 제공해야 한다. 직접 판단하기 곤란할 때는 공식적인 기업의 입장을 확인해 반영하는 것이 바람직하다.

시간 관리의 기본은 시간 체크

면접은 경우의 수가 참 많다. 때로는 면접관마다 시간에 대한 기준을 다르게 인식하기도 한다. 예를 들어 어떤 면접관은 지원자가 입실하는 시점을 기준으로 시간을 체크하고, 다른 면접관은 인사말을 마치고 지원자가 자기소개를 시작한 것을 기준으로 시간을 관리한다. 이렇게 서로가 다르게 시간을 활용하면 지원자마다 1~2분간 오차가 생긴다. 기업이나 상황에 따라 운영 방식이 다르기에 면접위원장은 내부 직원과 소통해서 일정을 잘 조절해야 한다.

체계적인 시스템을 갖춘 기업이나 기관에는 일정을 조절해 주는 담당자가 있기도 하지만 시간 관리는 보통 위원장이 담당한다. 지원자들은 평가 시간을 매우 민감하게 인식하기에 지원자가 공정하게 느낄 수 있도록 지원자별 시간을 알맞게 배분해야 한다.

면접위원장을 하며 시간 확인의 중요성을 새삼 느낀 경험이 있다. 당시 면접은 다대일의 상황으로 지원자마다 10분씩 면접 평가가 진행되는 상황이었다. 스마트폰 시간을 기준으로 자리에 있는 노트북 시간이 정확한지 확인하고 면접을 진행했다. 세 번째 지원자가 면접을 보고 마무리를 하려고 할 때 지원자가 이렇게 말했다.

"면접관님, 면접 시간이 2분 남았는데 마지막으로 하고 싶은 말을 더 해도 되는지 궁금합니다."

알고 보니 면접관과 지원자가 보고 있는 두 개의 시계가 2분가량 차이가 났다. 지원자는 30분까지 면접이 진행된다고 알고 있었는데, 28분에 면접을 마치니 아쉬움이 생긴 것이다. 하지만 그 뒤로 이미 다음 순서의 지원자가 기다리는 상황이었다.

스마트폰 시계로 정확하게 10분 평가를 진행했음을 안내한 후 지원자 자리에 있는 시계의 시간을 정확히 맞추지 못한 점에 대해 사과했다. 지원자가 자리를 떠난 이후에도 그의 아쉬움을 달래주지 못해서 마음이 편하지 않았다. 이처럼 시간이 정확하지 않으면 지원자와 면접관의 시간 이해가 달라 혼란을 초래할 수 있다.

시간 관리는 시간을 정확히 아는 것에서부터 출발한다.

시간을 잘 관리한다는 것은 시간을 정확히 아는 것에서부터 출발한다. 면접실에는 벽시계, 노트북 시계, 손목시계, 스마트폰 시계 등 다양한 시계가 있다. 그렇다면 그 시계들은 과연 모두 정확할까?

우리나라에서 가장 정확한 시계는 한국표준과학연구원에 있는 세슘원자시계라고 한다. 국제적 시각 비교 체계를 갖추고 있는 세슘원자시계는 수만 년 동안에 1초의 오차가 생기는 정확도를 지니고 있다. 물론 현실적으로 이렇게 정확한 시간을 맞추기 위해 노력하는 경우는 드물다. 이러한 행동보다 중요한 것은 **시간이 맞지 않았을 때 평가에 차질이 생길 수 있다는 점을 의식하는 자세**다.

질문력이 바로 평가력

"질문의 세계에 오신 것을 환영합니다."

질문경영 컨설턴트인 카와다 신세이는 자신의 저서 『질문력(토트, 2017)』에서 비즈니스 현장에서 효과가 있었던 질문만이 아니라, 질문을 통한 효과를 창출하기 위한 마음가짐을 소개했다. 그는 "질문은 누가, 어떤 마인드로 하느냐에 따라 효과가 크게 달라진다."라고 강조하기도 했다.

질문에는 여러 가지 종류가 있다. 문제를 내고 정답을 찾는 것이 목적인 퀴즈, 모르는 사실을 물어보는 의문, 상대방의 진의를 파악하기 위한 심문도 질문의 한 종류이다. 앞서 카와다 신세이가 정의한 질문은 상대방에게 도움이 되는 '양질의 질문'을 의미한다.

면접에서도 질문의 힘은 강력하다. 질문은 필요한 정보를 얻는 가장 쉽고 효과적인 수단이기 때문이다. 물론 뒤에 물음표를 넣어서 말한다고 해서 모두 좋은 질문은 아니다. 퀴즈를 내거나 심문하거나 압박하기에 주어진 면접 시간은 매우 짧다. 그렇다면 면접관은 어떤 질문을 어떻게 해야 할까? 지금부터 양질의 질문을 위한 노하우를 알아보자.

하지 말아야 할 질문

"지원 분야가 뭐라고 생각하나?"

"왜 일류대학에 가지 못했나?"

어느 에세이 작가가 20대 시절 최종 면접전형에서 사장으로부터 받은 질문 중 하나라고 한다. 과거에는 면접관들이 이처럼 부적절한 질문을 하는 경우가 많았다. 온라인에서 면접 후기를 검색해도 적절하지 않은 질문의 사례를 찾을 수 있다. "부모님 직업은 무엇인가?", "남자(여자)의 취미로 너무 정적인 건 아닌가?", "이성 친구가 많은 편인가?"와 같은 질문도 나온다.

면접관은 '해야 할 질문'보다

'피해야 할 질문'을 먼저 숙지해야 한다.

오늘날의 채용 환경에서 면접관은 '해야 할 질문'보다 '피해야 할 질문'을 먼저 숙지해야 한다. 최근 몇 년 사이 채용 관련 사회적 분위기는 크게 바뀌었다. NCS와 블라인드 채용이 도입되고 공정 채용, 공감 채용 제도가 퍼지면서 면접관이 질문을 선택할 때 더욱 신중할 필요가 생겼다. 소셜미디어를 통해 정보 공유가 증가함에 따라 기업은 평판 바이러스에 노출될 가능성이 커졌는데, 이러한 평판 바이러스에서 기업의 브랜드를 보호하기 위한 가장 기본적인 방법이 바로 **면접관 리스크를 예방하는 노력**이다.

1) 평가항목과 무관한 지원자의 인적사항 및 사생활 관련 질문

고용노동부 자료에 따르면 2021년부터 2022년까지 구직 과정에서 개인정보 침해 관련 신고가 총 384건 접수됐다. 이중 서류 단계에서 불필요한 정보를 수집한 경우는 300건, 면접에서 출신 지역이나 혼인 여부 등 개인정보에 대한 부적절한 질문으로 침해 신고가 접수된 경우는 84건으로 나타났다. 특히 나이, 성별, 종교, 고향, 결혼 여부와 같은 개인정보를 묻는 일은 삼가야 한다.

※ 평가 요소와 무관한 차별적 질문 예시

(성별) "결혼 적령기 여성이신데 업무에 지장이 있지 않겠습니까?"

(연령) "나이가 꽤 있으신데 어린 친구들과 동등하게 일할 수 있습니까?"

(지역) "OO 지역 출신들이 금방 나가던데…잘 적응할 수 있겠습니까?"

(외모) "많이 마르셨는데 업무 강도가 높은 일도 할 수 있겠습니까?"

• 출처: NCS 기반 능력 중심 채용모델 면접관 기본심화 교육자료

※ 바람직하지 않은 질문 유형

질문 유형	질문 예시
압박 질문	"지금 답변한 내용이 질문의 취지와 맞는다고 생각하세요?"
다중 질문	"제시한 정책의 목적은 무엇이고, 장애요인은 무엇입니까?"
가설적 질문	"그 상황에서 복권에 당첨되었다면 어떻게 했을까요?"

주관적 판단 질문	"벌금을 왜 그렇게 '높게' 책정하였습니까?"
모호한 질문	"자신에 대해 말씀해보세요."
선택형 질문	"회사를 떠난 이유가 급여 때문인가요, 아니면 발전성 때문인가요?"
유도 질문	"리더십이 조직관리에 어느 정도나 중요하다고 생각하나요?"

• 출처: NCS 기반 능력 중심 채용모델 면접관 기본심화 교육자료

2) 평가와 무관한 의미 없는 질문

의미 없는 질문을 하거나 질문을 위한 질문도 지양해야 한다. 최근 행정 직무 채용 과정에서 다대다 면접에 참여했을 때 한 면접관이 지원자들에게 "입사 후 대학원에 진학할 계획이 있습니까?"라는 폐쇄형 질문을 한 적이 있었다.

지원자들은 후속 질문을 기대하며 "예"나 "아니오"로 간단하게 답했지만, 면접관은 "그렇군요."라는 단순한 말로 마무리했다. 면접관의 의도가 궁금해서 쉬는 시간에 어떤 역량을 파악하고자 했는지 의견을 물어보았다. 아쉽게도 깊은 생각은 따로 없었다. "지원자의 계획이 궁금했어요."라는 답변이 전부였다.

대학원 계획에 대한 답변은 역량과 무관하기에 평가 시 고려하지 않았지만, 이 질문을 받은 지원자들에게 미안한 마음이 들었다. 지원자는 질문 하나하나에 민감하며 불합격했을 때는 그 이유가 무엇인지 곱씹는다. 만약 그들의 합격이나 불합격이 대학원 진학 여부에 달려 있다고 생

각한다면 얼마나 안타까운 일인가. **면접관은 지원자의 역량을 파악하거나 입사 의지를 확인하기 위해 명확한 의도를 가지고 질문을 해야 한다.** 지원자에게 답변을 요청하기 전에 자신의 질문을 먼저 점검해 보자.

'이 질문을 하는 이유는 무엇인가?'

'질문을 통해 정확히 알고자 하는 것은 무엇인가?'

'어떤 맥락에서 이 질문을 하는 것이 적절한가?'

'어떤 방식으로 질문을 해야 구체적인 반응을 이끌 수 있는가?'

평가할 근거가 있고 정보를 제공할 수 있고 효율적이고 효과적이며 의미 있는 질문을 하기 위해 노력하라. 면접관은 질문력을 통해서 성장한다.

심층질문과 압박질문의 차이

과거 채용 절차가 비교적 단순했을 때는 면접에서 지원자의 대처 능력, 감정조절 능력, 문제해결능력을 파악하기 위해 압박질문을 사용한 경우가 많았다. 기업 인사담당자를 대상으로 조사한 결과에도 이러한 경향이 잘 나타난다. 2019년 조사 결과, 압박면접이 인재를 선발하는 데 효과적이라고 생각한 응답자는 67%를 차지했다.

하지만 최근 인성검사, AI검사, 포트폴리오 평가 등 다양한 채용 전형이 도입되면서 압박질문 비율은 줄어들고 있다. 공감 채용을 추구하는 요즘, 지원자에게 좋은 경험을 주기 어려운 압박질문은 자연스럽게 사라지는 분위기다.

면접관은 심층질문과 압박질문을 구분해 사용해야 한다. 심층질문이 지원자의 경험과 역량을 파악하기 위한 도구라면, 압박질문은 지원자의 대처 능력, 스트레스 관리능력을 파악하기 위한 도구이기 때문이다.

역량과 인성을 정확하게 파악하기 위함이라고 하더라도 지원자를 불쾌하게 만드는 질문은 지양해야 한다. 면접관은 지원자의 심리적 안정을 고려하고 불안감을 최소화하면서도 역량을 정확하게 예측하기 위한 질문을 선택해야 한다.

예를 들어 7년 동안 5번 퇴사한 지원자를 평가한다고 하자. 퇴직 사유를 묻기 위한 질문으로 무엇이 적절할까?

① "괜찮으시다면 여러 번 이직을 결정하는 데 영향을 준 요인을 공유해 주실 수 있나요?

② "여러 차례 직장을 옮기셨는데, 이러한 의사결정을 하면서 지원자님이 어떻게 성장하셨는지 궁금합니다."

③ "지원자님은 왜 7년 동안 5번이나 퇴사했나요? 무슨 문제가 있었습니까?"

④ "자주 이직을 선택했는데, 입사 후에도 이 자리를 떠나지 않을 것이라고 어떻게 확신할 수 있죠?"

⑤ "요즘 같은 불경기에 1년마다 퇴사하는 것은 사치가 아닙니까?"

①과 ② 질문이 지원자의 이직 동기와 전환과정에서 얻은 경험을 파악하

는 데 도움이 되는 심층질문의 예시라면 ③과 ④, ⑤ 질문은 지원자를 불편하게 하며 방어적으로 만들 수 있는 압박질문이라고 할 수 있다.

퇴사 사유뿐만 아니라 지원자가 곤란함을 느낄 수 있는 상황이나 경험에 대해 질문할 때는 특히 유의해야 한다. 중립적이고 개방적인 표현을 사용하고 부드러운 어조를 유지하자. 어떤 상황이든 지원자를 존중하고 환영하는 자세를 유지하는 것이 기본임을 기억해야 한다.

판단에 깊이를 더하는 심층질문

"맨홀의 뚜껑은 왜 둥글까?"
"우리나라에 주유소는 몇 개나 있을까?"
"쌀 한 가마니에 쌀이 몇 톨 들어 있나?"
"후지산을 어떻게 옮길까?"

한때 외국 기업이나 대기업 면접에서 자주 나왔던 질문이다. 당시 기업에서는 창의력과 논리력이 우수 인재를 찾기 위해 퍼즐 인터뷰를 채택했다. 하지만 면접 결과와 입사 후 성과를 분석한 결과, 이러한 유형의 질문이 직무수행능력을 예측할 수 없다는 연구가 이어졌다. 그 결과, 현재 많은 기업이 주로 선택하는 면접방식은 역량 중심의 구조화 면접으로 바뀌었다.

구조화 역량면접은 사전에 평가할 역량을 정확하게 정의하고 지원자가 그런 역량을 보유하고 있는지 알아보기 위해 정해진 질문과 기준에 따라 구성하고 측정하는 방식이다. 요즘 기업은 채용 목표와 상황에 따라 구조화 면접이나 반구조화 면접을 시행하고 있다.

면접관 활동을 몇 차례 하면 기본적인 질문 노하우를 쉽게 익힐 수 있다. 개방형 질문, STAR기법 활용 등의 질문 노하우는 널리 알려져 있고, 각 기업 채용팀에서 역량별 주요 질문을 제공하기도 한다. 그렇다면, 전문면접관과 그렇지 않은 면접관은 어떤 점에서 질문력 차이가 생길까? 바로 '심층질문 활용 방법'에 그 차이가 있다.

지원자는 저마다 다양한 성향을 보이기 마련이다. 자기 생각과 경험을 진솔하게 표현하는가 하면, 실제보다 과장하거나 축소해서 전달하기도 한다. 면접관은 심층질문을 통해 지원자의 거짓말과 과장하는 모습을 발견하는 한편, 긴장하거나 표현이 서툴러서 자신의 역량을 잘 표현하지 못하는 지원자의 장점을 찾아야 한다.

지원자의 합격과 불합격을 결정지을 수 있는 단 하나의 질문은 없다.

※ 바람직한 질문 기술

주질문(main question)을 할 때	탐침 질문(probing question)을 할 때
• 평가 항목을 숙지하고 면접관 역할에 맞춰 적합한 질문을 준비한다. • 지원자가 이해하기 쉽게 명확하고 간결하게 질문한다. • 일반적인 질문부터 개방형으로 질문한다. • 특정 지원자에게 유리하거나 불리하지 않도록 중립적인 성격의 질문을 선택한다. • 직무 수행 및 조직 생활을 위해 요구되는 역량을 평가하기 위해 노력한다.	• 지원자의 초기 응답을 주의 깊게 경청한 후 추가 질문을 한다. • 추가 탐색이 필요한 평가 요소에 맞게 질문을 선택한다. • 면접관의 의견과 다른 답을 할 때도 편안한 어조를 유지하며 질문한다. • 지원자의 특성(가치관, 신념, 동기 등)을 이해하고 세부 정보를 얻기 위해 구체적인 사례를 요청한다.

지원자의 합격과 불합격을 결정지을 수 있는 단 하나의 질문은 없다. **하나의 질문으로 지원자의 역량을 판단하려 하면 성급한 일반화의 오류를 범하기 쉽다.** 판단에 깊이를 더할 수 있는 심층질문을 하기 위해 노력하자. 지원자 모두에게 관심을 보이고 면접에 집중하는 모습은 적절한 시기에 적절한 질문을 하기 위한 기본 노하우다.

면접 경험을 디자인하라

전통적인 소비자는 구매 의사결정을 할 때 주의, 흥미, 욕망, 기억, 행동 순으로 구매 활동을 했다. 하지만 최근 소비자의 구매 의사결정 과정은 크게 바뀌었다. 소비자와 미디어가 만날 수 있는 채널이 다양해지면서 관심 있는 제품이 생기면 바로 검색하고 구매 후에는 타인과 정보를 공유한다. 그동안 수동적이었던 고객이 인터넷의 발달로 인해 능동적인 소비자로 바뀌었다.

취업 과정도 마찬가지다. 지원자는 관심 있는 기업의 채용공고를 발견하면 기억하지 않고 바로 검색한다. 그리고 자신의 경험을 온라인에 공유하는 모습이 자연스러워졌다. **직접 면접관과 만나는 면접 과정은 지원자에게 특별한 경험의 순간이다.** 이때 의미 있는 경험을 하거나 불쾌한 일을 겪는 그 모든 순간이 온라인에 공유돼 기업 이미지에 영향을 줄 수 있다.

오늘날의 면접관은 회사의 얼굴이자 마케터이자 브랜드매니저가 되어야 한다.

면접관은 지원자의 면접 경험을 디자인하고 관리해야 한다. 지원자가 면접장에 들어가는 순간부터 질문에 답하고 문을 나서기까지의 여정을 면접 경험이라고 한다면, 면접관이 경험에 미치는 영향력은 매우 크다. 오늘날의 면접관은 회사의 얼굴이자 마케터이자 브랜드매니저가 되어야 한다. 지원자의 좋은 경험에는 면접관의 마음이 담겨 있다.

면접 경험에 영향을 주는 요소

취업 플랫폼 잡코리아의 조사에 따르면, 면접관의 태도가 지원자의 입사 결정에 상당한 영향을 주는 것으로 나타났다. 잡코리아가 면접 경험이 있는 취업준비생 1,381명을 대상으로 면접관이 입사 결정에 미치는 영향을 주제로 설문한 결과, 10명 중 8명이 '채용 과정에서 만난 면접관의 태도가 입사 결정에 영향을 준다'라고 답했다. 관심 없는 듯 성의 없게 질문하는 면접관, 지원자의 스펙과 경험을 무시하는 면접관, 답변이 끝나기도 전에 말을 자르는 면접관, 직무와 관계없는 황당한 질문을 하는 면접관, 시비 걸듯 압박하는 면접관 등이 부정적인 인상을 주는 면접관의 대표적인 유형으로 손꼽혔다.

많은 지원자가 면접 공포증을 겪는다. 자신의 역량과 경험을 증명해야 하는 만큼 지원자가 면접에서 불안함을 겪는 것은 당연하다. 면접관은 지원자와 적절하고 균형 있는 상호작용을 해야 한다. 여러 가지 대화 기술을 사용하여 지원자가 간결하게 답변하도록 격려하고 시간을 효과적으로 사용하자. 지원자들은 보통 면접에서 예상하지 못한 질문이 나올 때 매우 당황한다. 따라서 시작하는 질문은 편안하게 말할 수 있는 내용부터 선택하는 것이 좋다. 불쾌하거나 부정적이거나 지나치게 심각한 질문은 피하고, 지원자가 자연스럽게 자신을 표현할 수 있는 질문부터 건네자. 예를 들어 "지원산업이나 직무에 어떻게 처음 관심을 두게 되었나요?", "지원한 직무가 어떤 역할이라고 알고 있습니까?", "최근 업무성과에 대해 말씀해 주시겠습니까?" 같은 질문은 지원자가 더욱 편안하게 답할 수 있고 지원자 정보를 제공할 수 있어 유용하다.

면접 경험의 핵심은 질문이지만, 질문 전달 과정에서 발생하는 전반적인 환경에도 주의를 기울여야 한다. 지원자가 경직되지 않도록 가벼운 미소로 응대하며 목소리, 말투, 제스처, 눈빛 등 비언어적인 측면도 고려해야 한다. 설령 질문 내용이 어렵더라도, 면접관의 어투가 부드러울 경우 지원자가 답을 끝까지 잘할 수 있게 돕는 촉매제가 되어줄 수 있다. 성급히 지원자의 말을 끊지 않고 질문과 답변 사이의 시간을 충분히 주거나 쿠션 언어를 활용하는 것 또한 지원자가 긴장을 덜고 편안한 분위기에서 답변할 수 있도록 배려하는 모습이다.

※ 상황별 면접관 안내 예시

시간이 충분하지 않을 때	"면접 시간이 짧으니 가급적 답변은 핵심만 간략히 말씀해 주시길 바랍니다. 충분히 내용을 들었다고 생각할 때는 답변을 중간에 멈추라고 요청할 수 있으니 널리 양해 부탁드립니다."
지원자의 답변이 길어질 때	"죄송합니다만, 여러 질문을 할 수 있도록 대답을 좀 더 간결하게 해주시겠습니까?" "네, 자세히 알려주셔서 감사합니다. 지원자님의 종합적인 면을 파악하고 싶어서 다음 질문으로 넘어가겠습니다."
지원자가 A 질문에 맞지 않는 답을 하거나 장황하게 말할 때	"대답해 주셔서 감사합니다. A에 대해서도 구체적으로 말씀해 주시겠습니까?" "A 질문과 관련하여 지원자님의 답변을 온전히 이해하지 못했습니다. 답변이 A와 어떤 관련이 있는지 다시 한번 설명해 주시겠습니까?"

면접 피크엔드(Peak-end) 법칙

심리학자이자 경제학자인 대니얼 카너먼에 따르면, 어떤 경험에 대한 평가는 두 가지 순간의 감정에 크게 영향을 받는다. 하나는 최고의 순간이고, 또 하나는 마지막 순간이다. 이런 현상을 '피크엔드 법칙'이라고 부른다.

면접에서 극적인 순간을 만들기는 어렵지만 마무리 단계에서 만족도를 높일 수는 있다. 바로 지원자가 마지막으로 하고 싶은 말을 할 수 있도록 시간을 주는 것이다. 면접은 지원자가 하고 싶은 말을 온전히 할 수 있는 자리가 아니다. 치열한 과정을 거쳐 면접까지 올라왔는데 꼭 하고 싶은 말을 하지 못하면 아쉬움이 크게 남는다. 마지막 한마디 질문은 피크엔드 법칙 중 마무리를 좋게 지음으로써 **면접 경험을 긍정적인 인상으로 남길 수 있는 최적의 타이밍**이다.

물론 '마지막 한마디'는 면접관이 일반적으로 자주 사용하기에 쉽게 예상할 수 있고, 지원자들이 따로 답변 내용을 준비하기에 변별력이 부족하다는 의견도 있다. 실제로 지원자 대부분은 "좋은 기회를 주셔서 감사드립니다. 꼭 입사하고 싶습니다."처럼 정형화된 말을 주로 한다.

그렇다면, 지원자에게 발언 기회를 주면서도 면접 질문의 예측 가능성을 낮추는 방법을 고민해 보는 것은 어떨까. 예를 들어 다음과 같은 질문을 활용해 볼 수 있다.

"면접관의 질문 중에서 추가로 답하고 싶은 질문이 있으신가요?"
"면접을 마치기 전에, 하고 싶은 내용이 있으시면 자유롭게 말씀해 주세요."

"이 자리에 지원한 다른 지원자들과 차별화된 장점이 무엇이라고 생각하십니까?"

"면접을 마치기 전에 우리 회사와 함께 일하고 싶은 이유에 대해 말씀해 주실 수 있나요?"

"마지막으로 우리 회사에서 일한다면 동료나 고객에게 어떤 사람으로 기억되고 싶으세요?"

중견기업에서 면접관 교육을 할 때 자리에 참석했던 한 관리자는 필자의 의견에 공감하며 본인이 경험했던 사례 한 가지를 들려줬다.

마케팅 부서 신입사원을 뽑는 2차 면접의 날이었다. 지원자의 창의력과 기획력을 평가하기 위해 입사 후 진행할 사업기획 관련 질문이 집중적으로 이어졌다. 입사하면 어떤 아이디어를 내고 구체화할 것인지, 그 이유는 무엇인지, 사업을 진행하는 데 있어 장애요인은 무엇이고 이를 어떻게 해결할 것인지 등 미래 시점의 질문이 계속됐다. 하지만 시간이 지나도 세 명의 지원자 간 답변에는 변별력이 생길 정도의 큰 차이가 없었다.

면접 시간이 얼마 남지 않았을 때, 면접관은 마지막으로 하고 싶은 말이 있는지 물어보았다. 이들 중 두 명은 '입사 후 열심히 하겠다'라는 식의 예측이 가능한 답변을 했다. 그런데 남은 한 지원자가 1차 면접 이후 자발적으로 시장조사를 진행한 사례를 소개하며 '입사 후에도 발로 뛰는 자세로 일하겠다'라는 의지를 전달했다. 마지막 질문이 없었다면 놓쳤을 정보였다.

의사소통 능력이 우수한 지원자라면 면접관의 의도에 맞으면서도 자신의 열정을 어필할 수 있는 답을 할 수 있다. 하지만 그렇지 않은 지원자라면 면접관의 질문에 맞춰 답변하는 게 일반적이다. 생각을 물으면 생각을, 경험을 물으면 경험을 말하게 마련이다. 이런 측면에서 **마지막 한마디는 지원자가 전달하고 싶은 말을 표현할 수 있는 유연성을 제공한다.**

시간이 부족하다면 면접관이 개선할 수 있는 행동부터 살펴보자.

시간이 짧아서 지원자가 말할 수 있는 여유를 마련하기 어렵다면 면접관이 개선할 수 있는 행동부터 살펴보자. 질문할 때 중언부언하지 않았는지, 사족을 붙여서 질문을 길게 하지 않았는지, 지원자가 답한 후 불필요한 설명을 하지 않았는지 등을 말이다. 자신의 행동을 돌아보고 부족한 점을 개선함으로써 면접 시간을 더욱 효과적으로 사용할 수 있다. 지금까지 회사 차원에서, 면접관의 시각에서 면접을 고려해 왔다면 이제 지원자에게 초점을 옮겨보라. 지원자와 기업, 모두가 만족스러운 면접이 가장 좋은 면접이다.

지원자도 기업을 평가한다

Q: 3명의 면접관이 1명의 지원자를 평가하는 상황에서 면접관 A가 지

원자에게 준비가 부족한 점을 지적하며 불성실한 점에 대해 다그쳤다. 나무라는 듯한 면접관의 어조에 놀란 지원자가 당황하고 잠시 울먹였으나 다른 면접관의 개방형 질문에 다시 원래의 모습을 되찾고 면접을 보았다. 당일 모든 면접이 끝나고 B가 채용팀장에게 A의 질문과 행동에 문제가 있다는 내용을 전달했고, 채용팀장은 사실관계 확인을 위해 C에게 전화를 했다. 당신이 면접관 C라면 어떻게 대처할까?

이 일은 몇 년 전 필자가 겪었던 난처한 사례이다. 당시 면접장에서 A를 처음 만났는데, 잘 모르는 면접관의 문제 행동에 관한 이야기를 채용담당자에게 전하는 것이 불편하고 난감해, 순간 어떻게 말해야 하는지 망설였다. 하지만 **개인의 입장보다 더 중요한 것은 기업과 지원자의 입장이다.** 더 큰 어려움이 생기기 전에 채용담당자가 사실관계를 명확히 인지하고 조치하는 것이 중요했다. 이슈가 제기된 상황에서 내가 할 수 있는 최선의 행동은 면접관의 문제 행동과 지원자의 반응에 대해 오해 없이 정확하게 전달하는 것이었다.

상황을 파악한 채용담당자는 직접 지원자에게 전화를 걸어 면접에서 발생한 일에 대해 사과했고, 이후 상황은 마무리되었다. 다음 날 오전 면접관 오리엔테이션에서 채용팀장은 지원자를 배려하고 불필요한 질문을 하지 않도록 신중하게 임해달라는 당부를 몇 차례나 강조했다.

면접관의 부적절한 질문과 태도는 지원자는 물론 질문을 한 면접관, 같은 공간에서 면접을 본 다른 면접관, 채용을 주관한 기업관계자처럼 여러 이해관계자에게 영향을 미친다. 심지어 취업준비생이 채용 과정을 신뢰하지 못하거나 실망하게 하고, 직원들이 노력해 쌓은 브랜드 이미지를 실추시키는 결과로 이어질 수 있다.

이러한 문제를 예방하기 위해 기업에서는 전문면접관을 섭외하고 면접관 교육을 진행한다. 또한 여러 명의 면접관이 면접에 참여해 오류를 줄이고 전반적인 진행 과정에 인사담당자와 감사담당자가 참여하기도 한다.

지원자는 채용 전형에 불합격했을 경우 이의신청을 할 수 있다. 이의신청서를 작성할 때는 육하원칙에 따라 명확히 내용을 기재한다. 지원자가 이의신청하면 기관 담당자는 사실관계를 확인해서 이메일이나 연락처를 통해 답변을 회신한다. 일반적으로 지원자는 면접관이 불필요하게 개인적인 문제나 정보를 물어보거나, 불이익을 받을 수 있는 질문을 많이 하는 등의 행위로 불공정하다고 여겼을 때 이의신청한다.

과거에는 면접관 2~4명이 참여하는 자리가 많았지만, 몇 년 전부터 면접관은 물론 운영위원, 감사위원 등 배석 인원이 점점 늘더니 한 장소에 최대 10명이 함께 자리한 적도 있었다. 그만큼 평가가 중요해지고 민감한 사안이 늘고 있다는 의미라고 할 수 있다.

면접은 명사가 아니라 동사에 가깝다.

면접은 명사가 아니라 동사에 가깝다. 지원자가 면접장에 입실해서 퇴실할 때까지, 면접관이 다양한 질문을 하고 지원자가 대답하면서 상호작용하고 변화하는 능동적인 과정이다. 지원자가 합격하기 위해 기업의 목소리에 귀 기울이는 것처럼 면접관 역시 좋은 경험을 제공하기 위해 지원자를 존중하고 배려해야 한다.

지원자는 입사를 위해 많은 준비를 하고 공손한 태도를 보이기 위해 노력한다. 하지만 여전히 상당수 면접관은 고압적이거나 권위적인 모습으로 지원자를 대하기도 한다. 꾸짖기, 몰아세우기, 위압조의 말투로 말하기 등의 대화 태도가 그 예시다. 면접관만 지원자를 평가하는 것이 아니다. **지원자도 기업을 평가한다.** 면접관은 조직을 대표해서 오늘 그 자리에 서 있다는 사실을 늘 기억하자.

평가의 순간에 신경 써야 할 것

'90분이 지났을 뿐인데 세상이 둘로 쪼개졌다. 승자와 패자. 둘 사이의 거리는 무척 가까웠다. 서로 말소리가 들리고 따뜻한 포옹으로 위로해 줄 정도로 가까웠다.'

손흥민의 에세이 『축구를 하며 생각한 것들(브레인스토어, 2019)』 첫 장에 나오는 문장이다. 면접관인 나는 손흥민의 에세이를 읽으며 축구장 보다 앞서 면접장이 떠올랐다. 면접관 역할을 하다 보면 피하고 싶은 순간이 온다. 바로 '평가의 순간'이다.

공정한 평가를 위한 면접관의 노력

지원자를 반갑게 맞이하고 지원한 것에 대해 감사한 마음을 표현하고 필요한 역량을 확인하고 지원자의 답변을 경청하고 행동을 관찰하는 과정은 비교적 편안하게 이뤄진다. 하지만 이 모든 과정은 결국 '평가'라는 하나의 절차를 위한 것이다. 적합한 인재가 없어서 모두 선발하지 않거나, 훌륭한 인재를 모집해서 지원자 모두가 합격할 때도 있지만, 그리 흔한 상황은 아니다. 결국 대부분의 면접에는 합격자와 불합격자를 구분하는 순간이 존재한다.

면접관에게 평가하는 일은 일상적이지만, 기업에 꼭 필요한 인재를 선발하면서도 지원자 모두가 공감하는 결과를 내보이는 일은 때로 어렵기만 하다. 지원자 10명이 모두 우수한 역량을 갖췄다고 해도 선발 인원이 1명이라면 합격 기회를 얻을 수 있는 사람은 오로지 1명뿐이지 않은가. 이러한 상황에서 공정한 평가를 위해 면접관은 어떤 노력을 기울여야 할까?

먼저 평가 기준을 명확히 이해하고 이를 정확하게 적용해야 한다. 일부 공공기관에서는 채용공고를 게재할 때 평가 기준을 지원자에게 안내하기도 한다. 면접관이 지원자를 공정하게 평가하기 위해서는 '면접 균등성'을 유지해야 한다. 모든 지원자를 동일한 기준으로 평가하며 지원자가 부당하게 느끼지 않도록 시간 관리를 잘해야 한다.

면접 준비와 면접 진행 방식도 중요하다. 면접관은 면접을 준비할 때 미리 질문 목록과 평가 지표를 숙지해야 한다. 지원자에게 기본적인 공통 질문을 던지고 객관적인 평가 지표를 사용하여 역량을 평가한다.

공정하고 정확한 평가를 하기 위해서는 표준화된 평가도구와 척도, 객관적 평가 지표가 있어야 한다. 만약 이런 정보가 제공되지 않는다면 면접관 스스로 평가할 역량별로 하위 평가 항목을 만들고 그 기준에 맞는 평가 지표를 세우고 객관화시켜 평가해야 한다.

면접을 진행하면서 지원자의 답변 내용을 꼼꼼히 기록하는 것은 기본이다. 이 기록은 면접을 마친 후에 지원자의 역량을 평가하는 과정에서 중요한 자료가 된다. 사용한 단어는 물론 자세, 태도도 관찰하고 이를 평가에 반영한다.

일반적으로 하나의 역량과 관련한 질문에 대한 답변 내용을 종합해서 해당 역량의 점수를 체크한다. 따라서 관찰하고 메모한 내용을 역량별로 분류하고 평가하는 과정을 거쳐야 한다. 면접 과정에서 수집한 자료를 종합하여 분석하고 역량을 측정한 뒤, 최종적으로 합격자를 공정하게 선발하기까지 모든 과정을 재검토해 보자.

평가 의견 정리 방법

사기업 인사담당자는 얼마 전 불합격자로부터 한 통의 전화를 받았다. '자신이 면접에서 왜 탈락했는지 그 이유를 알고 싶다'라는 내용이었다. 인사담당자가 면접관에게 문의를 한 결과, 당시 지원자 모두 전반적으로 우수한 역량을 지녔지만 채용 인원은 한 명이었기에 기업이 확장하고자 하는 사업 방향에 부합하는 경험을 갖춘 지원자를 선발했다는 내용을 확인하고, 이를 불합격자에게 전달했다. 이 사례는 면접관이 당시 면접 상황을 잘 알고 있기에 가능한 대응이었다. 하지만 하루 평균 50~60명의 지원자를 만나고, 며칠씩 평가가 이어지는 자리라면 모든 상황을 상세하게 기억하기는 쉽지 않다. 면접관이 할 수 있는 현실적인 노력은 그 자리에서 꼼꼼하게 메모하고 기록하는 것이다.

여러 가지 이유로 인해 최근 면접평가표 종합의견란에 평가 의견을 상세하게 기입해 달라고 요청하는 기업이 늘었다. 보통 작성 시간이 여유롭지 않기 때문에 미리 요령을 익혀두는 것이 좋다. 종합평가란에 내용을 적는 기본 방식이 있다면 그에 따라 기록하되, 방식이 따로 없다면 일반적인 방법을 참고하기를 바란다. 먼저 전체적인 평을 적고 우수한 역량과 낮은 역량을 정리한 후에 평가한 근거를 요약하여 덧붙인다. 예시를 살펴보면 다음과 같다.

사례 1: 성실하고 차분한 태도로 면접 평가에 참여했으나, 예상하지 못한 질문에 당황해 답변을 여러 차례 하지 못했음. 직무역량은 보통 수준이고, 조직이해능력은 미흡함. 인턴십과 프로젝트 경험을 바탕으로 기본적인 직무 지식과 스킬은 습득했으나, 전문성이 부족해 우수한 성과를 보여주지 못함. 프로젝트 진행 시 중요한 세부 사항을 간과하는 등 꼼꼼함이 떨어짐. 조직 목표와 비즈니스 모델을 알지 못해 그동안의 경험을 조직에 어떻게 기여할 것인지 설득력 있게 제시하지 못했으며, 경쟁사와 우리 회사의 차이점을 알지 못한 채 지원하는 등 조직이해가 불충분함

사례 2: 면접을 보는 동안 눈을 마주치고 고개를 끄덕이는 등 적극적이고 주의 깊은 모습을 보였음. 예상하지 못한 질문에도 전문적인 태도와 침착

한 자세를 유지하며 구체적으로 답변함. 상대적으로 문제해결능력과 의사소통능력, 고객대응능력이 우수함. 문제가 생겼을 때 분석적으로 접근해 원인을 파악하고 대안을 마련함으로써 성과를 창출하는 등 문제해결능력이 돋보였으며, 고객 대응능력이 뛰어나 화가 난 고객을 대할 때도 공감하는 자세로 고객이 선호하는 의사소통방법을 파악해 문제를 해결함. 반면 구성원을 동기부여하고 솔선수범하는 리더십은 다소 부족함

사례 3: 전체적으로 평가하고자 하는 여러 역량이 부족하며 특히 적극성과 팀워크가 미흡함. 새로운 환경에 적응하는 데 어려움을 겪고, 도전적인 과제가 주어지면 쉽게 포기해 전 직장에서 여러 차례 상사와 갈등을 겪음. 프로젝트 성과가 낮은 이유에 대해 동료를 탓하는 등 팀워크가 불충분함

사례 4: 전반적인 역량이 필요한 수준에 도달하지 못함. 직무 관련 경험이 없고 직무에 대한 관심이 부족하며 목표를 달성하고자 하는 의지도 약함. 커뮤니케이션이 원활하지 못해 고객과의 대면 접촉이 많은 업무에 적합하지 않음. 지시에 따라 업무를 수행하는 자세는 갖추었으나, 스스로 계획을 세우고 자율적으로 업무를 수행하는 능력이 부족함

면접관을 위한 유형별 면접 스킬

균형 평가의 중요성

폴리아트, 도미노, 등산의 공통점은 무엇일까? 모두 **기업이 지원자의 인성을 파악하기 위해 과거에 도입한 적이 있는 이색 면접방식**이라는 점이다. 기업은 무성영화에 대사를 입히고, 도미노 블록을 쌓거나, 등산하는 과정처럼 미션을 해결하고 협업하는 과정에서 지원자를 여러 각도로 파악하고자 했다. 그러나 이러한 방법이 업무와 직접적인 관련성이 낮고 지원자에게 부담을 줄 수 있다는 우려가 제기되었다. 결과적으로 코로나19를 거치면서 많은 기업이 이색면접보다는 인성면접과 직무역량면접처럼 일반화된 면접방식을 주로 진행하게 되었다.

공공기관도 경향은 비슷하다. A기관은 직업기초능력면접, 직무수행능력면접, 관찰면접을 시행하고 B기관은 직무역량면접, 임원면접을 진행하며 C기관은 직무면접, 종합면접을 운영한다. 기관에 따라 명칭은 다르지만, 크게 질의응답을 통해 지원자를 평가하는 구술면접과 지원자가 과제를 수행하는 과정을 관찰하고 평가하는 시뮬레이션면접 등 두 가지 유형으로 나눌 수 있다.

잘 설계된 채용 과정은 완벽한 피자를 요리하는 일에 비유할 수 있다. 스테이크 피자를 요리하기 위해서는 우선 쫄깃한 반죽과 고소한 치즈, 최상급 스테이크가 필요하다. 하지만 스테이크를 고르는 것에만 집중하느라 다른 재료를 소홀히 한다면 만족스러운 피자를 완성할 수 없다.

우수 인재를 채용하기 위해서는 파악된 역량을
채용 프로세스 각 단계에서 적절하고 균형 있게 평가해야 한다.

채용 과정도 마찬가지다. 우수 인재를 채용하기 위해서는 역량 모델링을 통해 파악된 역량을 채용 프로세스의 각 단계에서 적절하고 균형 있게 평가해야 한다. 예를 들어 전공실무면접에서 평가하고자 하는 요소가 전공지식이라면 삶의 어려움을 극복하거나 갈등이 생겼을 때 대처한 경험을 묻는 것은 적절하다고 보기 어렵다. 지원자가 해당 분야의 전공지식을 얼마나 잘 알고 있고 해당 지식을 입사 후 어떻게 적용할지 심도 있게 질문하기에도 시간이 부족하다. 이를 위해 면접관은 각 면접 단계의 목적과 목표를 이해하고 평가할 역량에 따른 맞춤형 질문을 해야 한다. 표준화된 평가 기준과 질문 세트가 제공되면 이를 활용하되 자신의 인터뷰 질문과 방법을 주기적으로 검토하여 평가 역량을 키울 수 있도록 노력하자.

발표면접 평가를 위한 A to Z

발표면접은 지원자가 크게 부담을 느끼는 면접 중 하나다. 전문적인 지식을 제한된 시간 내에 체계적이고 논리적으로 발표하는 것은 전문 지식을 보유한 경력자에게도 쉽지 않은 일이다. 최근에는 해결해야 할 지시문과 배경 자료를 다양하게 제공하는 발표면접이 주를 이루고 있다. 대부분 산업이나 기업의 이슈와 연관된 주제로 구성되어 있으며, 문제를 해결하거나 아이디어를 제시하는 방식으로 진행된다.

면접관은 발표면접에서 크게 두 가지 일을 수행한다. 지원자가 충분히 자신의 의견을 전개할 수 있도록 편안한 분위기를 조성하고, 적절한 심화 질문과 반대 의견 제시를 통해 촉진자 역할을 맡는 동시에 평가를 진행하는 것이다.

면접관은 지원자가 불안해하는 마음을 고려하여 친절하게 맞이하고, 잘 준비된 발표를 전달할 수 있는 환경을 마련해야 한다. 발표를 경청하며 질문할 내용을 신중히 고민하는 것은 기본이다. 지원자의 발표에 대해 무심하게 반응하거나 논리적 오류를 찾는 데만 몰두하는 행동은 지양해야 한다.

발표가 끝난 후에는 "발표를 모두 마치셨나요? 이제 자리에 앉아주세요. 앞에 있는 물도 드시고 잠시 심호흡을 하시고요. 이어지는 질문에 편하게 답변해 주세요."처럼 안내하는 것이 좋다. 발표는 서서 하더라도, 질의응답이나 심층면접이 5분 이상 이어진다면 지원자가 앉아서 편하게 답변할 수 있도록 배려해야 한다.

보통 발표면접에서 활용할 수 있는 질문은 탐색-확인-반박 질문으로 구성된다. 이러한 질문은 NCS 홈페이지에 게재된 면접관 교육자료에 잘 나타나 있다. '탐색 질문'은 지원자의 주장이나 아이디어가 도출되는 사고 과정을 탐색하는 것으로, 판단의 근거와 고려 요소, 목표, 예상 결과, 실행방안, 추진 활동 등이 그 예시다. '확인 질문'은 지원자가 주장하는 논리나 방안의 선택 이유를 확인하는 것으로 주장의 근거와 이유, 배경을 적절히 질문할 수 있다. '반박 질문'은 지원자가 주장하는 논리와 근거를 보다 구체화하는 것으로 기초가 되는 가정을 부정하거나 논리적 허점을 지적하거나 반대 측에서 주장하는 질문을 할 수 있다.

면접관은 정확한 평가 정보를 수집하기 위해 탐색-확인-반박 질문 중 적절한 질문을 해야 한다. 추가 질문을 잘하기 위해서는 지원자가 해결해야 할 과제와 평가 요소를 숙지하고 발표 내용을 관찰하며 질문의 근거를 찾아야 한다.

하지만 현실적으로 발표에 집중하기 어려운 상황이 발생하기도 한다. 지원자가 발표한 내용을 논리적으로 구성하지 못하고 중언부언하거나, 목소리가 작고 발음이 부정확할 수도 있다. 전문적인 분야에 관한 내용이라서 모든 면접관이 이를 이해하기 어려울 수 있다. 이때 효과적인 질문이 있다. 바로 **발표 내용을 30초 이내로 간략하게 요약하는 질문을 건네는 것**이다. 지원자가 자기 생각을 정리해서 말함으로써, 면접관이 발표 내용을 토대로 의미 있는 질문을 이어가도록 하는 데 유용하다. 물론 지원자가 발표를 구조화하고 핵심을 명쾌하게 전달했다면 요약 과정을 거치지 않고 바로 탐색-확인-반박 질문을 이어가야 한다.

주제를 이해하고 요청 사항에 맞게 발표하는 지원자도 있지만 그 반대의 경우도 많다. 발표 시간도 채우지 못해 걱정하는 지원자에게 탐색 질문이나 반박 질문을 계속하면 지원자의 불안감은 더욱 커진다. 질의응답 단계에서는 획일화된 질문을 하기보다 지원자의 발표 진행 상황에 맞게 적절한 질문을 하며 역량을 평가해야 한다.

※ 질의응답 단계에서 상황별 면접관 질문 예시

상황	질문	기대효과
지원자가 긴장하고 과제 내용을 숙지하지 못해 제대로 발표하지 못했을 때	"발표한 내용 중에 가장 자신 있는 부분은 무엇인가요?" "발표를 준비하면서 새롭게 얻은 점이 있다면 무엇인가요?" "발표를 통해 전달하고 싶은 메시지가 있다면 무엇인가요?" "발표를 준비하면서 생각했던 내용과 실제 발표에서 다르게 진행된 부분이 있다면 어떤 것인가요?"	지원자가 긴장을 해소하고 편안하게 대답할 수 있게 도울 수 있다.

지원자가 과제 내용을 명확히 파악하고 발표를 원활하게 진행했을 때	"실행계획을 단기적 관점과 장기적 관점으로 나눠서 말씀해 주세요." "제시한 대안을 실행할 때 필요한 자원을 구체적으로 말씀해 주세요." "상황을 분석하거나 문제를 해결하기 위해서는 어떤 정보가 더 필요할까요?" "문제를 해결하는 데 있어 벤치마킹할 수 있는 기업이나 기관의 사례를 제시해 주세요." "계획을 실행하는 과정에서 발생할 수 있는 장애요인과 이를 극복하는 방안을 말씀해 주세요." "말씀하신 아이디어와 관련된 이해관계자는 누구이며, 이해관계자들이 어떻게 반응할 것으로 예상됩니까?"	지원자의 발표 내용을 구체화함으로써 필요한 역량을 파악하고 역량 수준을 확인할 수 있다.

마지막으로 하나만 더. 평가는 어떤 기준으로 해야 할까? 대학생의 프레젠테이션 능력을 진단하기 위해 건국대학교 이연주 교수와 임경수 교수

는 평가도구를 개발하여 교양교육연구 저널에 발표했다. 이 도구는 발표 면접에서 면접관이 지원자를 평가하는 데에도 유용하게 사용될 수 있다. 일부 표현은 면접 상황에 맞게 수정하여 소개했으니, 자세한 내용은 관련 논문을 참고하기를 바란다.

- 도입 시 면접관의 흥미를 효과적으로 유발하였는가?
- 마무리 단계에서 적절하게 요약이나 제언하였는가?
- 전달하고자 하는 주제를 명확하게 제시하였는가?
- 면접관의 관심과 눈높이를 고려하여 발표하는가?
- 발표 내용을 논리적이고 체계적으로 조직하여 전달하는가?
- 도입, 본론, 마무리가 유기적으로 구성되었는가?
- 주제에 대한 창의적인 접근이 이루어졌는가?
- 타당한 근거와 자료를 제시하여 발표하는가?
- 다양한 증거와 예시 등을 통해 의미를 분명하게 하거나 설득력을 높이려고 하였는가?
- 발표 내용과 발표 방식이 정보나 주장에 대한 신뢰감을 주는가?
- 면접에 적합한 어휘를 사용하였는가?
- 발표 장소나 면접관의 수를 고려하여 적절한 발음, 크기, 속도로 발표하는가?
- 시간 배분을 적절하게 하였는가?
- 손동작이나 몸동작 등 제스처가 자연스럽고 효과적인가?
- 면접관의 질문에 대한 경청답변 태도가 적절한가?

토론면접 평가를 위한 A to Z

A사는 여러 명의 지원자가 서로 다른 의견을 내고 문제를 해결하는 방식의 면접을 도입했다. A사가 진행한 면접유형은 무엇일까? 정답은 '토의면접'이다.

토의와 토론의 차이는 무엇일까? 토의는 정해진 규칙이나 형식 없이 다양한 의견을 수렴하고 합의를 도출하는 과정을 포함하는 반면, 토론은 규칙과 형식을 갖추고 찬반 대립을 나눈다. 토의가 해결방안에 합의를 둔 상호협력적 의사소통에 초점을 맞춘다면, 토론은 서로 대립하는 경향을 지닌다. 임칠성 한국화법학회 전 회장은 '토론의 본질과 토론 지도' 논문에서 토론을 정의하기 위해서는 다음과 같은 특성이 있어야 한다고 설명했다.

- 참가자들은 문제해결을 위해 찬반으로 나뉘어 논쟁한다.
- 일정한 규칙을 가진다.
- 참가자들이 문제해결에 합의하지 않는다.
- 설득 대상은 상대가 아니라 청중이다.

이론적으로는 토론과 토의의 개념이 다르지만, 기업은 토론(토의)면접에서 이를 명확히 나누기보다는 상호 병행해서 운영한다. 채용공고에 토론면접이라고 안내되어 있으나 실전 면접에는 찬반을 구분하지 않고 의견을 모아 해결방안을 제시하는 행동을 요청하기도 한다.

토론(토의)면접 진행방식이 기업마다 다르기에 지원자는 때때로 찬반으로 나눠야 하는지, 기조 발언을 해야 하는지, 사회자를 두어야 하는지, 합의해야 하는지 등 정확한 형식을 이해하는 데 어려움을 겪을 수 있다. 원활한 진행을 위해 면접관은 다음과 같이 안내해야 한다.

"제시된 지문을 바탕으로 주제에 맞는 토의를 해주세요. 토의는 30분 동안 진행됩니다. 25분간 자유롭게 의견을 나누고 남은 시간은 합의를 목표로 참여해주시기를 바랍니다. 별도의 진행자를 지정하지 않고 면접관은 토의 중에 개입하지 않습니다."

면접위원장은 토론 과정 중
불필요한 격식을 최소화하고
대화를 촉진해야 한다.

많은 지원자가 토론(토의) 면접에서 좋은 점수를 얻기 위해 **서로를 지나치게 존중하는 경향**이 있다는 점도 주목해야 한다. 문제해결 과제가 주어지는 토론(토의)은 의견에 대립이 있고 해결을 위한 변화 과정을 거쳐야 한다. 이를 위해서는 현재 상태에 대한 갈등을 인정하고 더 나은 가치를 발견하기 위한 참여자의 적극적인 의지가 필수다. 면접위원장은 토론(토의) 과정 중 불필요한 격식을 최소화하고 대화를 촉진하기 위해 "동료 지원자들의 의견에 정중하게 동의하는 것보다 생산적이고 효과적인 논의를 우선해주시기를 바랍니다"와 같은 안내를 사전에 해두는 것이 좋다.

처음 토론(토의)에 참여하는 면접관이라면 이쯤에서 하나 더 의문이 생길 수 있다. 과연 토론(토의) 중에 면접관은 어느 정도로 관여해야 할까? 정답은 없지만, 일반적으로는 **과도한 개입 없이 관찰하고 메모하는 것**을 기본으로 한다. 면접관이 여러 차례 관여하면 토론(토의)의 흐름을 방해할 수 있기 때문이다. 물론 발언을 독점하는 지원자가 있거나 토론(토의)에 참여하지 않는 지원자가 있다면 적절한 시간에 "토론(토의)이 원활하게 진행될 수 있도록 모두 적극적으로 참여해 주시기를 바랍니다"와 같은 말로 한두 차례 간섭할 수 있다. 이후 종료 5분과 1분 전에 토론(토의)을 마무리할 수 있도록 시간을 안내한다.

여기서 끝이 아니다. 과거에는 지원자가 토론(토의)을 마친 후 바로 퇴장하는 경우가 많았지만, 최근 질의응답 시간이 증가하는 추세다. 질문을 할 때는 인성이나 역량면접에서 흔히 묻는 일반적인 질문보다는 지원자가 토론(토의)할 때 주장한 내용을 바탕으로 심층질문을 하는 것이 기대 행동을 파악하는 데 도움이 된다.

한 지원자가 자신의 의견을 주장하기보다 다른 지원자에게 여러 차례 질문을 했다면 면접관은 "자신이 그 질문에 답한다면 어떻게 말씀하시겠습니까?"와 같은 질문을 함으로써 지원자의 의견을 확인할 수 있다. 토론(토의)에 소극적으로 참여해서 발언을 거의 하지 않았다면 "토론(토의)과 관련해서 공유할 추가적인 내용이 있습니까?", "다른 지원자의 핵심 주장은 무엇이고 근거는 무엇을 제시했나요?", "토론(토의)을 통해 어떤 정보나 통찰력을 얻었습니까?"와 같은 질문을 할 수 있다. 이런 과정을 통해 지원자의 의사표현능력과 경청 능력을 추가로 평가할 수 있다.

또한 토론(토의)에 적극적으로 참여하는 지원자를 관찰할 때는 '내용의 우수성'도 잘 살펴봐야 한다. 과제를 정확히 이해하고 문제를 해결하기 위한 내용을 말하는지, 일반적인 내용을 중언부언하는지, 주장과 근거 사이에 성립하는 관계는 타당한지, 관련이 없거나 반박을 위한 질문을 주로 하는지 등을 관찰해 토론(토의) 생산성과 완결성에 도움이 되는 역량을 갖췄는지 확인한다.

그렇다면, 면접관이 토론(토의)면접에서 가장 주의해야 할 점은 무엇일까? 다름 아닌 '집중력'이다. 토론(토의)면접은 지원자 간 상호작용을 관찰하는 평가방식이다 보니 시간이 지날수록 몰입이 떨어질 수 있다. 이를 예방하기 위해 토론(토의)면접 과제를 개발한 내부 직원이 평가에 참여하거나 주제를 선정할 때 현업에서 중요하게 생각하는 이슈를 반영하기 위해 노력한다. 하지만 무엇보다 면접관에게 중요한 것은 **평가 과정에 온전히 전념해 지원자를 관찰하고 메모하는 자세**다.

과제수행과정에서 면접관은 지원자의 다양한 면을 관찰해야 한다. 적극적인 태도와 핵심 정보 위주의 발언, 타인을 이해시키고 설득하는 노력, 근거 있는 이의 제기, 타인의 발언을 공감하고 아이디어를 발전시키는 행동, 타인의 참여와 기여를 촉진하는 행동 등은 좋은 평가를 받을 수 있는 긍정 요소다. 집중력은 평가에 영향을 주는 질문의 수준에도 상당한 영향을 미치기 때문에 매우 중요하다.

아리스토텔레스는 설득의 필수 요소로 에토스ethos, 파토스pathos, 로

고스logos를 강조했다. 에토스는 말하는 '사람의 품성'을, 파토스는 '정서적 공감대 형성 기술'을, 로고스는 '논리적 근거 제시'를 의미한다. 로고스는 물론 에토스와 파토스를 갖춘 지원자를 만날 수 있다는 기대감으로 토론(토의)면접에 참여하면 어떨까. 이러한 접근은 면접관의 집중력을 한 단계 높여줄 수 있다.

III MZ세대 지원자와 MZ세대 면접관

MZ세대가 원하는 면접관

해가 갈수록 '나중모드'를 중시하며 '연결되지 않을 권리'를 추구하는 직장인이 늘고 있다. 나중모드는 '개인의 일상과 행복을 추구하며 퇴근 후 라이프를 즐기는 삶의 방식'을, 연결되지 않을 권리는 '업무 시간 외에 업무와 관련된 연락을 받지 않을 권리'를 말한다. 프랑스는 2017년부터 연결되지 않을 권리를 법제화해 시행한 것으로 알려져 있다. 나중모드와 연결되지 않을 권리는 존중해야 할 삶의 방식이자 기본 권리이다.

MZ세대가 본격적으로 사회에 진출하면서 업무 태도와 직장 환경은 크게 바뀌었다. 통계청이 발표한 2021년 경제활동인구조사에 따르면, MZ세대는 우리나라 경제활동인구의 45%를 차지한다. 높은 성장기 시대에 사회생활을 시작한 기성세대와 저성장 시대를 살고 있는 MZ세대는 추구하는 바가 다르다.

MZ, 과거와는 다른 세대

MZ세대가 하나의 세대로 엮인 이유는 그들이 기성세대와 다른 가치관을 지니고 있기 때문이다. 세대世代는 같은 경험을 기반으로 비슷한 의식을 지닌 연령층을 의미한다. 세대가 다르다는 것은 특정 대상이나 이슈에 대한 가치관과 판단의 체계에 차이가 있음을 뜻한다.

행정안전부는 공직사회 내부의 세대 간 융합을 꾀하기 위해 『90년생 공무원이 왔다(2020, 경성 e-북스)』를 펴냈다. 행정안전부가 발표한 자료에 따르면, 1980년대 이후 출생한 주니어 공무원 중 조직 구성원과의 세대 차이를 자주 느끼거나 매우 자주 느낀다고 답한 비중은 50%를 넘었다.

MZ세대를 대상으로 한 다양한 연구자료를 살펴보면, MZ세대는 디지털 환경에 매우 익숙한 디지털 네이티브 세대로 집단이나 조직의 성과보다 개인의 행복을 더 중요하게 여기며, 일과 삶의 균형을 중시하는 특징을 갖고 있다. 면접 질문을 개발하고 평가 기준을 마련할 때 이러한 MZ세대의 특징을 고려하는 노력도 필요하다.

더 이상 과거의 시선에 머무르면 지원자를 정확히 평가하기 어렵다. 먼저 면접을 바라보는 정의부터 바꿔어야 한다. 면접이란 우수한 지원자를 선발하는 자리를 넘어 지원자와 기업이 서로 만나는 장이 되었다. 지원자뿐 아니라 기업과 면접관 모두가 평가 대상임을 기억하자.

MZ세대 면접관이 왔다

MZ세대는 SNS 활용에 친숙하다. 그들은 즐거운 경험은 물론 불편하거나 불공정한 경험도 SNS에 자유롭게 공유한다. 이러한 환경에서 면접관의 역할은 커졌고, 면접 경험은 더욱 중요해졌다.

　면접관 구성에도 변화가 생겼다. 팀장이나 임원이 주로 맡았던 면접관 자리에 실무 3~5년 차의 MZ세대 직원이 등장했다. 유행에 민감하고 변화 속도가 빠른 스타트업은 물론 은행과 유통회사를 중심으로 MZ세대 직원이 주니어 면접관으로 신입사원 채용에 참여하고 있다. '쌍방향 소통' 면접도 대세다. 면접관이 질문하고 지원자가 답변하는 방식이 아닌, 면접관과 지원자가 서로 자유롭게 대화하는 방식으로 면접을 진행하는 기업도 많아졌다.

당신이 MZ면접관이라면

기업이 MZ세대 면접관(이하 MZ면접관) 제도를 도입한 이유는 무엇일까? 우선 기존 기성세대 면접관이 간과할 수 있는 지원자 강점을 파악하고 MZ세대의 시각에서 함께 일하고 싶은 구성원을 선발하기 위해서이다.

MZ면접관은 비슷한 나이대의 지원자 취향과 가치관을 잘 알고 지원자의 장점과 가능성을 발견할 수 있다. 입사 후 함께 일하며 가장 많이 소통하는 사람도 MZ세대 실무진인 만큼, 채용 단계에서 이들의 시각을 반영하는 것은 중요하다. 설문조사 결과를 보더라도 MZ세대 팀원이 면접관으로 참여하는 것에 대해 긍정적인 시각이 많은데, 그 결과에는 객관적이면서도 공정한 채용에 대한 기대감이 담겨 있다. 반면, 일부에서는 면접 경험 부족으로 인해 발생할 수 있는 실수나 오류에 대해 우려를 나타내기도 한다.

이러한 상황에서 MZ면접관이 주의해야 할 점은 무엇일까? 먼저 **처음부터 너무 잘해야 한다는 부담감을 버려야 한다.** MZ면접관의 실수는 의외로 맡은 일에 지나치게 몰두함으로 인해 생길 수 있다.

얼마 전 한 사기업 면접장에서 30대 중반 MZ면접관을 만났다. A4 몇 장씩 빼곡하게 질문을 준비한 그는 지원자가 입실하자마자 업계 현황과 실무 중심으로 다양한 지식을 확인하는 질문을 했다. 하지만 "잘 모르겠습니다.", "죄송합니다. 그런 경험이 없습니다."라는 답변이 몇 차례 이어지자 그는 매우 당황했다. 이후 질문은 다른 면접관이 대신했다.

"우리 회사에 입사하고 싶다면 이 정도는 공부해서 와야 하는 것 아니에요?"

MZ면접관이 쉬는 시간에 푸념하듯 이렇게 말했다. 아쉽게도 다음 면접을 바로 진행해야 해서 답을 제대로 하지 못했다. 언젠가 기회가 생긴다면 그때의 질문에 이렇게 답해주고 싶다.

"그럼요. 공부해서 오면 좋지요. 그렇지만 면접은 정답을 맞히는 전공시험이 아니잖아요. 우리는 평가할 역량에 맞게 질문을 준비하되 지원자가 면접관과 원활하게 소통할 수 있도록 질문의 폭을 넓혀야 합니다."

지난해 다대다 면접에서 만난 MZ면접관 역시 '질문자' 역할에 과하게 몰입하는 바람에 실수하고 말았다. 지원자는 3명이고, 시간은 3분도 남지 않은 데다 다음 면접 응시자들이 문 앞에서 대기하던 상황이었다.

위원장: "면접 시간이 3분 남았네요. 면접관님, 마지막 질문 부탁드립니다."
MZ면접관: "당신을 꼭 뽑아야 하는 이유와 지원동기, 입사 후 포부를 왼쪽 지원자님부터 차례대로 말씀해 주세요."

여러 질문을 동시에 했던 것도 적절한 질문기법은 아니었지만, 그보다는 시간이 많이 남지 않은 점이 더 큰 문제였다. 자신을 뽑아야 하는 이유와 지원동기, 입사 후 포부를 1분 안에 정리해서 말하는 건 얼마나 어려운 일이란 말인가. 결국 마지막 3분 동안에는 평가에 도움이 될 만한 정보를 얻지 못했다. 여러모로 지원자에게 좋은 경험을 제공하지 못해 아쉬운 순간으로 남아 있다.

성실하게 질문을 준비하는 일은 면접관에게 필요한 자세다. 하지만 면접 상황을 처음 경험하는 MZ면접관에게는 짧은 시간에 꼭 필요한 질문만 하는 스킬이 부족한 경우가 많다. 한 명의 지원자를 20~30분 이상 평가할 수 있는 시간이 마련된다면 모르겠지만, 공공기관을 비롯한 여러 기업에서는 면접 시간이 부족하다. 평균 7분 내외의 시간 동안 한 명의 지원자를 평가하는 상황에서는 체계적인 진행과 시간 관리가 필수이다.

전문적인 질문을 많이 준비하는 것보다 더 필요한 태도는 '열린 마음'이다. 면접관이 다양한 질문을 준비해도 지원자가 그에 대해 잘 알지 못하면 평가를 할 수 없다. 지원자의 생각을 경청하고 배우는 마음가짐으로 개선 방안과 아이디어를 묻고 유사한 경험에 관심을 가져야 한다. 지원자의 말을 경청하면 그 안에서 의미 있는 질문을 발견할 수 있다. 더불어 일하고 싶은 팀원이 갖추길 바라는 역량과 관련해 2~3가지의 개방형 질문을 준비하면 상황에 맞게 활용할 수 있다.

처음 면접관으로 참여할 때 지식이나 요구사항에 대한 명확한 이해가 부족한 것은 당연하다. 하지만 평가 경험이 일회성으로 끝나지 않기 위해서는 사전에 면접관으로서 갖춰야 할 역량을 파악하고 채용 과정 전반에서 면접관 역할의 중요성을 인식해야 한다. 경험이 풍부한 면접관의 행동을 주의 깊게 관찰하는 것도 유용한데, 상황에 자연스럽게 대처하는 노하우를 배울 수 있다. 이 책을 비롯해 다양한 면접 관련 서적을 꼼꼼히 읽고 원하는 정보를 얻어보자.

사회가 바라고 지원자가 원하고 동료 면접관이 기대하는
면접관의 특징을 고려하라.

면접에서 이런 변화와 움직임은 기성세대 면접관에게도 중요한 메시지를 전달한다. 경험과 사고방식, 행동지향성의 차이는 인재를 보는 시각은 물론 면접 경험에도 큰 영향을 미친다. 현재 지원자 다수는 MZ세대다. 지원자를 잘 이해하고 같이 일할 MZ세대가 전문적인 평가 지식을 갖추기 위해 노력하는 것처럼, 기성세대 면접관도 부족한 점을 채우기 위해 노력해야 한다. 각 세대는 고유한 특징과 장점, 배울 점이 있다. 사회가 바라고 지원자가 원하고 동료 면접관이 기대는 면접관의 특징을 고려해 보라.

"모래시계 속 모래는 아래로만 흐른다. 모래가 쌓이면서 생기는 피라미드는 떨어지는 모래를 받아 내기 바쁘다. (중략) 가끔은 후배들을 위해 모래시계를 뒤집어 보면 어떨까."

『90년생 공무원이 왔다』에는 다양한 90년대생의 목소리가 담겨 있다. 과거만 옳다고 느껴질 때, 젊은 세대가 이해되지 않을 때 종종 모래시계를 뒤집어 보자. 더 이상 당연한 것은 없다. 조화와 성장을 위해 노력하는 면접관이 바로 지금, 우리가 원하는 면접관이다.

MZ면접관을 위한 HR 용어 20선

- **고용브랜딩(Employer Branding)**

  조직의 구성원들과 구직자들이 우리 회사를 '일하고 싶은 회사, 지원하고 싶은 회사'로 인식할 수 있도록 홍보하는 활동을 의미한다.

- **공감채용(Empathy Hiring)**

  채용의 공정성 확보를 위한 노력에 구직자와 기업 간 공감대 형성을 더한 개념이다.

- **국가직무능력표준(NCS:National Competency Standards)**

  산업현장에서 직무를 수행하는 데 필요한 능력(지식, 기술, 태도)을 국가가 표준화한 것을 의미한다.

- **모집(Sourcing)**

  조직이 필요로 하는 인재를 찾기 위한 다양한 활동을 뜻한다. 채용의 시작점으로, 회사와 지원자 간 정보를 공유하는 단계이다.

- **블라인드 채용(Blind Hiring)**

  채용과정에서 편견이 개입되어 불합리한 차별을 야기할 수 있는 출신지, 가족관계, 학력, 외모 등의 편견 요인을 제외하고 직무능력을 평가하여 인재를 채용하는 방식을 의미한다.

- **서류함기법(In-Basket)**

  지원자에게 어떤 행동이나 의사결정을 할 수 있도록 일정표, 업무분장표, 메모, 이메일, 보고서 등 기타의 자료들을 제공하고, 주어진 시간 내에 정해진 역할을 맡아 주어진 문제를 해결하고 조치방안을 제시하도록 하여 평가하는 평가기법을 말한다.

- **선발(Selection)**

  지원자들 가운데 회사가 가장 필요로 하는 인력을 선별하는 활동으로 기업은 선발 과정을 통해 크게 조직 및 직무에 대한 적합성을 검토한다.

- **역량(Competency)**

  조직의 목표 달성과 연계하여 뛰어난 직무수행을 보이는 고성과자의 차별화된 행동특성과 태도를 의미한다.

- **역량모델링(Competency Modeling)**

  특정집단의 구성원에게 요구되는 바람직한 속성을 찾아내기 위한 과정 및 작업.

- **역량사전(Competency Dictionary**

  역량모델링을 통해 도출된 역량을 정의, 행동지표, 하위요소, 행동사례 등
  의 사전 형태로 정리한 것을 말한다.

- **역량평가(AC:Assessment Center)**

  실제 직무상황과 유사한 모의상황을 피평가자에게 다양하게 제시하고, 그
  상황에서 피평가자의 역할과 행동을 훈련된 다수 전문 평가자가 관찰하고
  합의하는 절차를 통해 역량을 평가하는 객관적이고 과학적인 기법을 의미
  한다.

- **역량평가의 구성요소(Components Of Competency Evaluation)**

  역량평가를 시행하기 위해서는 평가 기준으로서의 역량, 평가도구로서의
  평가과제, 평가 주체로서의 평가자라는 3가지 구성요소가 있어야 한다.

- **직원 가치 제안(EVP:Employee Value Proposition)**

  회사가 구성원에게 선택되기 위해서 구성원에게 경쟁사와 차별적인 가치
  를 어떻게 제공할 것인지를 정의한 개념이다.

- **채용(Hiring)**

  조직이 필요로 하는 인적자원을 인력계획에 따라 모집 · 선발하는 것을 의
  미한다.

- **행동(Behavior)**

  행동은 관찰할 수 있고, 다른 사람에 의해서 검증 가능해야 한다. 추론이나 느낌, 의견, 편견, 애매모호하게 일반화한 것, 장래 행동의 예측 등은 행동이 아니다.

- **핵심성과지표(KPI:Key Performance Indicator)**

  기업이 비즈니스 목표를 달성하기 위해 계획대로 진행 중인지를 파악할 수 있는 지표를 의미한다.

- **행동지표(Behavioral Indicator)**

  고성과자의 일관된 행동 특성이나 사례를 찾아내고, 이를 일반화하여 조직과 직무가 다른 사람들이 행동의 기준으로 삼을 수 있도록 체계적으로 정리하여 정의한 것을 의미한다.

- **행동사건면접(BEI:Behavioral Event Interview)**

  과거 지원자의 행동 경험을 바탕으로 지원자의 역량을 확인하는 면접을 의미한다.

- **행위관찰척도(BOS:Behavior Observation Scale)**

  고성과자가 발휘하는 바람직한 대표 행동Typical Behavior들을 역량별로 제시하는 형태의 척도를 뜻한다.

- **행위기준평정척도(BARS:Behaviorally-anchored Rating Scale)**

  역량 발휘의 다양한 행동 사례를 가지고 고성과자의 우수 행동과 초보자

  의 미숙한 행동 등을 행동 수준별로 구분하여 제시하는 형태의 척도를 의

  미한다.

- 참고자료 : 역량평가 도입 매뉴얼, 공감채용 가이드북, NCS 홈페이지 면접관

  교육자료

부록

111인의 면접관에게 물었습니다

Ⅰ. 전문면접관 인식 조사

전문면접관이 반드시 갖춰야 할 가장 중요한 역량은 '면접 스킬'이고, 향후 조직이 선호할 인재상은 '소통 및 협업 능력이 강한 인재', MZ세대가 다른 세대보다 우수한 직업기초능력은 '정보능력'인 것으로 나타났다.

　진성북스와 이노에치알(주)이 『면접관 마스터』 출간을 기념하여 전문면접관 111명을 대상으로 설문조사를 실시한 결과, 이 같은 의견이 나왔다. 세부적인 내용을 살펴보면 다음과 같다.

① 전문면접관이 갖춰야 할 중요한 역량

전문면접관이 반드시 갖춰야 할 중요한 역량이 무엇인가라는 질문에 '면접스킬(41%)'과 '평가자로서의 철학(39%)'이 가장 높은 비율로 1, 2위를 차지했다. 17%는 '평가이론 및 지식'을 선택했다. 이는 면접관이 지원자의 핵심역량을 효과적으로 평가하기 위해 역량모델을 이해하고 다양한 평가도구를 활용하는 것뿐만 아니라, 가치판단을 명확하게 하기 위해 철학적인 접근의 필요성을 반영한다고 해석된다.

　효과적이고 합리적인 면접을 위해 가장 큰 영향을 주는 요소에 대해서는 45%가 '면접관 역량'을 들었다. 다음으로 23%가 '면접 도구(질문지, 제공자료, 평가 기준 등)'를, 16%가 '충분한 면접시간'을, 15%가 '적용된 면접 종류 및 방식(실시 면접 도구 종류, 면접관과 지원자 구성)'이라고 답했다. 조사 결과에 따르면, 면접결과의 신뢰도와 타당도를 높이는 데 가장 중요한 요소로 면접관 역량을 인식하는 응답자가 많았으며, 면접 도구의 품질과 수준도 면접에 상당한 영향을 미치는 것으로 나타났다.

면접 역량 강화를 위해 가장 효과적인 방법으로는 68%가 '전문면접관 교육 이수'를 손꼽았다. 응답자 10명 중 7명이 전문면접관 교육 이수를 역량 강화를 위한 방법으로 선호한 결과는 면접관의 전문성과 역량 강화에 교육 프로그램이 중요한 역할을 하고 있음을 명확하게 보여준다. 면접관이 전문성을 바탕으로 지원자를 평가하고 조직에 적합한 인재를 선발하는 노력은 우수한 인재를 확보하는 데 결정적이다. 따라서 조직은 면접관 양성을 위한 내부 교육 프로그램을 운영하거나, 외부의 다양한 면접관 교육 프로그램에 참여하는 지원 방안을 고려해야 한다. 이 외에도 '관련 오프라인 행사 참여', '전문 서적 학습', '관련 대학원 진학', '다양한 형태의 실전 면접 참여', '글로벌 선도기업의 최신 채용 트렌드 및 사례연구' 등이 있었다.

면접관으로 활동할 때 가장 어렵다고 느끼는 점은 '면접 과정에서의 공정성과 중립성 유지'(29%)로 나타났다. 이는 면접관 상당수가 스킬보다 면접의 당위적인 측면에 크게 부담을 느끼고 있음을 시사한다. 다음으로 '평가에 효과적인 핵심 질문 구사'(24%), '해당 기관(기업)과 직무에 대한 이해 부족'(22%), '면접관 간 원활한 의사소통'(10%) 등의 답변이

뒤를 이었다. 면접관들은 이러한 어려움을 극복하기 위해 지속적인 학습과 다양한 경험을 통해 성장해 나가야 한다는 필요성을 자각하고 있다고 풀이된다.

② 향후 조직이 가장 선호하는 인재상

조직은 지원자 역량과 잠재력을 보다 정확하게 평가하기 위해 다양한 형태의 면접을 적용하고 있다. 면접관 역시 여러 가지 면접방식을 유용한 평가 도구로 인식하고 있다. 조사 결과에 따르면, 응답자들은 효과적인 평가를 위해 '경험면접' 이외에 채택하면 좋은 면접 방식으로 '상황면접'(38%), '집단토론'(29%), '발표면접(22%) 등을 꼽았다. 이 결과는 현재 공공기관이 사용하는 매뉴얼에 제시된 4개 면접방식을 복수로 평가에 사용하는 것이 효과적임을 보여준다. 다양한 면접도구의 도입 및 적용은 면접 성과를 높여준다. 이론적으로 볼 때, 면접도구마다 평가에 효과적인 역량이 다르기 때문이다. 특히 토론면접은 피평가자가 타인과 상호작용하며 소통하는 모습을 직접 관찰하고 평가할 수 있는 유일한 도구이다. 조직은 각 면접 도구의 장·단점을 명확히 이해하고 목적과 상황에 맞는 도구를 적절히 활용하는 등 더 나은 방안을 모색해야 한다.

가장 선호하는 인재상은 소통 및 협업 능력이 뛰어난 인재로 나타났다. 향후 조직이 가장 선호하게 될 인재상에 대해서는 10명 중 7명이 '소통 및 협업 능력이 강한 인재'(68%)라고 응답해 높은 비율을 차지했다. 팀워크와 상호관계가 필수적인 환경에서 소통 능력이 우수한 인재는 더욱 중요해질 전망이다. 기타 의견으로는 '조직 적응성이 강한 인재'(11%), '회복탄력성이 강한 인재'(7%), '직무 관련 지식과 경험이 풍부한 인재'(6%), 'IT활용 역량이 강한 인재'(5%) 등이 있었다. 이 질문과 앞에서 소개한 면접방식을 연결해서 생각하면 시사점을 파악할 수 있다. 소통과 협업 능력을 갖춘 인재에 대한 선호도가 높다는 점을 고려할 때, 이 능력을 효과적으로 평가할 수 있는 도구인 토론면접 활용이 필수적이다. 그러나 상황면접을 선택한 응답 비율이 가장 높은 점은 실제 면접현장에서 사용하는 토론면접 도구와 운영 체계가 충분히 구축되지 않았음을 의미한다. 이러한 이유로 토론면접 효과성이 미흡하기 때문에 평가의 필요성은 높지만, 도입의 필요성은 상대적으로 낮게 나타났다고 추론할 수 있다.

신입사원 채용 시 지원자가 갖추어야 할 중요한 요소로는 50%가 '직무 이해 및 관심도'를, 40%는 '조직문화 적합성'을 선택했다. 이에 비해 경력사원 채용 시 가장 중요한 평가 요소로는 ''관련 경력 및 전문지식'(41%), '리더십 및 문제해결능력'(31%), '조직문화 적합성'(16%) 등을 골라 차이를 보였다. 이러한 결과는 조직이 채용 프로세스에서 신입사원과 경력사원을 다르게 평가하는 경향을 보여준다. 신입사원에게는 직무 이해와 조직문화 적합성을, 경력사원에게는 관련 경력과 전문지식, 리더십능력 등을 더 중요하게 고려하고 있다고 풀이된다.

③ MZ세대가 다른 세대보다 강한 직업기초능력

다양한 면접 유형에서 가장 중요하게 생각하는 평가 요소에 대해서는 의견 차이가 뚜렷했다. 인성면접에서는 77%가 '의사소통과 협업 능력'을 중요하게 생각했으며 집단토론면접에서는 66%가 '의사소통능력과 토론 태도'를 1위로 꼽았다. 반면, 발표면접에서는 '자료 이해 및 분석능력'(49%)과 '창의적 사고 및 대안제시 능력'(44%)이 높은 비중을 차지했다. 이는 면접 유형 별 평가 요소 차이를 고려해 평가 기준을 명확하게 설정하고 균형 잡힌 면접 방식을 통해 지원자를 다각도로 평가하는 것의 중요성을 의미한다. 조직은 면접 유형 특징을 고려해 선발 목적에 맞는 방식을 선택하고 활용하여 적합한 인재를 확보해야 한다.

MZ세대가 다른 세대보다 뛰어난 직업기초능력에 대해서 질문한 결과도 흥미롭다. 전문면접관 10명 중 8명은 MZ세대가 '정보능력'이나 '자기개발능력'이 우수하다고 평가했다. 구체적으로는 49%가 '정보능력'을 택했고, 32%가 '자기개발능력'을 꼽았다. 그에 반해 '의사소통능력', '수리능력', '대인관계능력', '자원관리능력' 등의 응답 비율은 2~5%로 상대적으로 낮았다. 특히 인상적인 점은 '문제해결능력'과 '직업윤리'를 선택한 전문면접관이 한 명도 없다는 점이다. 이 조사 결과는 면접관들이 MZ세대가 정보기술과 자기개발을 통해 변화에 대응하는 능력이 충분하다고 긍정적으로 평가하면서도, 문제해결능력과 직업윤리에 대한 부족함을 보완해야 한다는 인식을 갖고 있다고 해석할 수 있다. 물론 MZ세대는 각자의 가치관과 강점·약점이 다르기에, 면접관은 세대적 특성에 대한 선입견을 버리고 개인 역량을 객관적으로 평가해야 한다.

마지막으로 면접에서 보여주는 지원자의 행동 중, 평가자에게 부정적인 영향을 줄 수 있는 요소에 대해서는 '직무와 기업에 대한 이해 부족'(29%), '상투적이고 외운 답변'(27%), '과도한 포장'(22%), '핵심과 논리가 약한 발언'(14%), '입사지원서 내용과 다른 발언'(6%), '지나친 긴장'(2%) 등의 순으로 집계됐다. 이처럼 전문면접관들은 지원자가 직무와 조직에 대한 충분한 이해를 바탕으로 면접장에서 자신만의 진실한 이야기와 역량을 보여주기를 기대하고 있다.

이번 조사는 전문면접관 111명의 의견을 바탕으로 면접관의 노력과 기대, 면접 유형 별 평가 요소, 조직이 선호하는 인재상 등 성공적인 면접 평가를 위해 많은 시사점을 제시하고 있다. 인재를 선발하는 조직에게는 면접을 어떻게 설계해야 할지를, 전문면접관에게는 좋은 면접관이 되기 위해서는 어떤 측면의 자기개발과 노력이 필요한지를 안내하고 있다. 면접은 지원자의 역량을 평가하는 과정을 넘어, 조직의 미래를 결정하는 중요한 전형이다. 면접관의 판단은 조직의 성장과 경쟁력에 직접적으로 영향을 미치기 때문에, 효과적이고 체계적인 면접은 필수적이다. 111명의 전문 면접관의 목소리가 조직과 사회에 긍정적인 영향을 미치길 바란다.

II. 전문면접관의 생각

1. 함께 면접에 참여한 면접관 중에서,
역량이 우수한 면접관이 보여준 주요 행동

- 상황에 맞는 적절하고 예리한 질문으로 인한 변별력 확보
- 지원자의 역량을 객관적으로 판단할 수 있는 심층 질문 구사
- 자기소개서를 바탕으로 한 적절하고 유효한 심층 질문 제시
- 조직이 처한 현안에 대한 지식을 바탕으로 한 구체적 질문 제시
- 지원자가 답변을 제대로 하지 못할 때 적절한 범위 안에서 동기부여
- 예상치 못한 상황에 적절하고 유연한 대처
- 지원자의 답변을 잘 이끌어내는 부드러운 태도
- 편견에 빠지지 않고 지원자 역량 파악
- 질문 의도와 평가 척도를 사전에 공유
- 일관된 태도로 지원자의 답변 경청
- 지원자와 공감대를 형성하는 의사소통과 편안한 면접 분위기 조성
- 침착한 대응과 시간 관리
- 오프닝부터 클로징까지 면접위원장의 안정된 진행
- 타인을 배려하는 언어와 비언어 소통
- 실수하는 면접관을 다른 사람이 눈치채지 못하게 도와주는 행동

2. 함께 면접에 참여한 면접관 중에서,
역량이 부족한 면접관이 보여준 주요 행동

- 거만한 태도와 강압적인 모습, 예의 없는 행동
- 지각하거나, 조직문화에 어울리지 않는 화려한 복장 착용
- 장황하거나 직무와 무관한 사적 질문 구사
- 특별한 고민 없이 형식적인 질문만 제시
- 집중하지 않아 이전 면접관과 유사한 질문 제시
- 역량을 평가하기 곤란한 두루뭉술하고 피상적인 질문 제시
- 자신의 지식을 자랑하거나 답변을 정정하며 훈계
- 지원자의 답변이 자신의 생각과 다를 때 가르침
- 휴대폰을 사용하거나 조기퇴근에 집중
- 다대다 면접에서 혼자 질문을 주로 하며 면접 시간 소요
- 말을 더듬거나 명확하지 않은 발음으로 이야기
- 자신의 평가를 다른 면접관에게 강하게 주장
- 질문 후 경청하지 않거나 난해한 질문으로 지원자를 당황케 함
- 다리를 꼬고 턱을 고이는 등 산만한 자세
- 자신의 전공이나 경력을 과시하며 다른 면접관을 배려하지 않는 독단적
  진행

3. 전문면접관을 한 단어로 표현한다면?

- 미래다. 지원자와 기관의 미래를 책임지기 때문에….
- 분석가다. 기관에 도움이 되는 적합한 인재를 선발할 수 있도록 잘 관찰해서 답변을 정확히 분석할 능력이 필요하기 때문이다.
- 마중물이다. 면접관이 확인하고자 하는 사항을 알아내기 위해(예: 지원자의 역량, 인성, 가치관 등) 적절한 질문을 던지고 그에 걸맞은 태도를 보일 수 있는 사람이다.
- 국가 발전 공헌자이다. 기업 성장의 필수 요건인 핵심 인재 개발 업무를 담당하여 기업 재건과 발전에 힘쓰기 때문이다.
- 끝없는 고민이다. 면접관의 주관적 판단을 모아 공정한 평가를 하기 위해, 면접관 스스로 자신을 다듬는 일을 끝없이 해야 한다고 생각한다.
- 회사의 얼굴이다. 왜냐하면 인재를 발굴하는 역할을 하는 동시에 지원자에게도 기업에 대한 좋은 인상을 심어주어야 하기 때문이다.
- 거울이다. 있는 그대로 잘 반영해 주어야 하므로….
- 농부다. 그 지역의 기후, 땅에 적합한 종자를 선택하고 잘 자랄 수 있는 종자를 선별하여 수확하는 모습이 농부와 비슷하다고 생각한다.
- 팔방미인이다. 면접을 통한 인재 선발로 조직경쟁력에 기여한다는 철학과 소신, 그에 걸맞은 역량을 구비해야 하므로….
- 마스터이다. 면접관은 면접을 위해 지식과 교양을 겸비한 마스터가 되어야 한다.
- 강가의 징검다리이다. 채용이라는 강을 건널 수 있게 도움을 주지만 도

로가 아닌 징검다리인 이유는 다른 요인들이 작동할 수 있게 여지를 주는 역할이기 때문이다.

- 애국자이다. 훌륭한 인재를 선발해 적재적소에 배치해 기관이 잘 돌아가게 하여 나라 발전에 기여하기 때문이다.

- 광부다. 묻혀있는 보석을 찾는 일, 즉 흙을 걷어 내고 진짜 원석을 구별할 줄 아는 스킬과 경험, 눈이 있어야 한다.

- 현대판 강감찬이다. 날카롭고 지혜롭고 체력도 강하고 언변도 뛰어나야 한다.

- 냉정과 열정 사이다. 면접 현장에서 지원자에겐 관심과 몰입의 열정을 보여주지만, 내부 평가에선 냉정하게 분석하고 판단하려고 노력해야 한다.

- 심인♡이다. 보이는 모습뿐만이 아닌 지원자의 숨겨진 역량을 꿰뚫어 보는 전문인이기 때문에….

- 인생의 문지기다. 전문면접관은 다양한 사람들의 인생을 결정지을 수도 있는 첫 번째 자리이자 역할을 하는 사람이다.

- 공정 채용 지킴이다. 이해관계 및 부정부패 없는 외부면접관의 임무를 수행하기에….

- 보석감별사다. 구직자들은 모두 저만의 빛이 있는 보석이다. 보석을 알맞은 곳에 배치하는 것, 그것이 바로 전문면접관이 해야 할 일이다.

- 브리지 전문가다. 조직과 지원자 모두를 도울 수 있는 전문가여야 하기 때문이다. 전문면접관은 조직에서 필요로 하는 인재와 진정성 있는 노력을 한 지원자를 연결할 수 있는 전문성과 통찰력이 필요하다.

III. 설문 평가

1. 면접관 역량 이해 및 평가에 관한 질문

Q1. 전문면접관이 반드시 갖춰야 할 가장 중요한 역량이 무엇이라고 생각하시나요?	평가이론 및 지식	17%
	면접 스킬	41%
	평가자로서 철학	39%
	기타	3%
	전체	100%
Q2. 효과적이고 합리적인 면접을 위해 가장 큰 영향을 주는 것은 무엇이라고 생각하시나요?	면접 도구(질문지, 제공자료, 평가 기준 등)	23%
	적용된 면접 종류 및 방식(실시 면접 도구 종류, 면접관과 지원자의 구성)	15%
	면접관의 역량	45%
	충분한 면접 시간	16%
	기타	1%
	전체	100%
Q3. 면접 역량 강화를 위해 가장 효과적인 것은 무엇이라고 생각합니까?	전문면접관 교육 이수	68%
	관련 대학원 진학	2%
	전문 서적 학습	4%
	관련 오프라인 행사 참여	12%
	기타	14%
	전체	100%

	면접 과정에서의 공정성과 중립성 유지	29%
	예측하지 못한 상황에 대한 대처	6%
Q4. 면접관으로 활동할 때 가장 어렵게 느꼈던 것은 무엇인가요?	면접관 간의 원활한 의사소통	10%
	해당 기관(기업)과 직무에 대한 이해 부족	22%
	평가에 효과적인 핵심 질문 구사	24%
	기타	9%
	전체	100%
Q5. 효과적인 평가를 위해 '경험면접' 이외에 추가하면 가장 좋은 면접 종류는 무엇이라고 생각하시나요?	집단토론	29%
	상황면접	38%
	역할 연기	7%
	발표 면접	22%
	기타	4%
	전체	100%
Q6. 향후 조직이 가장 선호하게 될 인재상은 무엇이라고 생각하시나요?	직무 관련 지식과 경험이 풍부한 인재	6%
	소통 및 협업 능력이 강한 인재	68%
	조직 적응성이 강한 인재	11%
	회복탄력성이 강한 인재	7%
	IT 활용 역량이 강한 인재	5%
	기타	3%
	전체	100%

2. 지원자 평가 요소와 기준에 관한 질문

Q1. 전문면접관이 반드시 갖춰야 할 가장 중요한 역량이 무엇이라고 생각하시나요?	평가이론 및 지식	17%
	면접 스킬	41%
	평가자로서 철학	39%
	기타	3%
	전체	100%
Q2. 효과적이고 합리적인 면접을 위해 가장 큰 영향을 주는 것은 무엇이라고 생각하시나요?	면접 도구(질문지, 제공자료, 평가 기준 등)	23%
	적용된 면접 종류 및 방식(실시 면접 도구 종류, 면접관과 지원자의 구성)	15%
	면접관의 역량	45%
	충분한 면접 시간	16%
	기타	1%
	전체	100%
Q3. 면접 역량 강화를 위해 가장 효과적인 것은 무엇이라고 생각합니까?	전문면접관 교육 이수	68%
	관련 대학원 진학	2%
	전문 서적 학습	4%
	관련 오프라인 행사 참여	12%
	기타	14%
	전체	100%

Q4. 면접관으로 활동할 때 가장 어렵게 느꼈던 것은 무엇인가요?	면접 과정에서의 공정성과 중립성 유지	29%
	예측하지 못한 상황에 대한 대처	6%
	면접관 간의 원활한 의사소통	10%
	해당 기관(기업)과 직무에 대한 이해 부족	22%
	평가에 효과적인 핵심 질문 구사	24%
	기타	9%
	전체	100%
Q5. 효과적인 평가를 위해 '경험면접' 이외에 추가하면 가장 좋은 면접 종류는 무엇이라고 생각하시나요?	집단토론	29%
	상황면접	38%
	역할 연기	7%
	발표 면접	22%
	기타	4%
	전체	100%
Q6. 향후 조직이 가장 선호하게 될 인재상은 무엇이라고 생각하시나요?	직무 관련 지식과 경험이 풍부한 인재	6%
	소통 및 협업 능력이 강한 인재	68%
	조직 적응성이 강한 인재	11%
	회복탄력성이 강한 인재	7%
	IT 활용 역량이 강한 인재	5%
	기타	3%
	전체	100%

3. 기본 사항

Q1. 신입사원 채용 시 지원자가 갖추어야 할 중요한 요소는 무엇이라고 생각하시나요?	전공지식	3%
	대외활동 경험	2%
	직무 이해 및 관심도	50%
	실무경험	3%
	조직문화 적합성	40%
	기타	2%
	전체	100%
Q2. 경력사원 채용 시 지원자가 갖추어야 할 중요한 요소는 무엇이라고 생각하시나요?	관련 경력 및 전문지식	41%
	업무성과	6%
	의사소통능력	5%
	리더십 및 문제해결능력	31%
	조직문화 적합성	16%
	기타	1%
	전체	100%
Q3. 인성면접 시 가장 중요하게 생각하는 평가 요소는 무엇인가요?	역량 적합도	14%
	발전 가능성	5%
	장기 근무 가능성	3%
	의사소통과 협업능력	77%
	기타	1%
	전체	100%

Q4. 발표면접 시 가장 중요하게 생각하는 평가 요소는 무엇인가요?	발표 태도	5%
	발표 시간 준수	1%
	자료 이해 및 분석능력	49%
	창의적 사고 및 대안제시능력	44%
	기타	1%
	전체	100%
Q5. 집단토론 면접 시 가장 중요하게 생각하는 평가 요소는 무엇인가요?	토론 태도	13%
	적극적인 참여	11%
	의사소통능력	53%
	자료 이해 및 분석능력	10%
	창의적 사고 및 대안제시능력	12%
	기타	1%
	전체	100%
Q6. MZ세대가 다른 세대보다 강한 직업기초능력은 무엇이라고 생각하시나요?	의사소통능력	5%
	수리능력	3%
	자기개발능력	32%
	자원관리능력	2%
	대인관계능력	3%
	정보능력	49%
	조직이해능력	2%
	기술능력	4%
	전체	100%

Q7. 면접에서 보여주는 지원자의 행동 중, 평가자에게 가장 부정적인 영향을 줄 수 있는 요소는 무엇이라고 생각하십니까?	지나친 긴장	2%
	과도한 포장	22%
	핵심과 논리가 약한 발언	14%
	상투적이고 외운 답변	27%
	직무와 기업에 대한 이해 부족	29%
	입사지원서 내용과 다른 발언	6%
	전체	100%

면접관
마스터

진성북스
도서목록

나의 잠재력을 찾는 생각의 비밀코트
지혜의 심리학
10주년 기념판

김경일 지음
340쪽 | 값 18,500원

10주년 기념판으로 새롭게 만나는 '인지심리학의 지혜'!
지난 10년간의 감사와 진심을 담은 『지혜의 심리학 10주년 기념판』! 수많은 자기계발서를 읽고도 목표를 이루지 못한 사람들의 필독서로서, 모든 결과의 시작점에 있는 원인(Why)을 주목했다. 이 책을 읽고 생각의 원리를 올바로 이해하고 활용함으로써 누구라도 통찰을 통해 행복한 삶을 사는 지혜를 얻을 수 있을 것이다.

- OtvN <어쩌다 어른> 특강 출연
- KBS 1TV 아침마당<목요특강> "지혜의 심리학" 특강 출연
- 2014년 중국 수출 계약 | 포스코 CEO 추천 도서
- YTN사이언스 <과학, 책을 만나다> "지혜의 심리학" 특강 출연

포스트 코로나 시대의 행복
적정한 삶

김경일 지음 | 360쪽 | 값 16,500원

우리의 삶은 앞으로 어떤 방향으로 나아가게 될까? 인지심리학자인 저자는 이번 팬데믹 사태를 접하면서 수없이 받아온 질문에 대한 답을 이번 저서를 통해 말하고 있다. 앞으로 인류는 '극대화된 삶'에서 '적정한 삶'으로 갈 것이라고, 낙관적인 예측이 아닌 엄숙한 선언이다. 행복의 척도가 바뀔 것이며 개인의 개성이 존중되는 시대가 온다. 타인이 이야기하는 'want'가 아니라 내가 진짜 좋아하는 'like'를 발견하며 만족감이 스마트해지는 사회가 다가온다. 인간의 수명은 길어지고 적정한 만족감을 느끼지 못하는 인간은 결국 길 잃은 삶을 살게 될 것이라고 말이다.

젊음을 오래 유지하는 자율신경건강법
안티에이징 시크릿

정이안 지음
264쪽 | 값 15,800원

자율신경을 지키면 노화를 늦출 수 있다!
25년 넘게 5만 명이 넘는 환자를 진료해 온 정이안 원장이 제안하는, 노화를 늦추고 건강하게 사는 자율신경건강법이 담긴 책. 남녀를 불문하고 체내에 호르몬이 줄어들기 시작하는 35세부터 노화가 시작된다. 저자는 식습관과 생활 습관, 치료법 등 자율신경의 균형을 유지하는 다양한 한의학적 지식을 제공함으로써, 언제라도 '몸속 건강'을 지키며 젊게 살 수 있는 비결을 알려준다.

정신과 의사가 알려주는 감정 컨트롤술
마음을 치유하는
7가지 비결

가바사와 시온 지음 | 송소정 옮김 | 268쪽
값 15,000원

일본의 저명한 정신과 의사이자 베스트셀러 작가, 유튜브 채널 구독자 35만 명을 거느린 유명 유튜버이기도 한 가바사와 시온이 소개하는, 환자와 가족, 간병인을 위한 '병을 낫게 하는 감정 처방전'이다. 이 책에서 저자는 정신의학, 심리학, 뇌과학 등 여러 의학 분야를 망라하여 긍정적인 감정에는 치유의 힘이 있음을 설득력 있게 제시한다.

독일의 DNA를 밝히는 단 하나의 책!
세상에서 가장 짧은
독일사

제임스 호즈 지음 | 박상진 옮김
428쪽 | 값 23,000원

냉철한 역사가의 시선으로 그려낸 '진짜 독일의 역사'를 만나다!
『세상에서 가장 짧은 독일사』는 역사가이자 베스트셀러 소설가인 저자가 가장 최초의 독일인이라 불리는 고대 게르만의 부족부터 로마, 프랑크 왕국과 신성로마제국, 프로이센, 그리고 독일 제국과 동독, 서독을 거쳐 오늘날 유럽 연합을 주도하는 독일에 이르기까지 모든 독일의 역사를 특유의 독특한 관점으로 단 한 권에 엮어낸 책이다.

- 영국 선데이 타임즈 논픽션 베스트셀러
- 세계 20개 언어로 번역

감정은 인간을 어떻게 지배하는가
감정의 역사

롭 보디스 지음 | 민지현 옮김 | 356쪽 |
값 16,500원

이 책은 몸짓이나 손짓과 같은 제스처, 즉 정서적이고 경험에 의해 말하지 않는 것들을 설득력 있게 설명한다. 우리가 느끼는 시간과 공간의 순간에 마음과 몸이 존재하는 역동적인 산물이라고 주장하면서, 생물학적, 인류학적, 사회 문화적 요소를 통합하는 진보적인 접근 방식을 사용하여 전 세계의 정서적 만남과 개인 경험의 변화를 설명한다. 감정의 역사를 연구하는 최고 학자 중 한 명으로, 독자들은 정서적 삶에 대한 그의 서사적 탐구에 매혹당하고, 감동받을 것이다.

하버드 경영대학원 마이클 포터의 성공전략 지침서

당신의 경쟁전략은 무엇인가?

조안 마그레타 지음 | 김언수, 김주권, 박상진 옮김
368쪽 | 값 22,000원

이 책은 방대하고 주요한 마이클 포터의 이론과 생각을 한 권으로 정리했다. <하버드 비즈니스리뷰> 편집장 출신인 조안 마그레타(Joan Magretta)는 마이클 포터와의 협력으로 포터교수의 아이디어를 업데이트하고, 이론을 증명하기 위해 생생하고 명확한 사례들을 알기 쉽게 설명한다. 전략경영과 경쟁전략의 핵심을 단기간에 마스터하기 위한 사람들의 필독서이다.

- 전략의 대가, 마이클 포터 이론의 결정판
- 아마존 전략분야 베스트 셀러
- 일반인과 대학생을 위한 전략경영 필독서

비즈니스 성공의 불변법칙
경영의 멘탈모델을 배운다!

퍼스널 MBA
10주년 기념 증보판

조시 카우프만 지음 | 박상진, 이상호 옮김
832쪽 | 값 35,000원

"MASTER THE ART OF BUSINESS"

비즈니스 스쿨에 발을 들여놓지 않고도 자신이 원하는 시간과 적은 비용으로 비즈니스 지식을 획기적으로 높이는 방법을 가르쳐 주고 있다. 실제 비즈니스의 운영, 개인의 생산성 극대화, 그리고 성과를 높이는 스킬을 배울 수 있다. 이 책을 통해 경영학을 마스터하고 상위 0.01%에 속하는 부자가 되는 길을 따라가 보자.

- 아마존 경영 & 리더십 트레이닝 분야 1위
- 미국, 일본, 중국 베스트 셀러
- 전 세계 100만 부 이상 판매

한국기업, 글로벌 최강 만들기 프로젝트 1

넥스트 이노베이션

김언수, 김봉선, 조준호 지음 | 396쪽 |
값 18,000원

넥스트 이노베이션은 혁신의 본질, 혁신의 유형, 각종 혁신의 사례들, 다양한 혁신을 일으키기 위한 약간의 방법론들, 혁신을 위한 조직 환경과 디자인, 혁신과 관련해 개인이 할 수 있는 것들, 향후의 혁신 방향 및 그와 관련된 정부의 정책의 역할까지 폭넓게 논의한다. 이 책을 통해 조직 내에서 혁신에 관한 공통의 언어를 생성하고, 새로운 혁신 프로젝트에 맞는 구체적인 도구와 프로세스를 활용하는 방법을 개발하기 바란다. 나아가 여러 혁신 성공 및 실패 사례를 통해 다양하고 창의적인 혁신 아이디어를 얻고 실행에 옮긴다면 분명 좋은 성과를 얻을 수 있으리라 믿는다.

인간에게 영감을 불어넣는 '숨'의 역사

호흡

에드거 윌리엄스 지음
황선영 옮김
396쪽 | 값 22,000원

호흡 생리학자가 엮어낸 호흡에 관한 거의 모든 지식!

우리 삶에 호흡이 왜 중요할까? 그건 바로 생존이 달려있기 때문이다. 지금까지 건강한 호흡 방법, 명상을 위한 호흡법처럼 건강으로 호흡을 설명하는 책들은 많았다. 하지만 호흡 자체의 본질적 질문에 답하는 책은 없었다. 저자는 "인간은 왜 지금과 같은 방식으로 숨을 쉬게 되었는가?"라는 질문에서 시작한다. 평생 호흡을 연구해 온 오늘날 현대인이 호흡할 수 있기까지의 전 과정을 인류역사, 인물, 사건, 기술, 문학작품을 통해서 생생하게 일러준다.

과학책에서 들었을 법한 산소 발견 이야기는 물론, 인종차별의 증거로 잘못 활용된 폐활량계, 제1차 세계대전에서 수많은 사상자를 남긴 유독가스, 오늘날에도 우리를 괴롭히는 다양한 호흡 장애와 몸과 마음을 지키는 요가의 호흡법 등, 이 책은 미처 세기도 어려운 호흡에 관한 거의 모든 지식을 총망라하며 읽는 이의 지성을 자극하고도 남는다. 인간에게 숨은 생명의 시작이면서 끝이고, 삶에 대한 풍부한 스토리를 내포하고 있다.

저자는 "평생 탐구해 온 단 하나의 물음인 '인간은 왜 지금과 같은 방식으로 숨을 쉬게 되었는가'에 대한 해답을 이 책에서 찾아보고자" 했다고 밝힌다. 하지만 호흡이라는 하나의 주제로 엮인 이 책을 통해 알 수 있는 것이 비단 호흡의 비밀만은 아니다.

우리는 수개월 동안 호흡 없이 뱃속에서 지내던 아이의 첫울음에 이루 말할 수 없는 감동을 느끼게 된다. 또한 인체에 대한 이해와 산소호흡기의 탄생 등 눈부신 발전을 이룩한 현대 의학의 이면에 숨은 수많은 연구자의 성공과 실패담을 읽으며 그 노고를 깨닫게 된다. 호흡이라는 주제로 얽히고설킨 깊고 넓은 지식의 생태계 속에서 여러분들은 인류의 번영과 고뇌, 무수한 학자들의 성공과 실패, 그리고 삶과 죽음이 녹아든 지혜를 선물 받을 것이다.

새로운 리더십을 위한 지혜의 심리학
이끌지 말고 따르게 하라

김경일 지음
328쪽 | 값 15,000원

이 책은 '훌륭한 리더', '존경받는 리더', '사랑받는 리더'가 되고 싶어하는 모든 사람들을 위한 책이다. 요즘 사회에서는 존경보다 질책을 더 많이 받는 리더들의 모습을 쉽게 볼 수 있다. 저자는 리더십의 원형이 되는 인지심리학을 바탕으로 바람직한 리더의 모습을 하나씩 밝혀준다. 현재 리더의 위치에 있는 사람뿐만 아니라, 앞으로 리더가 되기 위해 노력하고 있는 사람이라면 인지심리학의 새로운 접근에 공감하게 될 것이다. 존경받는 리더로서 조직을 성공시키고, 나아가 자신의 삶에서도 승리하기를 원하는 사람들에게 필독을 권한다.

● OtvN <어쩌다 어른> 특강 출연
● 예스24 리더십 분야 베스트 셀러
● 국립중앙도서관 사서 추천 도서

UN 선정, 미래 경영의 17가지 과제
지속가능발전목표란 무엇인가?

딜로이트 컨설팅 엮음 | 배정희, 최동건 옮김
360쪽 | 값 17,500원

지속가능발전목표(SDGs)는 세계 193개국으로 구성된 UN에서 2030년까지 달성해야 할 사회과제 해결을 목표로 설정됐으며, 2015년 채택 후 순식간에 전 세계로 퍼졌다. SDGs의 큰 특징 중 하나는 공공, 사회, 개인(기업)의 세 부문에 걸쳐 널리 파급되고 있다는 점이다. 그러나 SDGs가 세계를 향해 던지는 근본적인 질문에 대해서는 사실 충분한 이해와 침투가 이뤄지지 않고 있다. SDGs는 단순한 외부 규범이 아니다. 단순한 자본시장의 요구도 아니다. 단지 신규사업이나 혁신의 한 종류도 아니다. SDGs는 과거 수십 년에 걸쳐 글로벌 자본주의 속에서 면면이 구축되어온 현대 기업경영 모델의 근간을 뒤흔드는 변화(진화)에 대한 요구다. 이러한 경영 모델의 진화가 바로 이 책의 주요 테마다.

기초가 탄탄한 글의 힘
실용 글쓰기 정석

황성근 지음 | 252쪽 | 값 13,500원

글쓰기는 인간의 기본 능력이자 자신의 능력을 발휘하는 핵심적인 도구이다. 이 책에서는 기본 원리와 구성, 나아가 활용 수준까지 글쓰기의 모든 것을 다루고 있다. 이 책은 지금까지 자주 언급되고 무조건적으로 수용되던 기존 글쓰기의 이론들을 아예 무시했다. 실제 글쓰기를 할 때 반드시 필요하고 알아두어야 하는 내용들만 담았다. 소설 읽듯 하면 바로 이해되고 그 과정에서 원리를 터득할 수 있도록 심혈을 기울인 책이다. 글쓰기에 대한 깊은 고민에 빠진 채 그 방법을 찾지 못해 방황하고 있는 사람들에게 필독하길 권한다.

상위 7% 우등생 부부의 9가지 비결
사랑의 완성 결혼을 다시 생각하다

그레고리 팝캑 지음
민지현 옮김 | 396쪽 | 값 16,500원

결혼 상담 치료사인 저자는 특별한 부부들이 서로를 대하는 방식이 다른 모든 부부관계에도 도움이 된다고 알려준다. 이 책은 저자 자신의 결혼생활 이야기를 비롯해 상담치료 사례와 이에 대한 분석, 자가진단용 설문, 훈련 과제 및 지침 등으로 구성되어 있다. 이 내용들은 오랜 결혼 관련 연구논문으로 지속적으로 뒷받침되고 있으며 효과가 입증된 것들이다. 이 책을 통해 독자들은 무엇이 결혼생활에 부정적으로 작용하며, 긍정적인 변화를 위해 어떤 노력을 해야 하는지 배울 수 있다.

앞서 가는 사람들의 두뇌 습관
스마트 싱킹

아트 마크먼 지음 | 박상진 옮김
352쪽 | 값 17,000원

숨어 있던 창의성의 비밀을 밝힌다!
인간의 마음이 어떻게 작동하는지 설명하고, 스마트해지는데 필요한 완벽한 종류의 연습을 하도록 도와준다. 고품질 지식의 습득과 문제 해결을 위해 생각의 원리를 제시하는 인지 심리학의 결정판이다! 고등학생이든, 과학자든, 미래의 비즈니스 리더든, 또는 회사의 CEO든 스마트 싱킹을 하고자 하는 누구에게나 이 책이 유용하리라 생각한다.

● 조선일보 등 주요 15개 언론사의 추천
● KBS TV, CBS방영 및 추천

나의 경력을 빛나게 하는 인지심리학
커리어 하이어

아트 마크먼 지음 | 박상진 옮김 | 340쪽
값 17,000원

이 책은 세계 최초로 인지과학 연구 결과를 곳곳에 배치해 '취업-업무 성과-이직'으로 이어지는 경력 경로 전 과정을 새로운 시각에서 조명했다. 또한, 저자인 아트 마크먼 교수가 미국 텍사스 주립대의 '조직의 인재 육성(HDO)'이라는 석사학위 프로그램을 직접 개설하고 책임자까지 맡으면서 '경력 관리'에 대한 이론과 실무를 직접 익혔다. 따라서 탄탄한 이론과 직장에서 바로 적용할 수 있는 실용성까지 갖추고 있다. 특히 2부에서 소개하는 성공적인 직장생활의 4가지 방법들은 이 책의 백미라고 볼 수 있다.

나와 당신을 되돌아보는, 지혜의 심리학
어쩌면 우리가
거꾸로 해왔던 것들
김경일 지음 | 272쪽 | 값 15,000원

저자는 이 책에서 수십 년 동안 심리학을 공부해오면서 사람들로부터 가장 많은 공감을 받은 필자의 말과 글을 모아 엮었다. 수많은 독자와 청중들이 '아! 맞아. 내가 그랬었지'라며 지지했던 내용들이다. 다양한 사람들이 공감한 내용들의 방점은 이렇다. 안타깝게도 세상을 살아가는 우리 대부분은 '거꾸로'하고 있는지도 모른다. 이 책은 지금까지 일상에서 거꾸로 해온 것을 반대로, 즉 우리가 '거꾸로 해왔던 수많은 말과 행동들'을 조금이라도 제자리로 되돌아보려는 노력의 산물이다. 이런 지혜를 터득하고 심리학을 생활 속에서 실천하길 바란다.

고혈압, 당뇨, 고지혈증, 골관절염...
큰 병을 차단하는 의사의 특별한 건강관리법
몸의 경고
박제선 지음 | 336쪽 | 값 16,000원

현대의학은 이제 수명 연장을 넘어, 삶의 질도 함께 고려하는 상황으로 바뀌고 있다. 삶의 '길이'는 현대의료시스템에서 잘 챙겨주지만, '삶의 질'까지 보장받기에는 아직 갈 길이 멀다. 삶의 질을 높이려면 개인이 스스로 해야 할 일이 있다. 진료현장의 의사가 개인의 세세한 건강을 모두 신경 쓰기에는 역부족이다. 이 책은 아파서 병원을 찾기 전에 스스로 '예방'할 수 있는 영양요법과 식이요법에 초점을 맞추고 있다. 병원에 가기 두렵거나 귀찮은 사람, 이미 질환을 앓고 있지만 심각성을 깨닫지 못하는 사람들에게 가정의학과 전문의가 질병 예방 길잡이를 제공하는 좋은 책이다.

질병의 근본 원인을 밝히고
남다른 예방법을 제시한다
의사들의 120세
건강 비결은 따로 있다
마이클 그레거 지음 | 홍영준, 강태진 옮김
❶ 질병원인 치유편 | 564쪽 | 값 22,000원
❷ 질병예방 음식편 | 340쪽 | 값 15,000원

미국 최고의 영양 관련 웹사이트인 http://NutritionFacts.org를 운영 중인 세계적인 영양전문가이자 내과의사가 과학적인 증거로 치명적인 질병으로 사망하는 원인을 규명하고 병을 예방하고 치유하는 식습관에 대해 집대성한 책이다. 저자는 영양과 생활방식의 조정이 처방약, 항암제, 수술보다 더 효과적일 수 있다고 강조한다. 우수한 건강서로서 모든 가정의 구성원들이 함께 읽고 실천하면 좋은 '가정건강지킴이'로서 손색이 없다.

● 아마존 식품건강분야 1위   ● 출간 전 8개국 판권계약

성공적인 인수합병의 가이드라인
시너지 솔루션

마크 서로워,
제프리 웨이런스 지음
김동규 옮김
456쪽 | 값 25,000원

"왜 최고의 기업은 최악의 선택을 하는가?"
유력 경제 주간지 『비즈니스위크Businessweek』의 기사에 따르면 주요 인수합병 거래의 65%가 결국 인수기업의 주가가 무참히 무너지는 결과로 이어졌다. 그럼에도 M&A는 여전히 기업의 가치와 미래 경쟁력을 단기간 내에 끌어올릴 수 있는 매우 유용하며 쉽게 대체할 수 없는 성장 및 발전 수단이다. 그렇다면 수많은 시너지 함정과 실수를 넘어 성공적인 인수합병을 위해서는 과연 무엇이 필요할까? 그 모든 해답이 이 책, 『시너지 솔루션』에 담겨 있다.
두 저자는 1995년부터 2018년까지 24년 동안 발표된 2,500건을 상회하는 1억 달러 이상 규모의 거래를 분석했으며, 이를 통해 인수 거래 발표 시 나타나는 주식 시장의 반응이 매우 중요하며, 이렇게 긍정적인 방향으로 시작한 거래가 부정적인 반응을 얻은 뒤 변화 없이 지속된 거래에 비해 압도적인 성과를 거두게 됨을 알게 되었다. 이러한 결과를 통해 제대로 된 인수 거래의 중요성을 재확인한 두 저자는 올바른 M&A 전략을 세우고 이를 계획대로 실행할 수 있도록 M&A의 '엔드 투 엔드 솔루션'을 제시한다. 준비된 인수기업이 되어 함정을 피할 수 있는 인수전략을 개발하고 실행하는 법은 물론, 프리미엄을 치르는 데 따르는 성과 약속을 전달하는 법, 약속한 시너지를 실제로 구현하는 법, 변화를 관리하고 새로운 문화를 구축하는 법, 그리고 장기적 주주 가치를 창출하고 유지하는 법을 모두 한 권에 책에 담음으로써, M&A의 성공률을 높이고 기업과 주주 모두에게 도움이 될 수 있도록 하였다. 『시너지 솔루션』이 제시하는 통합적인 관점을 따라간다면 머지않아 최적의 시기에 샴페인을 터뜨리며 축배를 드는 자신을 보게 될 것이다.

회사를 살리는 영업 AtoZ
세일즈 마스터

이장석 지음 | 396쪽 | 값 17,500원

영업은 모든 비즈니스의 꽃이다. 오늘날 경영학의 눈부신 발전과 성과에도 불구하고, 영업관리는 여전히 비과학적인 분야로 남아있다. 영업이 한 개인의 개인기나 합법과 불법을 넘나드는 묘기의 수준에 남겨두는 한, 기업의 지속적 발전은 한계에 부딪히기 마련이다. 이제 편법이 아닌 정석에 관심을 쏟을 때다. 본질을 망각한 채 결과에 올인하는 영업직원과 눈앞의 성과만으로 모든 것을 평가하려는 기형적인 조직문화는 사라져야 한다. 이 책은 영업의 획기적인 리엔지니어링을 위한 AtoZ를 제시한다. 디지털과 인공지능 시대에 더 인정받는 영업직원과 리더를 위한 필살기다.

언제까지 질병으로 고통받을 것인가?
난치병 치유의 길

앤서니 윌리엄 지음 | 박용준 옮김
468쪽 | 값 22,000원

이 책은 현대의학으로는 치료가 불가능한 질병으로 고통 받는 수많은 사람들에게 새로운 치료법을 소개한다. 저자는 사람들이 무엇으로 고통받고, 어떻게 그들의 건강을 관리할 수 있는지에 대한 영성의 목소리를 들었다. 현대 의학으로는 설명할 수 없는 질병이나 몸의 비정상적인 상태의 근본 원인을 밝혀주고 있다. 당신이 원인불명의 증상으로 고생하고 있다면 이 책은 필요한 해답을 제공해 줄 것이다.

● 아마존 건강분야 베스트 셀러 1위

유능한 리더는 직원의 회복력부터 관리한다
스트레스 받지 않는
사람은 무엇이 다른가

데릭 로저, 닉 페트리 지음
김주리 옮김 | 308쪽 | 값 15,000원

이 책은 흔한 스트레스 관리에 관한 책이 아니다. 휴식을 취하는 방법에 관한 책도 아니다. 인생의 급류에 휩쓸리지 않고 어려움을 헤쳐 나갈 수 있는 능력인 회복력을 강화하여 삶을 주체적으로 사는 법에 관한 명저다. 엄청난 무게의 힘든 상황에서도 감정적 반응을 재설계하도록 하고, 스트레스 증가 외에는 아무런 도움이 되지 않는 자기 패배적 사고 방식을 깨는 방법을 제시한다. 깨어난 순간부터 자신의 태도를 재조정하는 데 도움이 되는 사례별 연구와 극복 기술을 소개한다.

기후의 역사와 인류의 생존
시그널

벤저민 리버만, 엘리자베스 고든 지음
은종환 옮김 | 440쪽 | 값 18,500원

이 책은 인류의 역사를 기후변화의 관점에서 풀어내고 있다. 인류의 발전과 기후의 상호작용을 흥미 있게 조명한다. 인류 문화의 탄생부터 현재에 이르기까지 역사의 중요한 지점을 기후의 망원경으로 관찰하고 해석한다. 당시의 기후조건이 필연적으로 만들어낸 여러 사회적인 변화를 파악한다. 결코 간단하지 않으면서도 흥미진진한, 그리고 현대인들이 심각하게 다뤄야 할 이 주제에 대해 탐구를 시작하고자 하는 독자에게 이 책이 좋은 길잡이가 되리라 기대해본다.

세계 초일류 기업이 벤치마킹한
성공전략 5단계
승리의 경영전략

AG 래플리, 로저마틴 지음
김주권, 박광태, 박상진 옮김
352쪽 | 값 18,500원

전략경영의 살아있는 메뉴얼
가장 유명한 경영 사상가 두 사람이 전략이란 무엇을 위한 것이고, 어떻게 생각해야 하며, 왜 필요하고, 어떻게 실천해야 할지 구체적으로 설명한다. 이들은 100년 동안 세계 기업회생역사에서 가장 성공적이라고 평가받고 있을 뿐 아니라, 직접 성취한 P&G의 사례를 들어 전략의 핵심을 강조하고 있다.

● 경영대가 50인(Thinkers 50)이 선정한 2014 최고의 책
● 탁월한 경영자와 최고의 경영 사상가의 역작
● 월스트리스 저널 베스트 셀러

언어를 넘어 문화와 예술을 관통하는 수사학의 힘
현대 수사학

요아힘 크나페 지음
김종영, 홍설영 옮김 | 480쪽 | 값 25,000원

이 책의 목표는 인문학, 문화, 예술, 미디어 등 여러 분야에 수사학을 접목시킬 현대 수사학이론을 개발하는 것이다. 수사학은 본래 언어적 형태의 소통을 연구하는 학문이라서 기초이론의 개발도 이 점에 주력하였다. 그 결과 언어적 소통의 관점에서 수사학의 역사를 개관하고 정치수사학을 다루는 서적은 꽤 많지만, 수사학 이론을 현대적인 관점에서 새롭고 포괄적으로 다룬 연구는 눈에 띄지 않는다. 이 책은 수사학이 단순히 언어적 행동에만 국한하지 않고, '소통이 있는 모든 곳에 수사학도 있다'는 가정에서 출발한다. 이를 토대로 크나페 교수는 현대 수사학 이론을 체계적으로 개발하고, 문학, 음악, 이미지, 영화 등 실용적인 영역에서 수사학적 분석이 어떻게 가능한지를 총체적으로 보여준다.

백 마디 불통의 말, 한 마디 소통의 말

당신은 어떤 말을 하고 있나요?

김종영 지음
248쪽 | 값 13,500원

리더십의 핵심은 소통능력이다. 소통을 체계적으로 연구하는 학문이 바로 수사학이다. 이 책은 우선 사람을 움직이는 힘, 수사학을 집중 조명한다. 그리고 소통의 능력을 필요로 하는 우리 사회의 리더들에게 꼭 필요한 수사적 리더십의 원리를 제공한다. 더 나아가서 수사학의 원리를 실제 생활에 어떻게 적용할 수 있는지 일러준다. 독자는 행복한 말하기와 아름다운 소통을 체험할 것이다.

● SK텔레콤 사보 <Inside M> 인터뷰
● MBC 라디오 <라디오 북 클럽> 출연
● 매일 경제, 이코노믹리뷰, 경향신문 소개
● 대통령 취임 2주년 기념식 특별연설

경쟁을 초월하여 영원한 승자로 가는 지름길

탁월한 전략이 미래를 창조한다

리치 호워드 지음 | 박상진 옮김
300쪽 | 값 17,000원

이 책은 혁신과 영감을 통해 자신들의 경험과 지식을 탁월한 전략으로 바꾸려는 리더들에게 실질적인 프레임워크를 제공해준다. 저자는 탁월한 전략을 위해서는 새로운 통찰을 결합하고 독자적인 경쟁 전략을 세우고 헌신을 이끌어내는 것이 중요하다고 강조한다. 나아가 연구 내용과 실제 사례, 사고 모델, 핵심 개념에 대한 명쾌한 설명을 통해 탁월한 전략가가 되는 데 필요한 핵심 스킬을 만드는 과정을 제시해준다.

● 조선비즈, 매경이코노미 추천도서
● 저자 전략분야 뉴욕타임즈 베스트 셀러

대담한 혁신상품은 어떻게 만들어지는가?

신제품 개발 바이블

로버트 쿠퍼 지음 | 류강석, 박상진, 신동영 옮김
648쪽 | 값 28,000원

오늘날 비즈니스 환경에서 진정한 혁신과 신제품개발은 중요한 도전과제이다. 하지만 대부분의 기업들에게 야심적인 혁신은 보이지 않는다. 이 책의 저자는 제품혁신의 핵심성공 요인이자 세계최고의 제품개발 프로세스인 스테이지-게이트(Stage-Gate)에 대해 강조한다. 아울러 올바른 프로젝트 선택 방법과 스테이지-게이트 프로세스를 활용한 신제품개발 성공 방법에 대해서도 밝히고 있다. 신제품은 기업번영의 핵심이다. 이러한 방법을 배우고 기업의 실적과 시장 점유율을 높이는 대담한 혁신을 성취하는 것은 담당자, 관리자, 경영자의 마지노선이다.

10만 독자가 선택한
국내 최고의 인지심리학 교양서

지혜의 심리학
10주년 기념판

김경일 지음
340쪽 | 값 18,500원

10주년 기념판으로 새롭게 만나는 '인지심리학의 지혜'!

생각에 관해서 인간은 여전히 이기적이고 이중적이다. 깊은 생각을 외면하면서도 자신의 생각과 인생에 있어서 근본적인 변화를 애타게 원하기 때문이다. 하지만 과연 몇이나 자기계발서를 읽고 자신의 생각에 근본적인 변화와 개선을 가질 수 있었을까? 불편하지만 진실은 '결코 없다'이다. 우리에게 필요한 것은 '어떻게' 그 이상, '왜'이다. '왜'라고 생각하면 '왜냐하면'이라는 답이 태어나고, 이는 다시금 더 이전의 원인에 대한 질문인 또 다른 '왜'와 그에 따른 '왜냐하면'들을 낳는다.

우리는 살아가면서 다양한 어려움에 봉착하게 된다. 이때 우리는 지금까지 살아오면서 쌓았던 다양한 How들만 가지고는 이해할 수도 해결할 수도 없는 어려움들에 자주 직면하게 된다. 따라서 이 How들을 이해하고 연결해 줄 수 있는 Why에 대한 대답을 지녀야만 한다. 『지혜의 심리학』은 바로 이 점을 우리에게 알려주어 왔다. 이 책은 '이런 이유가 있다'로 우리의 관심을 발전시켜 왔다. 그리고 그 이유들이 도대체 '왜' 그렇게 자리 잡고 있으며 왜 그렇게 고집스럽게 우리의 생각 깊은 곳에서 힘을 발휘하는지에 대하여 눈을 뜨게 해주었다.

그동안 『지혜의 심리학』은 국내 최고의 인지심리학자인 김경일 교수가 생각의 원리에 대해 직접 연구한 내용을 바탕으로 명쾌한 논리로 수많은 독자들을 지혜로운 인지심리학의 세계로 안내해 왔다. 그리고 앞으로도, 새로운 독자들에게 참된 도전과 성취에 대한 자신감을 건네주기에 더할 나위 없는 지혜를 선사할 것이다.

● OtvN <어쩌다 어른> 특강 출연
● 2014년 중국 수출 계약 | 포스코 CEO 추천 도서

노자, 궁극의 리더십을 말하다

2020 대한민국을 통합시킬 주역은 누구인가?

안성재 지음 | 524쪽 | 값 19,500원

노자는 "나라를 다스리는 것은 간단하고도 온전한 원칙이어야지, 자꾸 복잡하게 그 원칙들을 세분해서 강화하면 안된다!"라고 일갈한다. 법과 제도를 세분해서 강화하지 않고 원칙만으로 다스리는 것이 바로 대동사회다. 원칙을 수많은 항목으로 세분해서 통제한 것은 소강사회의 모태가 되므로 경계하지 않으면 안된다. 이 책은 [도덕경]의 오해와 진실 그 모든 것을 이야기한다. 동서고금을 아우르는 지혜가 살아넘친다. [도덕경] 한 권이면 국가를 경영하는 정치지도자에서 기업을 경영하는 관리자까지 리더십의 본질을 꿰뚫을 수 있을 것이다.

인생의 고수가 되기 위한 진짜 공부의 힘

김병완의 공부혁명

김병완 지음
236쪽 | 값 13,800원

공부는 20대에게 세상을 살아갈 수 있는 힘과 자신감 그리고 내공을 길러준다. 그래서 20대 때 공부에 미쳐 본 경험이 있는 사람과 그렇지 못한 사람은 알게 모르게 평생 큰 차이가 난다. 진짜 청춘은 공부하는 청춘이다. 공부를 하지 않고 어떻게 100세 시대를 살아가고자 하는가? 공부는 인생의 예의이자 특권이다. 20대 공부는 자신의 내면을 발견할 수 있게 해주고, 그로 인해 진짜 인생을 살아갈 수 있게 해준다. 이 책에서 말하는 20대 청춘이란 생물학적인 나이만을 의미하지 않는다. 60대라도 진짜 공부를 하고 있다면 여전히 20대 청춘이고 이들에게는 미래에 대한 확신과 풍요의 정신이 넘칠 것이다.

감동으로 가득한 스포츠 영웅의 휴먼 스토리

오픈

안드레 애거시 지음 | 김현정 옮김
614쪽 | 값 19,500원

시대의 이단아가 던지는 격정적 삶의 고백!
남자 선수로는 유일하게 골든 슬램을 달성한 안드레 애거시. 테니스 인생의 정상에 오르기까지와 파란만장한 삶의 여정이 서정적 언어로 독자의 마음을 자극한다. 최고의 스타 선수는 무엇으로, 어떻게, 그 자리에 오를 수 있었을까? 또 행복하지만 않았던 그의 테니스 인생 성장기를 통해 우리는 무엇을 배울 수 있을까. 안드레 애거시의 가치관과 생각을 읽을 수 있다.

하버드 경영 대학원 마이클 포터의
성공전략 지침서

당신의 경쟁전략은 무엇인가?

조안 마그레타 지음
김언수, 김주권, 박상진 옮김
368쪽 | 값 22,000원

마이클 포터(Michael E. Porter)는 전략경영 분야의 세계최고 권위자다. 개별 기업, 산업구조, 국가를 아우르는 연구를 전개해 지금까지 17권의 저서와 125편 이상의 논문을 발표했다. 저서 중 『경쟁전략(Competitive Strategy)』(1980), 『경쟁우위(Competitive Advantage)』(1985), 『국가경쟁우위(The Competitive Advantage of Nations)』(1990) 3부작은 '경영전략의 바이블이자 마스터피스로 공인받고 있다. 경쟁우위, 산업구조 분석, 5가지 경쟁요인, 본원적 전략, 차별화, 전략적 포지셔닝, 가치사슬, 국가경쟁력 등의 화두는 전략 분야를 넘어 경영학 전반에 새로운 지평을 열었고, 사실상 세계 모든 경영 대학원에서 핵심적인 교과목으로 다루고 있다. 이 책은 방대하고 주요한 마이클 포터의 이론과 생각을 한 권으로 정리했다. <하버드 비즈니스리뷰> 편집장 출신인 저자는 폭넓은 경험을 바탕으로 포터 교수의 강력한 통찰력을 경영일선에 효과적으로 적용할 수 있도록 설명한다. 즉, "경쟁은 최고가 아닌 유일무이한 존재가 되고자 하는 것이고, 경쟁자들 간의 싸움이 아니라, 자사의 장기적 투하자본이익률(ROIC)을 높이는 것이다." 등 일반인들이 잘못 이해하고 있는 포터의 이론들을 명백히 한다. 전략경영과 경쟁전략의 핵심을 단기간에 마스터하여 전략의 전문가로 발돋움 하고자 하는 대학생은 물론 전략에 관심이 있는 MBA과정의 학생들을 위한 필독서이다. 나아가 미래의 사업을 주도하여 지속적 성공을 꿈꾸는 기업의 관리자에게는 승리에 대한 영감을 제공해 줄 것이다.

● **전략의 대가, 마이클 포터 이론의 결정판**
● **아마존전략 분야 베스트 셀러**
● **일반인과 대학생을 위한 전략경영 필독서**

진정한 부와 성공을 끌어당기는 단 하나의 마법

생각의 시크릿

밥 프록터, 그레그 레이드 지음 | 박상진 옮김
268쪽 | 값 13,800원

성공한 사람들은 그렇지 못한 사람들과 다른 생각을 갖고 있는 것인가?
지난 100년의 역사에서 수많은 사람을 성공으로 이끈 성공 철학의 정
수를 밝힌다. <생각의 시크릿>은 지금까지 부자의 개념을 오늘에 맞게
더 구체화시켰다. 지금도 변하지 않는 법칙을 따라만하면 누구든지 성
공의 비밀에 다가갈 수 있다. 이 책은 각 분야에서 성공한 기업가들이
지난 100년간의 성공 철학을 어떻게 이해하고 따라했는지 살펴보면서,
그들의 성공 스토리를 생생하게 전달하고 있다.

● 2016년 자기계발분야 화제의 도서
● 매경이코노미, 이코노믹리뷰 소개

새로운 시대는 逆(역)으로 시작하라!

콘트래리언

이신영 지음
408쪽 | 값 17,000원

위기극복의 핵심은 역발상에서 나온다!

세계적 거장들의 삶과 경영을 구체적이고 내밀하게 들여다본 저자는
그들의 성공핵심은 많은 사람들이 옳다고 추구하는 흐름에 '거꾸로' 갔
다는 데 있음을 발견했다. 모두가 실패를 두려워할 때 도전할 줄 알았
고, 모두가 아니라고 말하는 아이디어를 성공적인 아이디어로 발전시켰
으며 최근 15년간 3대 악재라 불린 위기 속에서 기회를 찾고 성공을 거
두었다.

● 한국출한문화산업 진흥원 '이달의 책' 선정도서
● KBS 1 라디오 <오한진 이정민의 황금사과> 방송

"이 검사를 꼭 받아야 합니까?"

과잉 진단

길버트 웰치 지음 | 홍영준 옮김
391쪽 | 값 17,000원

병원에 가기 전 꼭 알아야 할 의학 지식!

과잉진단이라는 말은 아무도 원하지 않는다. 이는 걱정과 과잉진료의
전조일 뿐 개인에게 아무 혜택도 없다. 하버드대 출신 의사인 저자는, 의
사들의 진단욕심에 비롯된 과잉진단의 문제점과 과잉진단의 합리적인
이유를 함께 제시함으로써 질병예방의 올바른 패러다임을 전해준다.

● 한국출판문화산업 진흥원 『이달의 책』 선정도서
● 조선일보, 중앙일보, 동아일보 등 주요 언론사 추천

"질병의 근본 원인을 밝히고
남다른 예방법을 제시한다"

의사들의 120세
건강비결은 따로 있다

마이클 그레거 지음
홍영준, 강태진 옮김
❶ 질병원인 치유편 값 22,000원 | 564쪽
❷ 질병예방 음식편 값 15,000원 | 340쪽

우리가 미처 몰랐던 질병의 원인과 해법
질병의 근본 원인을 밝히고 남다른 예방법을 제시한다

건강을 잃으면 모든 것을 잃는다. 의료 과학의 발달로 조만간 120
세 시대도 멀지 않았다. 하지만 우리의 미래는
'얼마나 오래 살 것인가?'보다는 '얼마나 건강하게 오래 살 것인
가?'를 고민해야하는 시점이다. 이 책은 질병과 관련된 주요 사망
원인에 대한 과학적 인과관계를 밝히고, 생명에 치명적인 병을 예
방하고 건강을 회복시킬 수 있는 방법을 명쾌하게 제시한다. 수천
편의 연구결과에서 얻은 적절한 영양학적 식이요법을 통하여 건
강을 획기적으로 증진시킬 수 있는 과학적 증거를 밝히고 있다. 15
가지 주요 조기 사망 원인들(심장병, 암, 당뇨병, 고혈압, 뇌질환 등
등)은 매년 미국에서만 1백 6십만 명의 생명을 앗아간다. 이는 우
리나라에서도 주요 사망원인이다. 이러한 비극의 상황에 동참할
필요는 없다. 강력한 과학적 증거가 뒷받침 된 그레거 박사의 조언
으로 치명적 질병의 원인을 정확히 파악하라. 그리고 장기간 효과
적인 음식으로 위험인자를 적절히 예방하라. 그러면 비록 유전적
인 단명요인이 있다 해도 이를 극복하고 장기간 건강한 삶을 영위
할 수 있다. 이제 인간의 생명은 운명이 아니라, 우리의 선택에 달
려있다. 기존의 건강서와는 차원이 다른 이 책을 통해서 '더 건강
하게, 더 오래 사는' 무병장수의 시대를 활짝 열고, 행복한 미래의
길로 나아갈 수 있을 것이다.

● 아마존 의료건강분야 1위
● 출간 전 8개국 판권계약

사단법인 건강인문학포럼

1. 취지

세상이 빠르게 변화하고 있습니다. 눈부신 기술의 진보 특히, 인공지능, 빅데이터, 메타버스 그리고 유전의학과 정밀의료의 발전은 인류를 지금까지 없었던 새로운 세상으로 안내하고 있습니다. 앞으로 산업과 직업, 하는 일과 건강관리의 변혁은 피할 수 없는 상황으로 다가오고 있습니다.

이러한 변화에 따라 〈사단법인〉 건강인문학포럼은 '건강은 건강할 때 지키자'라는 취지에서 신체적 건강, 정신적 건강, 사회적 건강이 조화를 이루는 "건강한 삶"을 찾는데 의의를 두고 있습니다. 100세 시대를 넘어서 인간의 한계수명이 120세로 늘어난 지금, 급격한 고령인구의 증가는 저출산과 연관되어 국가 의료재정에 큰 부담이 되리라 예측됩니다. 따라서 개인 각자가 자신의 건강을 지키는 것 자체가 사회와 국가에 커다란 기여를 하는 시대가 다가오고 있습니다.

누구나 겪게 마련인 '제 2의 삶'을 주체적으로 살며, 건강한 삶의 지혜를 함께 모색하기 위해 사단법인 건강인문학포럼은 2018년 1월 정식으로 출범했습니다. 우리의 목표는 분명합니다. 스스로 자신의 건강을 지키면서 능동적인 사회활동의 기간을 충분히 연장하여 행복한 삶을 실현하는 것입니다. 전문가로부터 최신의학의 과학적 내용을 배우고, 5년 동안 불멸의 동서양 고전 100권을 함께 읽으며 '건강한 마음'을 위한 인문학적 소양을 넓혀 삶의 의미를 찾아볼 것입니다. 의학과 인문학 그리고 경영학의 조화를 통해 건강한 인간으로 사회에 선한 영향력을 발휘하고, 각자가 주체적인 삶을 살기 위한 지혜를 모색해가고자 합니다.

건강과 인문학을 위한 실천의 장에 여러분을 초대합니다.

2. 비전, 목적, 방법

| 비 전

장수시대에 "건강한 삶"을 위해 신체적, 정신적, 사회적 건강을 돌보고, 함께 잘 사는 행복한 사회를 만드는 데 필요한 덕목을 솔선수범하면서 존재의 의미를 찾는다.

| 목 적

우리는 5년간 100권의 불멸의 고전을 읽고 자신의 삶을 반추하며, 중년 이후의 미래를 새롭게 설계해 보는 "자기인생론"을 각자 책으로 발간하여 유산으로 남긴다.

| 방 법

매월 2회 모임에서 인문학 책 읽기와 토론 그리고 특강에 참여한다. 아울러서 의학 전문가의 강의를 통해서 질병예방과 과학적인 건강 관리 지식을 얻고 실천해 간다.

3. 2024년 프로그램 일정표

- 프로그램 및 일정 -

월	선정도서	의학(건강) 특강	일정
1월	왜 나는 너를 사랑하는가 / 알랭드 보통	김종갑 교수, 박문호 박사	1/10, 1/24
2월	나의 서양 미술 순례 / 서경식	이재원 교수, 황농문 교수	2/14. 2/28
3월	느리게 나이드는 습관 / 정희원	김도원 원장, 박상진 회장	3/13, 3/27
4월	유리알 유희 / H. 헤세	심장병	4/17, 4/24
5월	세상에서 가장 짧은 독일사 / 제임스 호즈	폐병	5/8/ 5/22
6월	내적 시간의식의 현상학 / E. 후설	위암	6/12, 6/26
7월	분노의 포도 / 존 스타인벡	감염	7/17, 7/24
8월	같기도 하고, 아니 같기도 하고 / R. 호프만	당뇨병	8/14, 8/28
9월	논리 철학 논고 / 비트겐슈타인	고혈압	9/11, 9/25
10월	걸리버 여행기 / J. 스위프트	간질환	10/16, 10/23
11월	예루살렘의 아이히만 / H. 아렌트	백혈병	11/13, 11/27
12월	무정 / 이광수	신부전	12/11, 12/20

프로그램 자문위원	▶ 인 문 학 : 김성수 교수, 김종영 교수, 박성창 교수, 이재원 교수, 조현설 교수 ▶ 건강(의학) : 김선희 교수, 김명천 교수, 이은희 원장, 박정배 원장, 정이안 원장 ▶ 경 영 학 : 김동원 교수, 정재호 교수, 김신섭 대표, 전이현 대표, 남석우 회장

4. 독서회원 모집 안내

▎운 영 : 매월 둘째 주, 넷째 주 수요일 월 2회 비영리로 운영됩니다.
      1. 매월 함께 읽은 책에 대해 발제와 토론을 하고, 전문가 특강으로 완성함.
      2. 건강(의학) 프로그램은 매 월 1회 전문가(의사) 특강 매년 2회.
        인문학 기행 진행과 등산 등 운동 프로그램도 진행함.
▎회 비 : 오프라인 회원(12개월 60만원), 온라인 회원(12개월 30만원)
▎일 시 : 매월 2, 4주 수요일(18:00~22:00)
▎장 소 : 서울시 강남구 테헤란로514 삼흥2빌딩 8층

▎문 의 : 기업체 단체 회원(온라인) 독서 프로그램은 별도로 운영합니다(문의 요망)
02-3452-7761 / www.120hnh.co.kr

"책읽기는 충실한 인간을 만들고, 글쓰기는 정확한 인간을 만든다."
프랜시스 베이컨(영국의 경험론 철학자, 1561~1626)

기업체 교육안내 <탁월한 전략의 개발과 실행>

월스트리트 저널(WSJ)이 포춘 500대 기업의 인사 책임자를 조사한 바에 따르면, 관리자에게 가장 중요한 자질은 <전략적 사고>로 밝혀졌다. 750개의 부도기업을 조사한 결과 50%의 기업이 전략적 사고의 부재에서 실패의 원인을 찾을 수 있었다. 시간, 인력, 자본, 기술을 효과적으로 사용하고 이윤과 생산성을 최대로 올리는 방법이자 기업의 미래를 체계적으로 예측하는 수단은 바로 '전략적 사고'에서 시작된다.

<관리자의 필요 자질>

새로운 시대는 새로운 전략!

■ 세계적인 저성장과 치열한 경쟁은 많은 기업들을 어려운 상황으로 내몰고 있다. 산업의 구조적 변화와 급변하는 고객의 취향은 경쟁우위의 지속성을 어렵게 한다. 조직의 리더들에게 사업적 혜안(Acumen)과 지속적 혁신의지가 그 어느 때보다도 필요한 시점이다.

■ 핵심기술의 모방과 기업 가치사슬 과정의 효율성으로 달성해온 품질대비 가격경쟁력이 후발국에게 잠식당할 위기에 처해있다. 산업구조 조정만으로는 불충분하다. 새로운 방향의 모색이 필요한 때이다.

■ 기업의 미래는 전략이 좌우한다. 장기적인 목적을 명확히 설정하고 외부환경과 기술변화를 면밀히 분석하여 필요한 역량과 능력을 개발해야 한다. 탁월한 전략의 입안과 실천으로 차별화를 통한 지속가능한 경쟁우위를 확보해야 한다. 전략적 리더십은 기업의 잠재력을 효과적으로 이끌어 낸다.

<탁월한 전략> 교육의 기대효과

① 통합적 전략교육을 통해서 직원들의 주인의식과 몰입의 수준을 높여 생산성의 상승을 가져올 수 있다.
② 기업의 비전과 개인의 목적을 일치시켜 열정적으로 도전하는 기업문화로 성취동기를 극대화할 수 있다.
③ 차별화로 추가적인 고객가치를 창출하여 장기적인 경쟁우위를 바탕으로 지속적 성공을 가져올 수 있다.

■ 이미 발행된 관련서적을 바탕으로 <탁월한 전략>의 필수적인 3가지 핵심 분야(전략적 사고, 전략의 구축과 실행, 전략적 리더십>를 통합적으로 마스터하는 프로그램이다.

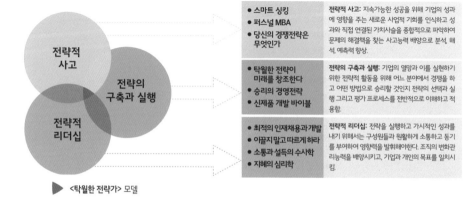

▶ <탁월한 전략가> 모델

특강 및 교육 신청 문의: 진성북스, 02-3452-7761